U0744997

2018年度"温州文化丛书"编辑指导委员会

顾　问：胡剑谨　郑朝阳

主　任：潘忠强

副主任：卢　达　宋文艳

委　员：（以姓氏笔画排序）

　　　　胡　臻　何铁山　庄中宝

　　　　祝万平　黄希丹

主　编：卢　达

副主编：宋文艳

温州文化丛书

解字明法

何铁山　著

·2015年国家哲学社会科学基金项目
"汉字学视域下的'道''德'研究"（批准号15BX）阶段性成果

厦门大学出版社　国家一级出版社
XIAMEN UNIVERSITY PRESS　全国百佳图书出版单位

图书在版编目(CIP)数据

解字明德/何铁山著.—厦门:厦门大学出版社,2019.8
(温州文化丛书)
ISBN 978-7-5615-7343-3

Ⅰ.①解…　Ⅱ.①何…　Ⅲ.①品德教育—研究—中国　Ⅳ.①D648

中国版本图书馆 CIP 数据核字(2019)第 154983 号

出 版 人	郑文礼
责任编辑	章木良
封面设计	李嘉彬
技术编辑	朱　楷

出版发行 厦门大学出版社

社　　　址	厦门市软件园二期望海路 39 号
邮政编码	361008
总　　　机	0592-2181111　0592-2181406(传真)
营销中心	0592-2184458　0592-2181365
网　　　址	http://www.xmupress.com
邮　　　箱	xmup@xmupress.com
印　　　刷	厦门集大印刷厂

开本	720 mm×1 000 mm　1/16
印张	24.25
插页	2
字数	373 千字
版次	2019 年 8 月第 1 版
印次	2019 年 8 月第 1 次印刷
定价	106.00 元

本书如有印装质量问题请直接寄承印厂调换

厦门大学出版社
微信二维码

厦门大学出版社
微博二维码

小　序

　　近代以来，无论中外，都有不少人认为中国古代没有哲学，或没有一个完整的哲学系统。这种认识不能说完全没有道理，但只要真正地了解了中国汉字，就一定会改变这种看法。

　　本研究认为，中国汉字初形构形贯通形上、形下，其本身就是一个完整的哲学系统或道德哲学系统。因为它们不仅源于我们所熟知的"近取诸身，远取诸物""画成其物，随体诘屈""比类合谊，以见指撝""以事为名，取譬相成"，（《说文解字·序》）更重要的是，还源于一般人所不熟知的，更久远、更深邃的伏羲八卦、神农结绳等神秘符号。

　　《淮南子》说："昔者仓颉作书，而天雨粟，鬼夜哭。"（这里的"作书"即"造字"）虽然略有些夸张，但其背后却深刻地告诉了我们，汉字所造成功之后，之所以能感天动地，正是因其象形会意能"追虚捕微，鬼神不容其潜匿；通微应变，言象莫测其存亡"（唐张怀瓘《书议》）的缘故。换言之，汉字初文构形，"通天彻地"，"致广大而尽精微"，或已穷尽宇宙一切真理。

　　习近平在党的十九大报告中明确提出："文化自信是一个国家，一个民族发展中更基本、更深沉、更持久的力量。"要我们"深入挖掘中华优秀传统文化蕴含的思想观念、人文精神、道德规范，结合时代要求继承创新，让中华文化展现出永久魅力和时代风采"。但文化自信又从哪里来？

我们当然会回答：主要从传统文化中来！但传统文化之根又是什么？其所蕴含的思想观念、人文精神、道德规范又集中在哪里？对此，可能没有认识，或认识十分模糊。本研究坚定地告诉大家：它就根源于中国汉字的初文构形！

为了说明问题，我们认真挑选了百余汉字，析其初文构形、象意，联系先秦经典、当代哲学、自然科学、马克思主义基本原理以及当代社会现实生活、政治实践，并略及《说文解字》等相关字书等，或"致广大"，或"尽精微"，予以一一解读。读者诸君如能认真体悟、用心揣摩，就一定能从中获得某些思想启迪。

何铁山于温州客居庐

2018 年 4 月 5 日

目　录

1. 什么是"道"

老子说："道可道，非常道。"（《老子》第一章）道，是一定可以言说明白的。但却不是随随便便可以，而是必须放到一定的环境、一定的条件、一定的主客对象之间才行。不然，就必定难以言说。庄子说："道不可言，言而非也。"（《庄子·知北游》）王阳明说："道不可言也，强为之言而益晦。"虽然与老子思想并不吻合，但却也有道理。原因是道的内容确实太过庞杂，如泛泛而言而不加条件限制，就只能是"言而非也"。

"道"字最初写作"㣊"，另外还有两个主要的异体"㣥㣻"。秦统一文字，小篆写成"䢔"。其构形看起来与今天所见楷书之"道"区别好像很大，但其实，今天的道字不仅完全保留了上述所有道字的基本信息，而且还有所拓展。（今天"道"字走之底的点与横即为上述诸道字中"行"的简化，下面的折捺即为"之"或"止"。"首"则变化很少。）

"道·㣊"由两部分构成。外面部分为"行·㣺"——一个十字路口的形象。"行"有好几层意思：一为路；二可代表整个的物质世界，即自然；三代表形上之道，即人的精神世界；四为行动或实践。实践是物质世界与精神世界的高度统一。

路，就在我们脚下。凡人的脚印能够到达的地方皆可称路。看得见摸得着的，我们把它叫"形下之路"；看不见摸不着的或谓"形上之路"，或谓"形上与形下之间的路"，宇航员所经过的轨迹或其他航路皆是这种路。事实上，一切形上之道皆可从此"形下之路"引申而出。人一直在路上，也就是一直在道上或道中。

"行"作为整个物质世界，就此三个道字"𢔐𢔨𢕈"的构形而言，指位于我们人的四方上下的一切（"道"字中间部分，或"首"或"人"皆可代表人）。这种认识亦与老子"迎之不见其首，随之不见其后"（《老子》第十四章）、"道生一，一生二，二生三，三生万物"（《老子》第四十二章）等对于道的描绘高度一致。人，"迎之不见其首，随之不见其后"的一切，既是人的四方上下的物质世界，也是人所面对的古往今来的精神世界。再者，万物既然皆为道之所生，那么道首先必定是物质的。这种认识所隐藏的意义给我们的启发是：人的一切行动、实践、思想、理论等，皆不能离开对于物质世界的联系与思考。人类要解决的一切问题都一定要受到物质世界的制约。所以，人的所谓对于物质世界的超越，其实只是一种狂妄的想象而已。

"行"即行动、实践，它意味着道，无论形上还是形下，都必须通过"行"来达到或实现。物质运动是绝对的，人的实践既是绝对的也是相对的。孔子说："先行，而后言从之。"（《论语·为政》）荀子说："不闻不若闻之，闻之不若见之，见之不若知之，知之不若行之。学至于行之而止矣。行之，明也。明之为圣人。"（《荀子·儒效》）王夫之说："知所不豫，行以通之。"他们共同强调了实践对于认识或改造物质世界，对于"成圣、成人"的无比重要性。

"行"之所以可通于形上之道，一在于一切形上之道必须寓于"形下之器"之中（"形而上者谓之道，形而下者谓之器"，但又"道不离器，器不离道"）；二在于道的存在必须以"行"表现出来。

"道·𢔐"的中间部分为"首·𦣻"。"首"的意思主要有三层：一代表人或人的思想、智慧、理论；二与"行"一样，亦通于道；三为第一、首长、元存在、根本。

"道·𢔨"在"道·𢔐"的基础上增加了一个"止·𤴔"。"𤴔"本为人或物或时间留下的足迹，引申意有"之""至"等。它的增加不仅强调了行、行动、实践等对于道的重要性，也凸显了道是虚无性与实在性的统一。换句话讲，一个人是否有道关键在于其是否有行，是否能尊道而行。如果能尊道而行，那么就不仅是"知道""有道"，而且也是"有德"。孔子"道者，所以明德也"即告诉我们，凡是能指引我们认识什么是德的一切事物皆可称作道。而所谓实在性与虚无性的统一则旨在告诉我们，一切实践、功德、言论等均有历史性或时空性特点，此非彼是的现象十分普遍，而穿越时空具有永恒价值的东西则很少。

"行、首、之"组合在一起，可以让我们对于什么是道产生诸多联想：

1. 道，人类足迹能够到达的地方，即路；

2. 道，人类思想能够到达的地方，即形上之思；

3. 道，"自然之行"，即自然存在的一切发展变化之规律性；

4. 道，"人类之行"，既是人类社会存在发展变化的规律性，也是人的思想与实践均能到达的地方。它常被认为是人类最高之道或最高智慧；

5. 道，即整个物质世界与精神世界的高度统一；

6. 道，即人类足迹与思想能够到达与不能到达的一切地方；

7. 道，即第一存在、元存在或根本性存在；

8. 为首者必"知道"；

9. "道者，非天之道，非地之道，人之所以道也，君子之所道也。"（《荀子·儒效》）这个世界因为有人有君子才有道，没有人没有君子就没有道。一切价值或意义都是依附于人或君子而存在。等等。

先秦时期，对于道认识最为深刻的当是老子与孔子，但其落脚点最后却皆集中于"治道"即天下治理上。用《左传》的一句话来概述，就是："所谓道，忠于民而信于神也。""忠于民"集中表现为让百姓们过上好日子，给予他们最基本的社会公正。"信于神"主要表现为与自然世界建立起和谐美好的关系。

具体到老子则是以无为施治。无为不是不为，而是在遵从事物发展最基本规律性的基础上，从最大处最根本处以"为"，即"无不为"。按老子的原话便是"以百姓心为心""为天下浑其心"（《老子》第四十九章），按毛泽东说的就是"全心全意为人民服务"。

具体到孔子则表现为"为政以德""举直错诸枉""中庸"等。

由于"为政以德"需要当权者，特别是国君、大夫们先学做君子，又要对百姓实行最基本的社会公正，所以这又是大多数当权者无法做到的。由于当权者多无德，所以孔子的"治道"又被称为"至大之道"，以至于"天下莫能容"，而孔子一生大多数时候只能是"累累如丧家之狗"。

"举直错诸枉"，主要表现为"善用人"。"举直错诸枉，能使枉者直。"（《论语·颜渊》）推举提拔公正廉洁之士居上位，就能使居下位者也变得公正廉洁。老子说的"圣人不行而知，不见而明，不为而成"（《老子》第四十七章）与孔子所一再称誉的"昔者帝舜左禹而右皋陶，不下席而天下治"（《孔子家语·王言》），其实都是善用人的具体表现。换句话讲，当权者只有善用人，才可能实现所谓"无为而治"。（"无为而治者，其舜也与？夫何为哉？恭己正南面而已矣。"——《论语·卫灵公》）

当权者，自己有才德，并能善用有才有德之人，才能实现"天下有道"，实现民族兴盛、国家富强。

最后讲个"卫灵公无道"的故事，加深我们对于道的认识。

据《论语·宪问》，有次孔子对鲁大夫季康子说："卫灵公无道。"季康子听了之后，有些疑惑，于是反问道："既然卫灵公无道，那为什么他的国家至今还不灭亡呢？"孔子回答："他有仲叔圉应对诸侯、管理外交，有祝鮀管理宗庙、主持祭祀，有王孙贾管理军队、训练士卒，既然能做到这样，又怎么可能灭亡呢？"

相关链接：

子言卫灵公之无道也，康子曰："夫如是，奚而不丧？"孔子曰："仲叔圉治宾客，祝鮀治宗庙，王孙贾治军旅。夫如是，奚其丧？"（《论语·宪问》）

很明显，孔子这里所言之道，如细细推敲，则是前后相悖。因为善用人既是"治道"的最高境界，也是实现社会公正的最基本准则。不仅如此，这也是孔子一再主张与向往的。可见，孔子这里说的"卫灵公无道"，只能是仅指他在宠幸夫人南子、溺爱美男子弥子瑕，又喜爱宦官雍渠等事情上，即某些私德上做得不好。

事实上，在《孔子家语》中，孔子对于卫灵公的评价恰恰相反，即认为卫灵公就他所处的那个时代而言，虽然算不得特别贤明，但却是最好的君主了。好在哪里？主要表现还是在于善用人。他不仅用了上述贤人仲叔圉、祝鮀、王孙贾，而且还用了其他不少能臣贤士，如足智多谋的公子渠牟、见贤必进的达士林国、善成大事的庆足、公正秉直的史䲡等。他们都曾成为卫灵公的重要帮手。所以，在卫灵公统治时期，卫国治理得还算不错：人口繁盛、物资丰富，人民安居乐业，基本实现了孟子所讲的"乐岁终身饱，凶年免于死亡"（《孟子·梁惠王上》）的最基本的"仁政"目标。

相关链接：

哀公问于孔子曰："当今之君，孰为最贤？"孔子对曰："丘未之见也，抑有卫灵公乎？"公曰："吾闻其闺门之内无别，而子次之贤，何也？"孔子曰："臣语其朝廷行事，不论其私家之际也。"公曰："其事何如？"孔子对曰："灵公之弟曰公子渠牟，其智足以治千乘，其信足以守之，灵公爱而任之。又有士曰林国者，见贤必进之，而退与分其禄，是以灵公无游放之士，灵公贤而尊之。又有士曰庆足者，卫国有大事，则必起而治之；国无事，则退而容贤，灵公悦而敬之。又有大夫史䲡，以道去卫。而灵公郊舍三日，琴瑟不御，必待史䲡之入，而后敢入。臣以此取之，虽次之贤，不亦可乎。"

不仅如此，《吕氏春秋》对于卫灵公还有更加生动的描述：卫灵公不仅善用人，亦善纳谏，且能体恤民情，爱惜民力。

有一次，卫灵公打算在冬天修个水池，可有一个叫作宛春的所谓鲁国"匹夫"进谏说："天寒地冻，却要百姓们服劳役，这恐怕会伤害他们。"卫灵公听了后，说："天气真的很冷吗？"宛春说："您穿的是狐裘衣服，坐的是熊皮垫子，墙角还有暖灶，当然不冷。但老百姓衣不蔽体，鞋不裹脚，能不冷吗？""好！"于是卫灵公下令免除了百姓们冬天的劳役。再从下面卫灵公与其左右大臣的对话分析，知卫灵公不仅勇于纳谏、不与匹夫争功，而且胸怀宽广、赏罚分明等。可见，卫灵公不仅有道有德，而且还是实现了所谓"治道"的最高代表。

相关链接：

卫灵公天寒凿池，宛春谏曰："天寒起役，恐伤民。"公曰："天寒乎？"宛春曰："公衣狐裘，坐熊席，陬隅有灶，是以不寒。今民衣弊不补，履决不组，君则不寒矣，民则寒矣。"公曰："善。"令罢役。左右以谏曰："君凿池，不知天之寒也，而春也知之。以春之知之也而令罢之，福将归于春也，而怨将归于君。"公曰："不然。夫春也，鲁国之匹夫也，而我举之，夫民未有见焉。今将令民以此见之。曰春也有善于寡人有也，春之善非寡人之善欤？"灵公之论宛春，可谓知君道矣。君者固无任，而以职受任。工拙，下也；赏罚，法也；君奚事哉？若是则受赏者无德，而抵诛者无怨矣，人自反而已。此治之至也。

综合一下孔子对于卫灵公有些矛盾的两次评价，以及《吕氏春秋》对于卫灵公高度认可的正面评价，我们会发现：

一、人们对于什么是道，以及怎样做才叫作"有道"或符合道的认识，既是多元的，也不是一成不变的。

二、孔子关于"卫灵公无道"的评价，似乎让我们感到圣人有时亦有意气用事的可能。司马迁说"昔卫灵公与雍渠同载，孔子适陈"（《报任安书》），也敏锐地观察到了这点。孔子曾对于卫灵公好色、宠幸宦官，没有充分重视、重用自己等行为，深以为耻，并针对卫灵公的行为，说过这样一句名言："吾未见好德有如好色者也。"（《论语·卫灵公》）所以，孔子说"卫灵公无道"，其实只是表达了对于卫灵公公开羞辱自己的行为的一种极端不满情绪。换句话讲，如按孔子的一贯观点，卫灵公不是真"无道"，而是真"有道"。

2. 什么是 "德"

"德者，所以尊道也。"（《孔子家语》）所谓"德"，简单来说，就是"尊道而行"，不仅要知道什么是道，而且要知道如何行道。"中庸之为德，其至矣乎？"（《论语·雍也》）又启示我们，德的最高境界是中庸。中庸是什么？把它放到具体的政治实践中，用今天的话来表达，就是最基本的社会公正的实现。

"德"字最初写作" "，异体主要有" "。" "是甲骨文，" "是楚简或玉简写法，" "是秦小篆。

最初的"德· "近于最初的"道· "。外面部分都是"行"，只是中间部分略有不同："德"中为"直"字，"道"中为"首"字，但皆有"目"。首字之"目"主要指向面目，德字之"目"主要指向眼睛。

"德· "抛弃了"行"。小篆的"德· "既是秦统一文字后的模样，也与秦统一前其所用"史籀大篆"之"德"高度一致。

"行· "，即路、道。"德"的四周为"行"，既意味着"德"源于路、源于道、源于行，也宣示出"德"必通于道、从属于道，或必"尊道而行"。孔子说"谁能出不由户？何莫由斯道也"（《论语》），即反映了这种思想。此"户"即门户，也即路、道，不仅可以是形而下之道，也可通形而上之道。

"直· "，又可写作" "。其上部为一根竖直线或一根带节的直线，皆是一个十字。此"十"虽有用来正视、注视或瞄准的目标或靶子的意思，但主要指向多、众多。其下部为一只眼睛。它们组合在一起，即"直"。"直"，既是一只专注直视于某一目标的眼睛，更是众多的眼睛直视于一个目标。

"直"是德之人性化或社会性的最直接表征。换句话讲，唯有"直"才最关切人或人类社会的是非曲直、善恶情仇。"直"之本意为正见、直视。因为人的眼睛只能直视、正视，即不可能在不借助工具的前提下弯视或曲视。所以，其引申意主要有不弯曲、正（公正）、合乎正义、公心不偏、端正、挺直等十余种。作为"德"字的中间部分，它的主要意义必定为"德"所蕴含。事实上，"德"又通"直"。（《左传·襄公二十九年》："辩而不德，必加于戮。"俞樾平议："德当读直。"）换句话讲，所谓"德"或是否有"德"，必得以"直"或公正为核心。由于"德"又通于道，"直"又通于德，所以"直"亦能通道。没有公正的德是荒谬的。有人问孔子："以德报怨何如？"孔子的回答是："以直报怨，以德报德。"其中所言之"直"，即为公正或公心不偏。一般的理解总有些片面，认为孔子的"直"已游离于德之外，其实不然。孔子的"以德报怨"源于老子的"报怨以德"，而老子的德必通于道，即与汉字学对于德的认知完全一致。综言之，所谓"直"，是德之最核心部分，既合乎公正，亦可直通于德，通于道。

把"朴"与"直"组合起来，可以得到如下一些启示：

其一，"德"的原初意义大致是：当你在面对公众，或者对待公共事务时，因为总是有许多眼睛在直视着你，所以行为表现一定要让公众看得到你的公平、公正、正直或正义。这种情况大概与此字意所要表达的氏族公社早期的社会现实有关。由于当时生产力极不发达，劳动产品大多数时候没有剩余，所以大家认为平均分配劳动产品便是最为公平公正的。可是，怎样的平均才算是公平公正呢？这在"民莫之令而自均"却未"始制有名"之前（《老子》第三十二章，意为：在百姓们要对上天赐予的各种利益进行平均分配，但圣人又还未给百姓们相应的名分之前），便很难有个明确的标准。因为重的并不等于好的，小的也不等于差的。于是，主持分配的人拿别人挑剩下的，便被认为是最公平的。而这又都是在众目睽睽之下，或说是在众人眼睛的直视之下完成的。这样，最公平的分配者便往往被认为是"直"或有德者。如此理解德的内涵，既能反映当时生产力的落后性，也能反映出我们先民们对于德的认知的局限性。在此，"行"既被理解为公众场合，也被理解为被众人所理解或支持；"直"既被理解为被众人所正视，也被理解为公平、正直。

其二，"德"即各种主体关于公平、公正、正义之关系。当我们把"朴"看作是自然物质世界时，它是人与自然的公平、公正、正义之关系；当我们把"朴"看作是大众时，它是人们之间的公平、公正、正义之关系；当我们把"朴"看作是规律性或行动实践时，它是人与规律性或行动实践的公平、公正、正义之关系。很显然，人与自然的公平、公正、正义之关系的实现，要求我们必须保护好自然，把自然看成是自身存在、发展的一部分。人们之间的公平、公正、正义关系的实现则尤显其难，在今天，除了强有力的政府以及健全的民主、法律制度之外，个体的自尊、自立、自强亦不可或缺。人与规律性或行动实践的公平、公正、正义之关系，则主要表现为人既不可悖道而行，亦必须把自己对于德的修持或公平、公正、正义的理解坚定不断地付诸实践。

其三，"直"既是德的核心，但同时也可能是通达道德的最大阻碍。据《论语》《韩非子》《吕氏春秋》等［叶公语孔子曰："吾党有直躬者，其父攘羊，而子证之。"孔子曰："吾党之直者异于是：父为子隐，子为父隐，直在其中矣。"（《论语·子路》）楚之有直躬，其父窃羊，而谒之吏。令尹曰："杀之！"以为直于君而曲于父，报而罪之。以是观之，夫君之直臣，父之暴子也。（《韩非子·五蠹》）楚有直躬者，其父窃羊而谒之上。上执而将诛之。直躬者请代之。将诛矣，告吏曰："父窃羊而谒之，不亦信乎？父诛而代之，不亦孝乎？信且孝而诛之，国将有不诛者乎？"荆王闻之，乃不诛也。孔子闻之曰："异哉！直躬之为信也。一父而载取名焉。"故直躬之信不若无信。（《吕氏春秋·仲秋纪·当务》）］，可知自古以来人们对于"直"的认识，就很不一致，但大多对取小信而废大伦以致不孝之"直"是持反对态度的。换句话讲，我们对于"直"或者公平、公正、正义的认知与践履，许多时候会因为主体的多元、认知不同或走向反面。（不仅如此。时代不同，对于它们的认识更是有别。）所以老子以"正善治""枉则直""方而不割,廉而不刿,直而不肆,光而不耀"告诫我们:我们心中所秉持的公平、公正、正义原则,一定要以适合于国家、社会的治理,美好的生活和良好的效率为前提。因为"直"有时反而是"不直",唯有"曲"才能达致"直"的目标,例如登月的旅程必得以"曲"为"直"。进言之,通达道德的路绝非直线一条,为了应对现实的复杂局面,我们在有一腔正义的前提下,还得有足够智慧或策略。

"德·直",抛弃了"行",给人的感觉是抛弃了道与实践,其实不然。在某些思想家看来,有了"直",即有了公正就能合乎道与"行"了。因为公正,简言之,就是合规律与合目的的统一。再者,此"德"在"直"的下面又加了"心"。心则是思想、智慧、良心、良知的象征。这又意味着是否有德还必须经得起良心的拷问、思想智慧的追问。

秦统一文字,抛弃其他,只用此"德·德",意味深长。它直接告诉我们:

1. 德,必得"尊道而行"。凡有违事物发展最基本规律性之"行",即便有德亦为下德。凡"尊道而行"之"行",即便"不德"或与"不德"同行,亦为上德。所以老子说:"上德不德。"二战后期,美国把原子弹丢到日本广岛、长崎,就是"不德"之上德。因为它既符合战争规律、历史发展规律,也符合全世界人民愿望与最基本的公正原则,所以此"德"又通于道。

2. 德,必得以公正为核心。公正即经得起民众眼睛的直接审视,既合乎主体的愿望与诉求,也符合民众的道德期望。所以"报怨以德"的前提是要"以直报怨",然后才谈得上"以德报德"。

3. 德,还必须要经得起自己良心的拷问以及他人思想智慧的追问。这反映的是:人类社会之德是一种意识形态,与人类社会之道一样,也具有一定的虚无性,或是实在性与虚无性的统一。特别是当社会处于动乱变革时期,尤其如此。历史上曾经被坚定地认为是"无德"或"不德"的事,却可能因为时空的变换而完全走向了反面。

孔子说:"知德者鲜矣。"(《论语·卫灵公》)真正深刻地知道什么是德的人很少。因为一般人皆不好学,既不知什么是道,也不知什么是公正，更不知道仁义礼智信等。某些人在网上大肆攻击我们的一些领导人无德，简单来说，就是对于什么是德没有深刻的认识。换句话讲，我们这个世界能够深刻认识什么是"上德不德"的人少之又少。

3. 什么是 "中"

　　"中也者，天下之大本也。"（《中庸》）"中"之所以被称为"天下之大本"，根本原因即在于其核心内容，自古至今在那些伟大而成功的政治实践或圣贤言论中皆集中表现为公正。尧、舜、禹等圣王心口相传的十六字秘诀"人心惟危，道心惟微，惟精惟一，允执厥中"（《尚书·虞书·大禹谟》）如此，老子的"守中"、孔子的"中庸"、屈原的"节中"等也莫不如此；而在荀子、韩非子那里，则直接表达为公正。

　　"中"字最初写作"⚑"。象形字，像军中飘荡的旗帜。古之军中，旗是统帅的象征，故必居于军中适当的核心位置。该位置并非一定是绝对的地理中心，而往往是权力或思想灵魂上的核心。比如说，北京作为中华人民共和国的首都，虽是行政权力上的中心与思想文化的核心，但却非地理位置上的中心。再如，1935 年遵义会议后，毛泽东成了中国共产党的核心与灵魂，但这并不意味他的职位在当时是最高的。

　　"中"的意涵除源于帅旗之中心位置之外，还源于天平之"平"。事实上，当天平两端的物体重量相等时，其支点只能处于中间位置。但现实中，用到天平的地方很少，大多时候我们用秤。原因是天平虽然准确，但只能称量小物，如要称大物，则必得用秤。一用秤，我们就会发现其支点不能放到正中间，必须偏于一端才行。但它又必得位于权（俗称秤砣）与物之间。于是，这就牵扯到如何"用中"与"用权"的问题。用中与用权，其最终目标即要达至"平"。"平"引致政治治理即为公正。如果掌权者没有公正之心，如果权过重或过轻，如果支点位置不正确，等等，所谓公正便无法实现。其整个过程又可称之为权衡的过程。孔子说："可与共学，未可与适道；可与适道，未可与立；可与立，未可与权。"（《论语·子罕》）其所谓"权"的境界就是懂得"用中"或中庸之道，但这又不是一般人可以随意达到的。

"中"的引申意主要有内、里面、方位、中等、半、正、不偏不倚、内心、媒介、中介、身、内脏、得当、恰当、恰好对上、陷害、遭受、间隔、中伤、满、充满、科举及第等。其中不偏不倚、得当、恰当、正所表达的既是中庸之意，也是"忠"所理应具备的特质。中庸的核心思想即公正。公正寓含公平、正义，既意味着公私兼顾，也表征出个体与共同体均要把自己与对方既当工具，亦当目的。

可惜的是，在孔子看来，除了传说时代外，所谓中庸，即最基本的社会公正，几乎从来就不曾在百姓中实现过。（《论语·雍也》："中庸之为德，其至矣乎？民鲜久矣！"）

怎样才能实现最基本的社会公正呢？孔子的看法是："举直错诸枉，能使枉者直。""子帅以正，孰敢不正？""君子之德风，小人之德草。草上之风必偃。"只要让公正廉洁之士居上位，一切问题就都迎刃而解了。

"中也者，天下之大本也；和也者，天下之达道也。致中和天地位焉，万物育焉。"（《中庸》）当政治清明、繁盛和谐时，社会就一定有最基本的社会公正存在。中国当前发展迅速、稳定繁荣，就是因为有最基本的社会公正存在。

"中国"，有人认为是天下中心之城，有人认为是世界中心之国，其说都有道理，但却都不够全面深刻。窃以为，"中国"理应是最富公平、正义的国家才对。我们不仅要善于"用中"，而且一定能为全人类的公平正义事业做出伟大贡献。

"先王之道，仁之隆也，比中而行之。曷谓中？曰：礼义是也。"（《荀子·儒效》）在荀子看来，所谓"中"还须合乎礼义，合乎仁，合乎道。这说明所谓"道、德、仁、义、礼、智"，核心思想都是全面贯通的，即皆必须合乎最基本的社会公正。

4. 什么是"华"

"华"字最初写作""，小篆写成""，都是花草繁茂盛开之形。

由于源于花、草，所以"华"常与美丽、光彩、繁茂、浮华、奢侈、华而不实等相联系。又由于花草的繁茂总是如云烟过眼，所以老子主张："大丈夫处其厚，不居其薄。处其实，不居其华。"（《老子》第三十八章）但事实是，众多生命的历程，不仅"苗而不秀者"大有人在，就是"秀而不实者"亦不在少数。（子曰："苗而不秀者有矣夫；秀而不实者有矣夫！"——《论语·子罕》）孔子最聪明好学的学生颜渊即典型的"秀而不实者"。（季康子问："弟子孰为好学？"孔子对曰："有颜回者好学，不幸短命死矣，今也则亡。"——《论语·先进》）可见，许多时候欲"处其实"也不是仅靠人的主观愿望就能决定的。因此，我们的生活理念理应是：当"华"时，要"惜其华"；当"实"时，要"处其实"。"得其时则驾，不得其时则蓬累而行。"（老子语，《史记·老子韩非列传》）"得其时"，就抓住机会生根、发芽、开花、结果，适时绽放出本来应有的光彩。"不得其时"，就"蓬累而行"；但即或"蓬累而行"，也不轻易放弃希望与生命。

中国又称中华、华夏，汉族又称华族，中国人又称华人，此处之"华"既有光彩美丽之意，亦有精华之意。

据《尚书正义》："冕服华章曰华，大国曰夏。"据《左传·定公十年》疏："中国有礼仪之大故称夏，有章服之美，谓之华。"故"中华"，不仅国大、服美、讲礼仪，而且既是这个世界的文化中心，也是最讲公平、正义的地方；既是这个世界思想智慧之精华所在，也是最美丽富饶的地方。身为中国人，当无比自豪。

5. 什么是"人"

　　孟子说："仁也者，人也。"（《孟子·尽心下》）马克思说："人是一切社会关系的总和。"卢梭说："人生而自由，却无往不在枷锁之中。"中国古圣先贤有时把"人"写作"〔图〕"（在"人"字的下部加上一小横以代表枷锁，或关系，或仁）。明确告诉我们，只要是人，就不可能是一个完全独立的存在，必定要为仁义礼智信诸枷锁或关系所约束。完全没有道德或所谓完全独立的人是不存在的。

　　"人"字最初多写作"〔图〕"，小篆大多写作"〔图〕"，隶书大多写作"〔图〕"，楷书写作"〔图〕"。

　　如此之"人·〔图〕"，首先表达的是恐惧。这种认识首先源于人类对于自然界的伟大力量的无知。它迁延至人类社会，就逐渐发展成一种深刻的思想。"君子以恐惧修省。"（《易传·象传下·震卦》）"君子有三畏：畏天命，畏大人，畏圣人之言。"（《论语·季氏》）君子的修行与反省，一切都源于恐惧或对于恐惧的深刻认知。人因何而恐惧？一为恐惧天命。天命是源于自然、社会、人生过程中的一切不可抗拒的力量。"出生入死。生之徒十有三，死之徒十有三。人之生，动之于死地亦十有三。"（《老子》第五十章）人最大的不可抗拒的天命是死亡。由于人向死而生，不管任何年龄段都要随时直面死亡，所以必须珍惜自己和他人的生命。二为恐惧事之不成。正因为人生短暂，所以必须"临事而惧，好谋而成"（《论语·述而》）。遇事"战战兢兢，如临深渊，如履薄冰"

（《诗经·小雅·小旻》）是君子、圣人的基本人生态度，既有预又有谋，才可能功成事遂。"大人"是掌握绝对权力之人。人之所以要"畏大人"，不仅因为大人可助己成功，更在于大人可能危及自己的生存与发展。三为"恐修名之不立"。孔子说："君子疾没世而名不称焉。"（《论语·卫灵公》）屈子说："老冉冉其将至兮，恐修名之不立。"（《离骚》）司马迁说："立名者，行之极也。"（《报任安书》）老子说："死而不亡者寿。"（《老子》第三十三章）皆指向这一点。

据《荀子·尧问》，春秋时楚国缯丘有个管理边界的小官，曾问楚国令尹（相当于丞相、宰相或相国）孙叔敖说："我听说一个人如果官当久了，就会被下层的士大夫们嫉妒；取得俸禄太丰厚了，就会遭到人民的怨恨；所处的地位太高了，就会遭到君主的仇视。如今令尹上述三样东西都得到了，但却没有得罪楚国君臣上下所有的人，这是为什么呢？"孙叔敖回答说："虽然是三次当了丞相，但是我的内心却一次比一次谦卑。俸禄越多，我就施给百姓越多，地位越高，我对上对下的礼节就越加恭敬，所以我才没有得罪楚国君臣上下啊！"（缯丘之封人见楚相孙叔敖曰："吾闻之也：'处官久者士妒之，禄厚者民怨之，位尊者君恨之。'今相国有此三者而不得罪楚之士民，何也？"孙叔敖曰："吾三相楚而心愈卑，每益禄而施愈博，位滋尊而礼愈恭，是以不得罪于楚之士民也。"）由此看出，孙叔敖之所以能远害全身，就是因为他的心中始终存在着一个"畏"字，即总是在"以恐惧修省"。所以，我们做人必须要心存畏惧。

如此之"人·亻"，其次彰显的是礼。"礼者，敬也。"（《墨子》）礼的核心，即对于自然、人类社会等一切事物的虔诚敬意。对于亲人、君子要敬而爱之，对于小人、鬼神要敬而远之，对于上司、敌人要敬而重之，对于衣食要敬而惜之。

此外，孔子："克己复礼为仁。"（《论语·颜渊》）子产："人之所以贵于禽兽者，智虑。智虑之所将者，礼义。"（《列子》）众多的古人论述又告诉我们，仁义礼智信等诸德目皆是可以贯通的。因为它们皆从属于人，是人所共有的特征。比如"退避三舍"的历史故事。熟识东周列国史的都知道，春秋时期晋楚之间的城濮之战，晋文公重耳的所谓"退避三舍"，表面讲的是礼，是义，背后所隐藏的却是诡计、阴谋或策略。

如此之"人·￼"又是孝。它是五体投地之形。孝，在孔子看来，主要表现为对父母："生，事之以礼；死，葬之以礼，祭之以礼。"（《论语·为政》）这种礼，既是敬也是孝。

如此之"人·￼"，则表现的是人对于名教的背弃与挣脱，对于自由、艺术的追求与向往，既充满自信、自立、自强之意，又有几分狂妄与无知。它源于隶书之"人·￼"，后者又源于金文之"人·￼"。

今天的人之为人，应把上述诸意融会起来，既要有此"人·￼"的自信、自强、自立、自由意志、进取精神，又要有此"人·￼"的敬畏、礼义、谦卑。正是有了它们，我们才有了最基本的人性光辉。我们虽不能完全固守传统，但也决不能抛弃传统。因为不管社会如何变化，人的思想如何超越飞扬，似乎永远也无法摆脱我们的身体正是如此之"￼"之构形的天命。这样的"人·￼"虽然激越飞扬，或也仍存有"人·￼"的某些基因，但事实上却失去了某些最基本的人性了。

6. 什么是"文"

荀子说：君子宽大而不轻慢，清廉而不昏庸，雄辩而不争执，明察而不偏激，独立而不可战胜，坚强而不粗暴，随和而不同流俗，恭敬谨慎而能容人，这就是所谓"文"的最高境界。（"君子宽而不慢，廉而不刿，辩而不争，察而不激，寡立而不胜，坚强而不暴，柔从而不流，恭敬谨慎而容，夫是之谓至文。"——《荀子·不苟》）这正是孔子所谓"文质彬彬，然后君子"，既有文又有质的典型的君子形象。（在老子那里则是"方而不割，廉而不刿，直而不肆，光而不耀"的圣人形象。《老子》第五十八章）事实上，人皆具有如此之君子情结。

"文"字最初的写法，主要有四种："𡯪 𡴭 𡴭 𡴭"。其中以"文·𡴭"最具代表性。它既像一个胸部纹有文身、正面而立的人，也像是鸟兽之文，即像鸟兽在泥地或雪地上留下的纵横交错的足迹，或又像占卜过程中，所用的耆草之类的工具相互交错的形状。

《说文》说："文，错画也。象交文。""错画"，即是说"文·𡴭"像"爻·𡴭"一样都有两个"𡴭"；"交文"是指"文"又像鸟兽留下的纵横交错的足迹。朱芳圃《殷周文字释丛》说："文，即文身之文，象人正立形。"上述描写或认识都是对的。"文·𡴭"确实既有文身的意思，也有错画即"爻"的意思。

如："越人断发文身。"（《庄子·逍遥游》）其中的"文"就是文身。这种风俗与中原大地儒家所奉行的"身体发肤，受之父母，不可损伤"的道德观大异。

文身，作为一种文化现象，历史悠久，不仅春秋战国时期的少数民族有，早在原始社会就有。最初大家都认为这种艺术能直接给人增光添彩。但到近现代，由于文化的进步与多元发展，其所表征出的意义已变得十分复杂：有时，代表浪漫优雅；有时，代表暴力野蛮；有时，代表落后腐朽；有时，代表性感开放；有时，代表低级趣味；有时，代表愤世嫉俗；有时，则可能是多种意义的混杂。这在当代电影艺术中表现得尤为突出。如《澳门风云》第三部中，有个女赌徒在左胸肩背相交处有意露出的一条恶龙的文身，其所传达出的信息就非常多元：暴力野蛮、低级趣味、性感开放、浪漫优雅、骄傲轻蔑、迷惑搞怪，甚或挑逗、自信。但多少有些令人诧异的是，它完全没有所谓文明、礼貌、进步的意思。究其原因，它应与"文"只注重于表面上的"饰"有关。既然是"饰"便免不了有伪、装、假的意思，也就会因为不如文明的思想、智慧那样深刻动人，而更受人爱戴与推崇。

在今天，选择文身，既可称之为文化，亦可称之为低级趣味；而选择不文身，则是文明。

"文·✕"既然又像"爻"一样是由错画构成，那么它不仅包涵了"爻"所能寓含的全部意义——既可代表极简单，也可代表极复杂；而且就今天看来，它还能代表文化本身一直以来就有的悖谬或悖论。

说极简单，它就是两个"✕"。《广雅》说："爻，效也。"即我画一个叉，你跟着画一个叉。事实上，我们的教育、教学、学习，文明、文化的传承，无不需要从"效"，即模仿开始。

说极复杂，是因为一个"✕"就是一个五，两个"✕"就是两个五。根据东汉许慎《说文》的说法："五，五行也。"五行是金、木、水、火、土，可代表自然世界、自然科学、形而下；根据孔子的孙子，子思《五行》的说法，五行是仁、义、理、智、圣（信），可代表社会人生、道德哲学、形而上。可见，所谓文化、文明的内容无所不包于两个五之中，即我们需要学习的内容无所不包。《说文》又说："爻，交也。""交"，本意是指占卜过程中的卦爻所呈现的纵横交错的状况，但其引申意则可代表事物之间的普遍联系；《易经》说："爻者，言乎变者也。"（《易传·系辞上》）既指向卦象、自然、社会、人生、人事的变化无穷而难测，亦可指向对于"卦爻"辞的解读，可随历史的推演而不断地变化发展。以此，"✕"的丰富性、时空性或历史性的特点也完全被揭示。具体而言，就仅此一个"文·✕"字，即可展现人或人类社会穷究水、火、木、金、土与仁、义、礼、智、圣（信）等的一切成果。故《易》"八卦"不仅可用来占卜、垂示上天的旨意，而且也是中国一切文化、哲学之源。汉字的创造尤其如此。换句话说，汉字中凡有"一·━"或"✕"的字，则大多与伏羲所作《易》"八卦"有关。

《说文》："仓颉之初作书也，盖依类象形，故谓之文。其后形声相益，即谓之字。文者，物象之本。"透过上面的论述，再联系《说文》的这几句话，可知"文"不仅是"依类象形"的"文"，或鸟兽之文，或所谓象形字那么简单，而是确实把伏羲《易》"八卦"、神农结绳等先贤们的一切文化成就都融入其中了。再进一步说，汉字构形中的某些部件，其所"象"的对象，不仅可能是具体某物，也可能是某些抽象与具象高度统一的符号。《广雅》"爻，效也，效天下之所动者也"便是对于上述"言乎变"的进一步说明。"天下之所动"，代表变化——无穷无尽的变化。这表明文化、文明既是互相联系，又是在不断变化之中的。所以，我们所谓的为学、为道、修道等，不仅要我们掌握一些实用的知识，更重要的是要我们学会联系与变化，对于事物要既能做出事实判断，又能做出价值判断。

由于"文"既是文身，又涵括了"爻"，所以其引申意便十分丰富。除了文饰、文化、礼法、法令条文、文字、言辞、文章、诗书、典籍、非军事的、美德、美、善、华丽等之外，还有自然或人类社会某些带规律性的现象的意思。如："观乎天文，以察时变；观乎人文，以化成天下。"（《易·贲卦》）其大意便是："观察天道或自然规律的变化，可以预知自然时序；观察人类社会及其文化发展规律的变化，可以用来教化百姓治理天下。"

文明，因为"明"而光彩四溢，明亮动人，能通于义，所以它是文化中的进步与力量。我们既要有文化，更要有文明。选择文明，不仅是选择了最好的文身或文饰，也是选择了礼貌、进步，甚或力量。由于文明集中表现为进步的道德、先进的科学技术、强大的社会生产力、伟大的思想智慧、优美的文采与言谈举止等，所以文身在当今上层社会意识形态中越来越受到冷遇或鄙视。比如，中国政府明令禁止官员、军队官兵文身，便是这种思想的集中体现。当然，这种情况也可能与宋代官兵、罪犯皆要刺青文身，即文身曾是一种耻辱的象征有关。

当代社会，我们亟须做的是要"深入挖掘中华优秀传统文化蕴含的思想观念、人文精神、道德规范，结合时代要求继承创新，让中华文化展现出永久魅力和时代风采"（党的十九大报告），并把它们发展壮大为文明进步的磅礴力量。

最后补充说下文化或文明的悖谬。

文化或文明的悖谬，贯穿于整个文明历史。一是源于认识上的局限。我们过去曾经认为是真理的东西，都有可能随着人类认识的进步而逐渐沦为错误。比如"毛羽不丰满者不可以高飞"就曾被认为是颠扑不破的真理，可是现在，我们发现以"毛羽丰满"之所谓"高飞"却是相当有限的。二是源于价值认识上的局限。人类发明了火，大大提高了人类所谓征服自然的能力，甚或远胜过电脑的发明，可它却大大加速了许多动植物的灭绝，破坏了自然环境。人类发明了汽车，好像给予人以更多更大的自由，但实际上却加快地球环境的恶化，或文化、文明的沉沦。三是源于工具理性与价值理性的冲突。符合规律的认识可能并不符合人的价值追求。规律与目的总是难以实现高度统一。事实上，正是宗教的非理性弥补了人类对于规律认识的局限。人皆知必死，却总梦想永生。而这一点，宗教文化帮助我们部分地实现了。

文明最大的悖谬不仅于此，还在于许多时候，它都需要通过野蛮来加以推进或实现。所以，每一座文明的丰碑下都免不了会埋下无辜者的累累白骨。

7. 什么是"化"

"神莫大于化道。"(《荀子·劝学》)对于人来说，最大的神奇莫过于能把最深刻玄妙的道理化到民间，让每一个百姓都能深受其益。要达到这种"化境"极不容易，既需要反复实践、融会贯通，又需要"博学而详说之，将以反说约也"，即对于某些人生"大道"，既能进行详尽细致的解读，又能进行简要的概述。

"化"字最初写作 𠤏，左边是一个躬身直立之人，右边是一个与之相反的倒立之人。本意即人因某种原因发生了巨大的变化。

其一，它告诉我们，这种变化只发生于人或人与人之间。换句话讲，这种"化"只是人之"化"，只有人才可能"化"，才可以"化人"或被"化"。

其二，这种"化"变化很大。但又由于它只是把人颠倒过来，所以既没有改变人的形体，也没有改变人的属性。进言之，它改变的只是人的精神、思想境界、道德境界、认识境界，甚或社会地位等。

其三，此两人之间背靠背，所以这种变化不是直接的而是间接的。它主要不是通过暴力完成的，而是潜移默化、教化或学习、仿效的结果。

其四，在中国传统文化中，这种"化"有时也不排除活人变成了死人，或变成了神仙。

"化·𠤏"的左边之"人·𠆢"，躬身而立，具体言之，只要是"人·𠆢"，就一定具有的仁义礼智信。所以对于人而言，不管是"化者"还是"被化者"，不管经过多少颠倒反复，其最后的结果都不能摆脱这种人之为人所必须受其规约的枷锁。枷锁既是指人所必须遵从的社会性，也是孔子所谓"从心所欲而不逾矩"之中的"矩"，或孟子所言之"四心"［恻隐之心（仁）、羞耻之心（义）、辞让之心（礼）、是非之心（智）］。从汉字学的角度来看，它既是"仁·𣎳"中间那一小横，也是"信·𤼽"的单人旁中的那一小横。

"化·𠈇"的右边为其左边部分的颠倒。这种颠倒既可能指向涅槃式的顿悟，也可能指向"润物细无声"式的演化。但不管如何变化，其大多数情况下都是朝着好的方向转化。当然，也不排除死亡。

实现"化"的途径主要有两条：一为教化；二为仿效。教化主要表现为"以文化人"，但也决不放弃暴力；仿效主要表现为"学"，但又追求"效天下之所动"（《说文》）。现实中的所谓"感化"，实际上也是教化的一种。所谓"效天下之所动"之"动"，主要指向变化或权变。

教化是圣人的天职，今天则主要由教师来完成。最初，"圣人以神道设教"（《易·观卦》）。所谓"神道"，按孔颖达的解释："微妙无方，理不可知，目不可见，不知所以然而然，谓之神道。"但其实这种认识是经不起推敲的。它不仅把圣人神秘化了，而且以"神道"把人们引入了没有意义或价值的不可知论。这里的"神道"背后只能是"人道"。圣人是在"观乎天文，以察时变"的基础上，再参之以"观乎人文"才可能实现所谓"化成天下"的。所谓"观乎天文""观乎人文"，就是指人对于自然和人类社会最基本规律性的认识。

"修道之谓教。"（《中庸》）圣人之"教"，教人"修道"。修道其实就是修身，主要表现为"为学日益，为道日损"。"为学"主要用加法，即不断地积累，它是"为道"的前提或基础；"为道"主要用减法，即不断地减少缺点、错误与过多的欲望，它是"为学"的理想或目标。

仿效主要表现为"学"。"学"的最有效方法即从仿效圣贤始。"君子学以致其道"（《论语·子张》），人只有通过学才能提升境界。"好学近乎智"（《礼记》），只有好学才能让人不断地增长智慧，所以好学本身就是智慧的表征。人的最高境界是道的境界。道的最高境界是"可与权"。"可与权"即中庸，即知如何"允执厥中"或如何"用中"。"执中""用中"的最高境界，是指主体深刻地知道在人与人以及人与社会的各种关系中如何持守公正的立场。

"教也者，义之大者也；学也者，知之盛者也。义之大者，莫大于利人，利人莫大于教；知之盛者，莫大于成身，成身莫大于学。"（《吕氏春秋·尊师》）在此，"知"就是"智"。这个世界对于人来说，最大的光荣（义）莫过于教人以"成人（成身）"，最大的智慧莫过于"好学"以"成人（成身）"。以此可知，教与学之作用无与伦比。"学而不厌，诲人不倦"，无上光荣，或就是圣人境界。

什么是"成人（成身）"？或"立德"，或"立功"，或"立言"（《左传》），或能基本做到"见利思义，见危受命，久要不忘平生之言"（见到利益，要能立即想到它是否能带来光荣；见到危难，要能勇于担当；久居要职，不要忘记平生的理想或志愿——《论语》）。

综言之，最重要的"化"，只能是通过教化、仿效、学、修身等使人成为有道君子。化身为"神"，对于君子来说，就是老子所谓"死而不亡""大器晚成"。它既是个历史的过程，也是社会意识形态给予"上志"或"远志"者的一种公正的肯定。

8. 什么是"玩"

　　"玩",是生命存在的最重要组成部分之一。贪玩、好玩是最基本的人性。汉字学对于"玩"字的解读,既能让人了解"玩"的素朴凡俗之意,亦能让人认知"玩"的玄妙幽深之理。

　　《史记·孔子世家》:"孔子为儿嬉戏,常陈俎豆,设礼容。"孔子小时候的玩具就是各种礼器,玩着玩着,孔子便玩成了一个"出乎其类,拔乎其萃"的"礼仪专家",进而成了塑造中华民族意识形态的伟大人物。

　　据《艾伦·图灵传》,英国著名数学家、逻辑学家、密码专家、人工智能之父图灵,小时候最喜欢的玩具就是一个手动的数字游戏机。他最终成了改写人类历史的最伟大人物之一。他的发明不仅为二战中的同盟国打败希特勒法西斯立下了赫赫功勋,也为人类的文明进步做出了杰出贡献。

　　"玩"字最初写作 玩,其实就是秦小篆。其左边之"王"字指"玉"。玉,质地坚脆温润,声音悦耳清扬,由于具有仁、义、礼、智、信等所有特征,所以,在中国古人看来,特别是在孔子以及他的学生们看来,就是君子的象征。据《论语》,子贡曰:"有美玉于斯,韫匮而藏诸?求善贾而沽诸?"子曰:"沽之哉,沽之哉!我待贾者也。"(子贡对孔子说:"有一块美玉在这里,是做一个漂亮的盒子把它藏起来,还是把它卖掉呢?"孔子回答说:"卖了吧,卖了吧!我正在等待识货的呢。"——《论语·子罕》)子贡希望孔子出来从政,于是巧妙地把孔子比作美玉。孔子也毫不客气地认为自己就是美玉。以此可知，"玩"，以造字的圣人看来，它首先就是君子的雅趣。

但事实上，玉不管如何美丽绝伦，也只是石头而已，所以老子说："不欲，珞珞如石，碌碌如玉。"（《老子》第三十九章）对于一个理想高远的人来说，物质利益不是最重要的，石头与玉也并无什么重大差别。汉景帝也说："黄金珠玉，饥不可食，寒不可衣，都不如谷物与丝麻。"（《汉书·景帝纪》）其皆告诉我们，所谓"玩"，既可能极有利于工作学习、调节身心健康，让人成为君子；也可能让人一无是处而失之于骄奢淫逸、放浪无度（"乐骄乐，乐佚游，乐宴乐，损也。"——《论语·季氏》），而有损于智慧、健康与道德，从而使人成为废物。

"玩"的右边为"元·亓"字。上边是个二，下边是个人。"元"，在此首先为人之首或人头，或第一，或绝无仅有。二，既为阴、阳，又为道（"一阴一阳之谓道"），或为分裂、两样、愚蠢。人，既有动物性、直接性，也有社会性、间接性。孔子说："性相近也，习相远也。"（《论语·阳货》）每个人都有相似的天性，但是学习或实践活动却可以让我们变得与众不同或让人与人之间认知的距离越来越大。而"玩"，就是人最初的学习。

人通过"玩"，既可认知道，获得智慧，亦可变得愚蠢；既可能成为有仁、义、礼、智、信的社会人，也可能成为缺乏社会性或偏向于动物性的"非人"，或孟子所谓"禽兽"。

"玩·賍"是"玩"的异体，左边是个"贝"。贝是宝贵、金钱的象征。它意味着"玩"既可能极有价值、极为珍贵，也可能是浪费金钱、浪费生命。它与前述的"玩"字高度一致。

"玩·翫"也是"玩"的异体。左边为"习·习"，是小鸟在阳光下向大鸟学习飞翔的形象。它寓含"玩"即元学习或第一学习。自然界一切高等动物，其生命最初阶段的玩耍都是学习的过程。人类的元学习既表现为"人之初"的玩耍，又表现为生命中最重要、最成功、最可行或必须的研究性活动。

《易传·系辞上》说："是故君子所居而安者，《易》之序也；所乐而玩者，爻之辞也。是故君子居，则观其象而玩其辞；动则观其变，而玩其占；是以自天佑之，吉无不利。"其中的"玩"就是今天的所谓"研究"。"玩其辞"即深入地去研究、揣摩卦爻中的卦辞所寓含的深意。我们说，中国文物界有个马未都先生文物"玩"得好，其实就是说他在中国文物研究上有较为杰出的成就或影响。

《国语·吴语》说："大夫种勇而善谋，将还玩吴国于股掌之上，以得其志。"其中的"玩"既有戏弄之意，亦有轻蔑之意。"大夫种"是指春秋时期的越国大夫文种，他与另一个大夫范蠡一起帮助越王勾践灭了吴国，杀了吴王夫差。

屈原说："惜吾不及古人兮，吾谁与玩此芳草。"（《楚辞·九章·思美人》）其中的"玩"当为鉴赏、欣赏之意。屈原认为，一个人见有美丽芳草却无人与之共鉴共赏，即为人生憾事。

"惧民情之可畏，则不敢玩民。"（《清朝野史大观》）其中的"玩"为忽视、轻慢之意。"民情可畏"，谁敢忽视民情，必将自取灭亡。"寇不可玩。"（《左传·僖公五年》）其"玩"亦为忽视、轻慢。敌人是绝对不能轻慢、忽视的，所以老子说："祸莫大于轻敌！轻敌几丧吾宝。"（《老子》第六十九章）轻敌不仅会让当权者失去权力，还可能失去生命。

"玩人丧德，玩物丧志。"（《尚书·周书·旅獒》）玩弄别人即为丧德，玩弄器物即能丧志。此话既有正面道理，亦有其局限性，关键是此主体对于"玩"字之"二"，即事物的最基本规律性是否有深刻认识。事实上，"玩"的最高境界不仅有"玩其人而不丧其德，玩其物而不丧其志"，而且还能通过这种"玩"提高其自身在共同体中，在历史长河中"义"的形象，即庄严、光彩、威武的正面形象。

综上可知，我们充实的人生，不可"玩"，又不可不"玩"；必有所"玩"，亦必有所不"玩"。

9. 什么是"名"

　　"名之所彰士死之。"（《韩非子·外储说》）其实，这并不是韩非子的一家之言。在中国传统文化中，凡是有志于天下国家社稷的"圣、贤、士、君子"们，都会把名看得比生命还要重要。

　　"名"字最初写作"⟨图⟩"，左边是个"口"字，右边是个"夕"字（"口"为人之口，"夕"即月）。或写作"⟨图⟩"，上边是个"夕"，下边是个"口"。

　　"口"为人之口，既能通于人，亦能通于言。"信"字最初亦写为"⟨图⟩"，一个"人"字加个"口"字。孔子说："君子名之必可言也，言之必可行也。君子于其言，无所苟而已矣。"（《论语·子路》）这告诉我们，君子欲立名，必得"立言"。即或立德、立功，亦必假人以"立言"，或假"史"以"立言"。我们今天能知周公之德、孔子之圣、始皇之功、司马迁之名等，皆以"史传"得之。史传者，言也。故名之传，人之在，功之显，德之彰，无不以言而行。此言不仅指向语言，更指向文字。孔子说："言而无文，行之不远。"（《左传》）其中的"文"，主要就是指向文字，其次才是所谓语言、文采。笛卡儿说："我思故我在。"世人皆以为此言乃智慧之象征，实乃荒谬至极！"我思"之所谓"我在"，实乃一种主观幻想而已。试想，笛卡儿如无此言又无其他文字流传，其"在"谁知？故名以言存、人以言在也。孔子之所以有圣人之名，根本原因就在于他有众多"圣言"流传。故"名·**叩**"必以"口"为之，实为告诉我们，君子必知言、知人并重言，深明以言立名之理。

"夕"之形本为月，月乃恒久的象征。"恒"最初写作"**𠄌**"，是一片弯月悬于天地之间。《诗经》云："如日之升，如月之恒。""名"之有月，不仅寓含人皆有死，唯名可以长存；而且启示我们，人如欲实现"修名"之立，就必须既有坚定的道德之心，亦须有坚强的恒心毅力。《论语·子路》载，南人有言曰："人而无恒，不可以作巫医。"《诗经》所谓："不恒其德，或承之羞。"皆可指向这一点。一个人如没有坚定的道德之心与恒心毅力，是不可以做好巫医的。因为人如没有坚定的道德之心，就会受个人私欲所左右，失去客观公正的立场，其言就不可信；没有坚定的恒心毅力，就不可能对某个事情有深入全面的了解，所以，其最后给自己、给别人带来的就一定只是羞愧或耻辱而已。

我们常会遇到这样一个很棘手，又很富于哲学性的问题：人为什么活着？其实，在中国古人看来，这个问题既可悲又可笑。古之士、君子、圣贤们早已肯定而明确地回答了这个问题，人活着，特别是君子，只为一个东西——就是名。选择活着，是为了名声、名誉、名位、名义；选择死，同样如此！

孔子说："君子疾没世而名不称焉。"（《论语·卫灵公》）君子最担心的不是自己没钱没房子没地位，而是死了之后，自己的名字很快被淹没在历史的长河之中而无人知闻。老子说："死而不亡者寿。"（《老子》第三十三章）真正的长寿不是因为有个两百岁、三百岁的臭皮囊，而是因为其思想与名字能够穿越时空成为不朽。故所谓"死"，对于君子而言，只是肉体的缺场而已。屈原说："老冉冉其将至兮，恐修名之不立。"老了死了，唯一可担心害怕的只是自己的美名不能久久流传。曾子说："以仁义为己任，不亦重乎？死而后已，不亦远乎？"这告诉我们，诸葛亮之所谓"致远"，唯有思想与名字能流芳后世方可称之。司马迁说："立名者，行之极也。"（《报任安书》）人的一切行为、行动、实践，其最高目标就是"立名"。因为"古者富贵而名摩灭不可胜记，惟倜傥非常之人称焉"（《报任安书》），而所谓"倜傥非常之人"只能是有立德、立功、立言之人。毛泽东说"粪土当年万户侯"，"自信人生两百年",更是自信美名冠绝人寰的另说。

《说文》:"名,自命也。""自命"是所谓独立的人一种自由的自我选择。不仅在看不清人面的朦胧月色中自报自名如此,在混浊的尘世中"立身行道"更是如此。孔子说:"名以出信,信以守器,器以藏礼,礼以行义,义以生利,利以平民,政之大节也。"(《左传·成公二年》)名的背后,不仅有信有义,而且与"利""民""政"关系密切。故君子欲成美名,必与信、义同行,而"为政以德","博施于民而能济众",必是其最重要途径。以此,君子之所谓"自命"之自由便必得既"从心所欲"又"不逾矩"。故君子"于其言,无所苟",根本点不在其"言",而在其对于名的无以复加的高度重视,所以墨子说:"名不可简而成也,誉不可巧而立也。"(《墨子·修身》)用今天的话来说,就是名不可伪立,誉不可虚成。

事实上,只要是人,心中就总有一个君子在。只要心中有君子,那么于其名就一定会"无所苟"!

在政治实践中,老子认为"制名"最为重要。任何事物,只要有了适当的名,就能给予其适当的名言或概念用以言说或解释。有了这种名言或概念,名与实就有了明确的界定,正名也就有了可能。而人与人之间,只要皆有了合适的名位,那么为了名利而进行的争抢、斗争也就很难发生了。因为人一旦有了合适的名位,也就成了能知耻、有道德,即具有强烈的社会性的人了。

孔子继承和发展了老子思想。在他看来,因为"名"早已为先王所制定,所以正名最为重要。只要"名正言顺","名之必能言之",那么对社会实行有效治理也便没有了障碍。

《吕氏春秋》继承和发展了老子、孔子的观点,并提出了:"至治之务,在于正名。""正名审分,是治之辔也。""正名审分",关键是能让名实相符。比方说一个公安局局长之名,其名下之实便是:(1)有一个公安局局长理应具有的安民保民的才德;(2)有一个公安局局长理应具有的名位、名誉、待遇;(3)有一个公安局局长理应具有的水平、能力、功绩;等等。如果名实不符,那么其上级部门与社会大众就会想方设法使其相符,不然就会生乱生害,从而危害社会。

　　按古人的说法，如果这个世界的每一个事物既有合适的名字，又有合适的解释，全社会的每一个人都有适当的名位，又都能做到名实相符，那么社会和谐安定的实现就一定是水到渠成了。

　　相关链接：

　　道常无名。朴虽小，天下莫能臣也。侯王若能守之，万物将自宾。天地相合，以降甘露，民莫之令而自均。始制有名，名亦既有，夫亦将知止，知止可以不殆。譬道之在天下，犹川谷之于江海。（《老子》第三十二章）

　　子路曰："卫君待子而为政，子将奚先？"子曰："必也正名乎！"子路曰："有是哉，子之迂也！奚其正？"子曰："野哉由也！君子于其所不知，盖阙如也。名不正则言不顺，言不顺则事不成，事不成则礼乐不兴，礼乐不兴则刑罚不中，刑罚不中则民无所措手足。故君子名之必可言也，言之必可行也。君子于其言，无所苟而已矣。"（《论语·子路》）

　　名正则治，名丧则乱。使名丧者，淫说也。说淫则可不可而然不然，是不是而非不非。故君子之说也，足以言贤者之实、不肖者之充而已矣，足以喻治之所悖、乱之所由起而已矣，足以知物之情、人之所获以生而已矣。（《吕氏春秋·正名》）

　　有道之主，其所以使群臣者亦有辔。其辔何如？正名审分，是治之辔已。故按其实而审其名，以求其情；听其言而察其类，无使方悖。夫名多不当其实，而事多不当其用者，故人主不可以不审名分也。不审名分，是恶壅而愈塞也。壅塞之任，不在臣下，在于人主。尧、舜之臣不独义，汤、禹之臣不独忠，得其数也；桀、纣之臣不独鄙，幽、厉之臣不独辟，失其理也。（《吕氏春秋·审分》）

10. 什么是"汉"

　　"不到长城非好汉。"（毛泽东《清平乐·六盘山》）看到"汉"字就会想到汉子、汉族。想到汉子，即会联想到血性与坚强；想到汉族，就会联想到勤劳与智慧。在了解了圣人所造"汉"字构形意义之后，这种认识将会更加全面、深刻。

　　"汉"字最初写作"灘"。其实就是小篆的写法，左边是"水·川"，右边是"勤·堇"。"勤·堇"是"勤"的最初写法。

　　"水·川"，一般认为是象形字，像众水流动之形，但其实它也是八卦中"坎卦"的形象描摹。

　　《说文》说："水，准也。像众水并流，中有微阳之气。"水之所以能成为准，是源于中国古代哲人对于水的形态、特征，以及它对于人的重要性或伟大作用、启示意义的高度认知。今天，水也是"准"。比如，地图学中的海拔、物理学中的比重、测量学中的水平仪等，皆以水为"准"，故又有"水准"之说。"众水并流"可有歧解。一是指水的流动总是以"众"的形式出现，即一滴水或很少的水根本就无法流动，如果不加封闭保护便会快速蒸发。以此观之，如此之"水·川"只能是带着波纹向前流动的一条水。二为多条江河或溪流并行向前奔流的样子。这在中国江南水乡是很普遍的存在。不过，最为壮观的莫过于云南西部怒江（出境后叫萨尔温江）、澜沧江（出境后叫湄公河）、金沙江（长江上流通天河之下，宜宾的岷江入长江口之上部分）的三江并流了。"中有微阳之气"，是说水无论是奔流着还是静止着，都蕴含着能量。这个能量，既不是说它的氢、氧原子在一定条件下可裂变或聚变，也不是指它在重力作用下因流动所产生的势能，而是仅指它从太阳那里所直接获得的热能。如果它变成了冰，这种能量也就基本丧失。换句话讲，冰是没有阳气的。在生活中，我们接触到某人体冷，就会认为他缺乏阳气。水有阳气，意味它是活的，有生命的。这背后的意思是，汉族人民总是充满着蓬勃向上的生命活力。

水的第一大特征是"平"，或"知平""能平"，且能为"平"奋斗不息。在狭小封闭的空间里，只要处于一种相对静止的状态，水之"平"便很容易实现。于是，建筑、测量、科学观测中的水准仪或水平仪等便因此而生。"平"的本意即天平或公平秤。故水与天平一样，都是公平、公正、正义的象征。与之相类，人类社会如果在一个相对较小范围或共同体（如一个村或乡）中，要实现大家都认可的所谓"公平、公正、正义"则相对较易，如范围广大则必得用"权"。在中国传统社会中，这种较小范围的持"平"掌"权"力量或权威既源于传统习俗，也源于少数德高望重的长老、长者。如果这个共同体只是一个社会细胞——家庭，那么什么是平则必将无"准"，因为仁、孝或爱。如果在广大开放的空间里，因为受各种客观因素影响，不仅绝对的水平难以实现，就是相对的也很难。原因不仅是地球表面凹凸不平，更重要的是广大范围的所谓"水平线"是且只能是曲线，即永远也不可能实现绝对的平。但令人感动的是，水仍会依其本性为其平的实现而日夜涌动、奔流不息。事实上，人类社会由仁人志士所推动的进步性历史也莫不如此。具有强烈主体性的人，早就认识到了这一点。老子的"曲则直"便深刻地揭示了曲与直之间微妙的互涵性辩证关系。绝对的公平、公正、正义虽然没有，但相对的不仅存在而且也是可以争取得到的。即以纯粹的直或平不能达到的目标，通过曲却可以达到。就像广大范围的地球水平线需要以"曲"来达到一样。推及人类社会，这个"曲"既是思想、智慧、策略、科学或道德哲学，也是权或权术、技术、工具、手段，或掌控权力、力的艺术。（如挖掘机前面是一根水管，为了到对面作业，只需用挖掘铲撑住地面在空中划两道弧线就可以了。这既是杠杆、技术或艺术的力量，也是思想、智慧、策略、科学或道德、哲学的力量。事实上，人类社会一直在使用这种"以曲为直"的力量达成自身的目标。）汉族人民就是这样一种在思想、智慧、科学、技术、道德、哲学、艺术等领域中一直在追求着超越自我的伟大民族。

水的第二大特征是有德。上述所谓水之"知平""能平"，且能为"平"奋斗不息的精神就是有德。老子说："上善若水。水善利万物而不争，处众人之所恶，故几于道。"其"利万物而不争，处众人之所恶"的特性或豪情就是有德的直接表现。其"上善"是德（"积善为德"），"几于道"（"道者，所以明德也"）同样是德。具体而言，水是一切生命形式存在的摇篮或基础。没有水，生命就不能存在与生长，所以水有"生生"之大德。这种大德又可名之为"仁"。水在"生生"的同时，既能洁净别人或他物，又能不惧污秽"处众人之所恶"，故可谓之"义"。水总是谦虚卑下，主动地把自己放得很低很低，又可谓之"礼"。水总是柔中带刚，刚柔相济，善于变化，则可谓之"智"（"智者乐水"）。水于时令随风而来，于大海随潮而来，来去有时，又可谓之"信"。水永远奔涌向前，无惧艰难险阻，并能作功有"用"，则可谓之"勇"。故水具一切德。"汉"字以水为形，汉族以"汉"为名，即寓含我们汉民族具有仁、义、礼、智、信、忠、恕、孝、勇等一切德。

水的第三大特征是"既能载舟亦能覆舟"。其有德与无德总是如影随形，其"生生"与"死死"总是前后相随。这既是自然天道、社会发展的规律性，也是天命。这背后也意味着我们汉民族为了公平正义，从来不会缺乏反抗精神。

"氵"之形亦为坎卦之形，说明汉民族在其成长过程中必定道路坎坷、多灾多难。但"阴虚阳实"的卦象，又总能让我们在灾难中看到希望，进而逢凶化吉，不断地超越自我、走向辉煌。

"勤"之初形为"䖒"，会意字。其最上部分无疑为"艹"，即"草"之初文；"艹"下面的圆圈即太阳。两部分相合，既会意太阳落入草丛或从草丛中升起，也代表着太阳东升直至落山的整个时间段。再往下是"大"，即大人、成年人。大人挺立的背景是日暮或日出的天地之间。最下为"土"，即土地或大地。上下四个部分加起来，既是一幅动人的人的生产劳动画卷，也是一幅略带浪漫色彩的人的活动艺术剪影。于是，"䖒"以"大人""日出而作，日没而息"，在土地上进行辛勤劳作的生动形象，深刻地诠释了先圣们对于"勤"的最初理解。

《说文》云："勤，劳也。从力，堇声。"但这种"从力"的解释，对于没有"力"的"勤"的初文"堇"而言，就是一个笑话。这当然也不能怪许慎，因为他没有见过如此多的像这样的甲骨文、金文字例。

据《论语·颜渊》："子张问政。子曰：'居之无倦，行之以忠。'"《论语·子路》："子路问政。子曰：'先之劳之。'请益。曰：'无倦。'"其"无倦"不仅是勤、劳，而且必须是有恒。有勤、有劳、有恒，智慧自然能从中产生。对于从政者言，尤其如此。

相关链接：

子贡问于孔子曰："赐倦于学矣，愿息事君。"孔子曰："《诗》（《商颂·那》）云：'温恭朝夕，执事有恪。'事君难，事君焉可息哉！""然则赐愿息事亲。"孔子曰："《诗》（《商颂·那》）云'孝子不匮，永锡尔类。'事亲难，事亲焉可息哉！""然则赐愿息于妻子。"孔子曰："《诗》（《大雅·思齐》）云：'刑于寡妻，至于兄弟，以御于家邦。'妻子难，妻子焉可息哉！""然则赐愿息于朋友。"孔子曰："《诗》（《大雅·既醉》）云：'朋友攸摄，摄以威仪。'朋友难，朋友焉可息哉！""然则赐愿息耕。"孔子曰："《诗》（《豳风·七月》）云：'昼尔于茅，宵尔索绹，亟其乘屋，其始播百谷。'耕难，耕焉可息哉！""然则赐无息者乎？"孔子曰："望其圹，皋如也，巅如也，鬲如也，此则知所息矣。"子贡曰："大哉，死乎！君子息焉，小人休焉。"（《荀子·大略》）

上述孔子对于子贡"倦于学"想要休息的多种回答，十分深刻：人，只要活着，就没有所谓休息。唯有死，才可能有真正的休息。以此可知，在我们古圣先贤看来，终生勤劳即是人的天命。

《楚辞·远游》诗云："惟天地之无穷兮，哀人生之长勤。"它吟诵出的"勤"字，则不仅是勤劳，而且是忧虑和操心。

综上可知，无论你要做汉子还是做汉族，都是荣耀之事！但我们不仅需要勤劳、智慧、有恒，兼具一切德，而且要有强烈的忧患意识。

11. 什么是"字"

"文者，物象之本；字者，言孳乳而浸多也。"（《说文解字·序》）在今天一般人看来，字可能是一切文字的统称，但其实并非如此简单。

在汉代，字亦可代指书法。如东汉赵壹的《非草书》一文中有："征聘不问此意，考绩不课此字。"其"字"即为书法之意。而用字代指所有文字，则是近世之事。

汉代许慎有《说文解字》一书，仅此标题四字即告诉我们，其"文"与"字"并不相同。《说文解字·序》云："盖依类象形，故谓之文。"其"文"，仅指汉字中的象形字。"其后形声相益，即谓之字"，其"字"仅指汉字中的形声字。"文者，物象之本；字者，言孳乳而浸多也。"即是说，在汉字大家族中，象形字是核心或根本。形声字都是由象形字与象形字，或象形字与某些符号字不断叠加、重新组合而成的。但其实，汉字中所谓"会意、指事"类亦可纳入"字"之列。

"字"字最初写作"𡥀"。上部的"宀·𠆢"为房屋；下部的"子·𢀮"，为襁褓中的婴儿之形。它本为会意字，亦可作形声。本意即女人在家生孩子，故"字"有生育、生产之意，略加引申又有母性、雌性、爱、爱抚、抚养之意。如中国江南农村所言"字牛"即为母牛；《诗经·大雅·生民》中的"字之"二字，其意即爱抚它、抚养它。

以房子与子以成"字"，一方面说明中国文字的成熟，是农业文明、定居生活高度发展的结果；另一方面则表达了中国古人对于文字的发明，有一种非同寻常的爱——像爱自己的房子与子孙后代一样。

依据《说文》，我们还可认为，唯有汉字才可称真正的文字。

说汉字是真正的文字，是因为世界其他各种文字现在大多已不具备真正文字的特征。汉字直到今天仍然还保有其原初文字所具有的大量象形、象意特征，而大多数其他文字则因为发展成了拼音文字，这种特征则已完全消失。比如汉字中的"人"——"彳"与"人"虽然在构形上差别较大，但通过比较观察，我们仍可以从中发现相同基因，即其演变轨迹或"遗传密码"总是有迹可寻。另如英文，它由拉丁文发展而来，而拉丁文又由腓尼基文字发展而来，腓尼基文字又由古埃及象形字发展而来，但古埃及的象形字与今天的英文已是天差地别，全无踪迹可寻。如：古埃及的象形字"太阳—⊙"与我们汉字中的原初象形字"太阳—日—⊙"几无区别，可英文中"sun"与埃及象形字"⊙"，则已全无可能从其构形上把二者联系在一起。而汉字中的"日"与其初文之"⊖"，到今天却仍然"察而可识"。

由于上述"日·⊙"与"人·彳"等直到今天仍然保有其原本具有的象形特征，所以皆可称之"文"。"文·爻""字·宁"两字却非"文"而为"字"，因为"爻"乃由一个"文"（象形字）与一个符号字组合而成，"宁"则由两个"文"（象形字）组合而成。

古时文、字有别，今人统称"文字"，主要原因有二：一是它们确实曾由"文"即象形字发展而来；另一方面，则是"文字"一词的概念在其发展过程中，也已然发生变化了，已不再把"文"与"字"分开来解读。

综上可知，中国汉字既是真正的文字（既有"文"亦有"字"），又可简称"字"。它不仅是中华民族文化最深刻、最集中的象征，能通过子孙后代的生生不息代代相传，而且亦能在这个过程中实现自身不断的滋生繁衍、发展壮大。有汉字就有中国；汉字亡，中国亡。

12. 什么是"仁"

《吕氏春秋》说："仁于他物，不仁于人，不得为仁。不仁于他物，独仁于人，犹若为仁。仁也者。仁乎其类者也。"（《吕氏春秋·爱类》）"仁"的所谓"爱"，首先指向爱人——爱我们的同类。如果有人爱其他东西还胜过爱自己的同类，那么就不能算是"仁"。但如果某人只爱我们的同类，其他东西却不甚爱，却仍然可算是"仁"。孔子"仁者，爱人"的论述，以及马厩发生火灾，孔子"问人不问马"的行为，以及老子说的："夫唯无以生为者，是贤于贵生。"（那些没有办法活下去的我们同类的生命，要远比我们自己所谓养生长寿更重要。——《老子》第七十五章）等等，皆表达了这样的思想。

相关链接：

樊迟问仁。子曰："爱人。"（《论语·颜渊》）

厩焚。子退朝，曰："伤人乎？"不问马。（《论语·乡党》）

据《吕氏春秋》，赵简子有两头白骡，十分喜爱，可当他的臣下胥渠生病，必得以白骡之肝治病时，他便毫不犹豫地杀了白骡以救人。他认为，这就是"仁"。真正的"仁"，一定是爱人远比爱其他动物更重要。

相关链接：

赵简子有两白骡而甚爱之。阳城胥渠处广门之官，夜款门而谒曰："主君之臣胥渠有疾，医教之曰：'得白骡之肝，病则止；不得则死。'"谒者入通。董安于御于侧，愠曰："嘻！胥渠也。期吾君骡，请即刑焉。"简子曰："夫杀人以活畜，不亦不仁乎？杀畜以活人，不亦仁乎？"于是召庖人杀白骡，取肝以与阳城胥渠。（《吕氏春秋·爱士》）

以此类推，有人于高速路上停车救助一受伤小鹿，却造成重大交通事故，致死致伤数人；有人于小区自家中大量养狗、养鸡，弄得小区里整日整夜"鸡犬之声相闻"；等等事例，便皆算不得是"仁"。换句话讲，"仁"之爱，只有在先爱同类的前提下才可以向其他物类扩展；否则，就不是真正的"仁"。

下面关于"仁"字初文的解读，将会得出与上述认识相类的启示。

"仁"字最初写作"𠤕"。左边是一个躬身而立之"人·𦫵"，右边是个符号字"二"。

"仁"以"人·𦫵"为形，意味只有人才可能有"仁"。如果说其他东西也有，那只是人所想象或赋予。

人从自然进化而来，既是自然的一部分，又超拔于自然。人会制造工具，有自我意识，有思想灵魂，所以又有"万物之灵"之称。人之所以能从自然界中超拔出来，最重要的还在于它有不同于一般动物的"群"意识，是一切社会关系的总和。以此可知，只要是人就必定具有人所具有的敬畏恐惧、忠孝廉耻、仁义礼智等诸道德。

孟子说："仁也者，人也。"（《孟子·尽心下》）所谓"仁"，首先就是要充分肯定自己是人，别人一样也是人。如果我们都能把别人当成与自己一样的人看待，那么就是"仁"。孟子又说："仁，人心也。"（《孟子·告子上》）要求我们对人要将心比心，推己及人，换位思考。如果换成孔子的话便是："己所不欲，勿施于人。""己欲立而立人，己欲达而达人。""智莫大于尊贤，仁莫大于爱人。"（《孔子家语·王言》）爱人既是人最伟大的智慧，也是人最伟大的仁慈。

但是，我们还必须看到，人毕竟也是动物的一种，永远也无法摆脱动物性的一面（既需要吃住，也需要种族的繁衍）。这种动物性，即所谓"第一人性"的存在，总让我们在面对他人、社会、自然，或其他"群"时，时不时表现出自私、偏私、贪婪、狭隘、功利甚或愚蠢等局限性的一面。

"二"，既是阴阳或道，亦为数字之二。

说"二"是道，是因为首先可把这个"二"看作为一个阳爻与一个阴爻的结合，即"一阴一阳之谓道"（《易传》）；二则源于它为"一"的所"生"（"道生一，一生二，二生三，三生万物。"——《老子》第四十二章）。这种认识告诉我们，"仁"亦可直通"形而上"，既是事物发展变化之最一般规律性，也是辩证法则、对立统一规律、认识论、方法论等。人如果认识了此"二"就是认识了道；认识了道，就能有无穷智慧。

说"二"是数字之二，一在于它可通于大写的"贰"。"贰"，既是"两样，有区别"，也是"不专一、不忠诚"或"副、次"。所以许多时候，它又是愚蠢。二在于它又是"两个"。

把两个人放在一起就是"仁"，亦可称"天人合一"。两个人是这个世界最小的群或共同体。这种群能够长期存在，最根本原因只能是因为爱。夫妻是其最集中的代表，所以夫妻之间，互有爱人之称。以此可知，所谓"仁者，爱人"，它必是以夫妻之爱向周边逐渐扩散的，然后再及子女、父母、兄弟，再及亲戚、朋友，再及宗族、邻里、乡党，再及邦国，再及异国他邦、天下，再及自然万物。没有夫妻之爱，便没有家庭，没有父子兄弟，没有一切道德伦理赖以存在的根基。这种伦理关系既是符合人性的，也是符合规律的，所以它是合规律与合目的的统一。其中"二"所昭示的"有区别"也同样反映了这种思想。爱从来就不是墨子所谓"无差等"之爱，而必定是有所区别的。

事实上，所有共同体的形成，必须既有爱又有等次或区别。所谓"平等"，就是以公正为前提把人分成不同等级。事实上，人与人之间，没有爱便不能"群"，没有等次、区别同样不能。刘备、关羽、张飞能长时间地在一起奋斗，不仅因为他们是兄弟，更重要的是他们也是上下级。不过，二人同"群"，即便是夫妻，也不可能总是从思想到行为完全保持一致。这便是所谓主体或个体的多元性：人各不同，思想各异。如果是众人所组成的共同体，情况将会更加复杂，有时会形成敌对性的单位或组织，但其基本情形却是高度一致的。极端的情形就是对抗或分裂，即或是夫妻，也不例外。

"仁"还有个古文异体写作"𢜫"。上边是一个"人·𠂤"，下边是一个"心"。它正是孟子所谓："仁，人心也。"（《孟子·告子上》）不过这个"人·𠂤"一般人或并不认识，包括著名文字学家许慎就认为它是一个"千"字，《说文》说："𢜫，古文仁，从千、从心。"这明显是错误的。它是一个带了脚镣的"人·𠂤"。类似地，如"信"的异体"𦥓"也表达了同样的思想：人，从来就不是个体的独存，其之所以皆具有仁、义、礼、智、信诸德，正是由于受到社会性制约的缘故。

韩非子说："仁者德之光。"（《韩非子·解老》）朱熹说："盖仁义礼智四者，仁足可包之。"（《朱子语类》）孔子说："志于道，据于德，依于仁，游于艺。"（《论语·述而》）这些告诉我们，"仁"是诸德目中最为重要的部分。一方面，它是道德的一部分、从属于道德，是其他主要德目的基础或根本；另一方面，它几乎把其他德目的主要内容都包括在内了。换句话讲，人只要"有仁"，就必定"有义""有礼""有智""有信""有忠""有恕""有孝""有勇"。由于人皆有"仁"，所以人皆有诸道德。如果说某人没有，那或是在一定的情境下暂时由情感控制了理智，或只是"禽兽"而已。

据《淮南子·人间训》记载，鲁国孟孙氏打猎获得一头小鹿，把它交给一个叫秦西巴的下属，要他给烹了。可是由于母鹿尾随其后啼而不停，秦西巴不忍，就把小鹿给放走了。孟孙氏一回来就问起小鹿之事，秦西巴据实回答。于是，孟孙氏一怒之下，便把秦西巴给赶走了。不过，一年之后，孟孙氏又把秦西巴请了回来，并给了他一个更重要的职位：让他当自己儿子的老师。他的左右很疑惑，便对他说："秦西巴之前曾得罪了大人，今天您又把他弄回来当您儿子的师傅，这好像不太合适吧。"孟孙氏回答："一个人对于一头小鹿都不愿意伤害，那么何况于人呢？"

相关链接：

孟孙猎而得麑，使秦西巴持归烹之。麑母随之而啼，秦西巴弗忍，纵而予之。孟孙归，求麑安在，秦西巴对曰："其母随而啼，臣诚弗忍，窃纵而予之。"孟孙怒，逐秦西巴。居一年，取以为子傅。左右曰："秦西巴有罪于君，今以为子傅，何也？"孟孙曰："夫一麑而不忍，又何况于人乎！"（《淮南子·人间训》）

这个故事告诉我们，人类之"仁"不仅可以向自然世界扩展，而且亦可感动他人，并能给自身带来好的名声与利益。类似的情况不胜枚举。特别是当权者对于其下属所谓仁义的施与，其目的往往都是希望或要求他们在自己或国家处于危难之时，能效死尽力。

另据西汉刘向《新序·杂事》所记载的孙叔敖埋蛇的故事，或能说明"仁"对于某些人来说，可能是天性使然。当然，我们也不能排除是早期家庭教育的结果。

春秋时期，楚庄王的令尹孙叔敖在年幼的时候出去玩耍，看见一条两头蛇，便杀死它并埋了起来；之后，他便哭着回了家。母亲问他为什么哭，孙叔敖回答道："我听说人看见两头蛇，必定会死。刚才我见到了两头蛇，恐怕就要离开母亲先死了。"母亲问："蛇现在在哪里？"孙叔敖说："我担心别人再看见它，就把它杀掉埋了。"母亲对他说："我听说积有阴德的人，上天会降福于他，所以你一定不会死。"孙叔敖长大成人后，做了楚国的令尹，还没有上任，人们就已经相信他是个仁慈的人了。

相关链接：

孙叔敖为婴儿时，出游，见两头蛇，杀而埋之。归而泣。其母问其故，叔敖对曰："吾闻见两头之蛇者必死。向者吾见之，恐去母而死也。"

其母曰："蛇今安在？"曰："恐他人又见，杀而埋之矣。"其母曰："吾闻有阴德者，天报之以福，汝不死也。"及长，为楚令尹，未治，国而国人信其仁也。

孟子说："天子不仁，不保四海；诸侯不仁，不保社稷；卿大夫不仁，不保宗庙；士庶人不仁，不保四体。"（《孟子·离娄上》）直截了当地说出了"仁"对于人的存在与发展的绝对重要性。换句话讲，人而不仁，不仅事功不成，如果能够活着，也是侥幸。

孟子又说："莫之御而不仁，是不智也。"（《孟子·公孙丑上》）如果觉得践行仁义而不能得到依恃、凭借，或不能得到好处，就拒绝践行仁义，则是不明智的。所以智者必定是仁者，仁者必定也是智者。无论是杀身成仁，还是弘道，或是以身殉道，都是"仁"与"智"的表现。

相关链接：

"志士仁人，无求生以害仁，有杀身以成仁。"（《论语·卫灵公》）"人能弘道，非道弘人。"（《论语·卫灵公》）"天下有道，以道殉身；天下无道，以身殉道。"（《孟子·尽心上》）

荀子认为士君子一定要"本仁义"（《荀子·劝学》），即以仁义为本就是君子的宿命。而君子的宿命，说到底也是人的宿命。

13. 什么是"义"

"义，己之威仪也。"（《说文》）"义也者，宜也。"（《孟子·尽心下》）告诉我们，能让自己于共同体以及历史长河中，树立起正面的光彩威严形象的一切行为皆为"义"或"义行"。用孟子的说法便是"合适"，既符合公义，也符合个人对于"义"的理想追求。

"义"字最初写作"義"。上面是"羊"，下面是"我"。

羊是美的象征，所以不仅"义"的上部是羊，美、善的上部也是羊。羊还是"善"字的初文。

以羊为善为美，一在其形象温顺可爱；二在其"知跪乳之恩"，是孝的象征；三在其繁殖力强，能给人类带来较多较好的衣食资源。其中第三点最为重要，所以它也是我们的"利"。人之善行、义行之所以多以给别人衣食资源表现出来，即源于此。进言之，如果一个国家统治者不能让百姓拥有最基本的生存资源，那么就是不义、不善。而这个所谓"最基本的生存资源"，也就是他们最根本的利益所在。

"我·戎"，为一人侧身持戈或荷戈而立之形。戈在古代是暴力、武装、强力、战争、军队的象征。所以，当一个人荷戈而立以"我"的面目出现时，一定就是其独立性、唯一性、主体性，或智慧与尊严的最高表征。而这一表征既是该主体最美、最光彩的一面，也有其不可侵犯性。在英文中，当"I"出现时，永远用大写，也是这种思想的深刻展示。《说文》说："义，己之威仪也。"不仅表达了上述思想，而且也为"义"所捍卫的对象做了正确指引：能够给主体带来光彩与荣耀的，只能是我对于我所认可、追求的善与利的誓死捍卫。经典作家们关于"义"的解读也皆指向这一点。但是需要注意的是，古人所谓"义"的背后往往更注重于名的流传，其核心思想并不一定完全与社会公平、正义相吻合。

下面豫让刺赵的故事，或可给予我们以启发。

豫让，春秋时晋国著名刺客；赵，这里指赵国首任国君赵襄子。

据《史记·刺客列传》与《吕氏春秋》记载，豫让年轻时曾追随晋国的近邻范氏、中行氏，但都没有混出什么名堂。后来，范氏、中行氏为晋所灭，豫让只得改换门庭，跟了晋国最有实力的大夫智伯。智伯不仅与他一见如故，而且对他极为尊宠。但不幸的是，智伯不久便在与晋国其他三家大夫韩、赵、魏的斗争中败北。智伯不仅被杀，而且还被极端痛恨他的赵襄子砍下头颅，做了饮酒器。豫让立时沦为丧家狗，心怀怨愤，觉得自己理应为智伯报仇。他先是变姓改名，冒充犯了罪的奴隶，混进赵襄子府中，假借粉刷厕所，挟带匕首，企图行刺。可赵襄子为人谨慎，还未入厕，就心有所动，觉得不对劲，马上派人拿了涂厕之人。一问，正是豫让。被抓的豫让对于欲行报仇之事，毫不隐瞒。赵氏左右皆说把他砍了，一了百了。可赵襄子认为不可，并说这是真正的义士。于是，豫让被放走了。可是，豫让并未就此罢休，而是重新开启了他的报仇计划。他先把身子漆成像鬼一样的黑色，吞炭把喉咙弄成半哑，然后再找最熟识他的人证实他的改容易音是否成功。当他行乞于市，他的妻子已然不再认识他，但他的好朋友却仍然认得。朋友劝他说："你何必这样？以你这样的才能，只要委身于赵氏，要报仇不是很容易吗？"可是豫让不愿这样做。因为他觉得这样做不仁不义，不堪为后世法。由于没有办法再直接接触到赵襄子，他只能躲在一座赵襄子必须经过的桥下，试图行刺。可是，远远地赵襄子便发现桥下有人，派随从前去查看，而这个随从青荓正是豫让的发小。豫让佯装死人，等青荓走到近前，便对他说："老子要干大事，你不要到这里捣乱。"青荓很清楚豫让要干什么，但却无法应对如此局面：告发他，不符朋友之义；不告发，不合君臣之义。没办法，青荓为了这个"义"字，便选择了横剑自杀。青荓的自杀，当然帮不了豫让的忙。于是，豫让很快再次被执拿。赵襄子有点不解，对他说："你原来也曾跟随过范氏、中行氏，为什么不替他们报仇，却偏要为智伯报仇？"豫让的回答很直接："因为范氏、中行氏只是以普通人的待遇对我，所以我只能是以普通人的身份对他们；而智伯则不同，他是以国士的身份待我，所以我必须以国士待他。"赵襄子听了很是唏嘘，既感动又无奈，只能对他说："你老是这样却不行，我今天必须杀了你。"临了，豫让说："能否借用一下您的衣服，让我用剑刺三下，就算是我有脸去见智伯了。"赵襄子满足了他的愿望。接下来，豫让便从容地选择了横剑自尽。

相关链接：

豫让者，晋人也，故尝事范氏及中行氏，而无所知名。去而事智伯，智伯甚尊宠之。及智伯伐赵襄子，赵襄子与韩、魏合谋灭智伯，灭智伯之后而三分其地。赵襄子最怨智伯，漆其头以为饮器。豫让遁逃山中，曰："嗟乎！士为知己者死，女为说己者容。今智伯知我，我必为报仇而死，以报智伯，则吾魂魄不愧矣。"乃变名姓为刑人，入宫涂厕，中挟匕首，欲以刺襄子。襄子如厕，心动，执问涂厕之刑人，则豫让，内持刀兵，曰："欲为智伯报仇！"左右欲诛之。襄子曰："彼义人也，吾谨避之耳。且智伯亡无后，而其臣欲为报仇，此天下之贤人也。"卒释去之。

居顷之，豫让又漆身为厉，吞炭为哑，使形状不可知，行乞于市。其妻不识也。行见其友，其友识之，曰："汝非豫让邪？"曰："我是也。"其友为泣曰："以子之才，委质而臣事襄子，襄子必近幸子。近幸子，乃为所欲，顾不易邪？何乃残身苦形，欲以求报襄子，不亦难乎！"豫让曰："既已委质臣事人，而求杀之，是怀二心以事其君也。且吾所为者极难耳！然所以为此者，将以愧天下后世之为人臣怀二心以事其君者也。"既去，顷之，襄子当出，豫让伏于所当过之桥下。襄子至桥，马惊，襄子曰："此必是豫让也。"使人问之，果豫让也。于是襄子乃数豫让曰："子不尝事范、中行氏乎，智伯尽灭之，而子不为报仇，而反委质臣于智伯，智伯亦已死矣，而子独何以为之报仇之深也？"豫让曰："臣事范、中行氏，范、中行氏皆众人遇我，我故众人报之。至于智伯，国士遇我，我故国士报之。"襄子喟然叹息而泣曰："嗟乎豫子！子之为智伯，名既成矣，而寡人赦子，亦已足矣。子其自为计，寡人不复释子！"

使兵围之。豫让曰："臣闻明主不掩人之美，而忠臣有死名之义。前君已宽赦臣，天下莫不称君之贤。今日之事，臣固伏诛，然愿请君之衣而击之，焉以致报仇之意，则虽死不恨。非所敢望也，敢布腹心！"于是襄子大义之，乃使使持衣与豫让。豫让拔剑三跃而击之，曰："吾可以下报智伯矣！"遂伏剑自杀。死之日，赵国志士闻之，皆为涕泣。（《史记·刺客列传》）

赵襄子游于囿中，至于梁，马却不肯进。青荓为参乘。襄子曰："进视梁下，类有人。"青荓进视梁下，豫让却寝，佯为死人，叱青荓曰："去，长者吾且有事。"青荓曰："少而与子友，子且为大事，而我言之，是失相与友之道；子将贼吾君，而我不言之，是失为人臣之道。如我者惟死为可。"乃退而自杀。青荓非乐死也，重失人臣之节，恶废交友之道也。青荓豫让，可谓之友也。（《吕氏春秋·序意》）

豫让之死，不仅受到当时赵国上下的尊重，而且也确实做到了留名后世。不过，这种行为在今天几乎无人理解。有人甚至认为他不仅未做成什么，而且死得分文不值。可是在当时，这种行为不仅是"义"，而且就是"忠义"。不过，这种"义"就今天来看，却与维护社会公平、正义为核心的"义"有相当距离。这种行为，如果套用韩非子的名言"名之所彰士死之"来解释，似更合适。

墨子说："义，利也。"（《墨子·经上》）其对于"义"的解读，可能是最直接、最简明、最深刻，且最具冲击力的。其根据就是源于高居"羲"字上部的"羊"。事实上，人们选择正义之"义"总是把"善"与"利"融会在一起。即或为"义"而死，亦是如此。"义"之"利"，不仅利己，且能利人；不仅利人，且能利国利民利天下。所以公明贾说："义然后取，人不厌其取。"（《论语·宪问》）在可取与不可取之间的名利或物质利益，取之则为不义。凡公然取之不仅不会损害自身威名反而会提高自身声誉的则为"义"。如人选择不义而利，其结果必定是"既得之，必失之"。但此说又可能发生歧义，"义"虽然属于利之最重要部分，但却并不等同于利。所谓"义"之"袍"，由于总是与个人私利纠缠难清，所以其背后爬满"虱子"。在现实世界，如果只图报恩，而不顾社会公平正义，则不仅不是义，而且还可能给自身带来灭顶灾祸。

《墨子》还说："义者，政也。"（《墨子·天志第二十六》）"义者，善政也。"（《墨子·天志第二十七》）"义者，正也。"真正的能利国利民利天下的事，只有"政"才能做到。一个人选择做官，其理想目标不是享受特权或顺便发点财，而是为了维护社会公平正义。孔子的大弟子子路说："君子之仕也，行其义也。"（《论语·微子》）君子选择当官从政，主要有两方面原因，一为能有机会扶持最基本的社会公正，二为能更好展现出自己的最光彩形象。

孟子说："义也者，宜也。尊贤为大。"（《孟子·尽心下》，《孔子家语》中孔子也讲过同样的话）人之义或不义，关键在其行为是否合适。什么才是合适？就是既符合最基本的人性，亦符合最基本的社会公正原则。"尊贤为大"，主要针对当权者而言。当权者只有尊重贤才，才可能实现政治清明、国家富强，也才可能凸显自己高大威严的形象。而对于普通百姓而言，"尊贤"则是必然的。

孟子对于"义"的解读还有："夫义，路也。"（《孟子·万章下》）"义，人路也。"（《孟子·告子上》）此"路"既是人所必走的看得见摸得着的形下之路，也是人所必走的看不见摸不着的形上康庄大道。它又是孔子所说的"谁能出不由户，何莫由斯道也"（《论语·雍也》）的"户"与"道"。天下无"义"，就是天下无路、天下无道。无路、无道，寸步难行。"羞恶之心，义也。"（《孟子·告子上》）人有羞恶之心，方可知耻明辱，不仅知道什么该做，什么不该做，而且知道具体怎样做才最合适。做事之后必能使主体更加光彩明亮、形象高大。

商鞅说："所谓义者，为人臣忠，为人子孝，少长有礼，男女有别；非其义也，饿不苟食，死不苟生。"（《商君书·画策第十八》）其说亦是指向人的行为在不同的背景下都必须合适，符合其角色身份。

韩非子说："义者，仁之事也。"（《韩非子·解老》）一个人是否仁，只有通过具体事件、事实才可能表现出来。一个人的义举就是其"仁"的具体表现。

《荀子》："义者，循理。"（《荀子·议兵》）"循理"，对于儒家来说，既是"循道而行"，亦为"循礼而行"。

"义者，百事之始也，万利之本也，中智所不及也。"（《吕氏春秋·慎行论第二》）资本的本性是逐利的，但却一定要"以义为先"；不然，其所得之利就不会稳固。但这种思维逻辑，非真正企业家却是想不到的。以此观之，能够成为真正企业家的人只能是少数中的少数。他们必定是"上智"之人。

司马迁说："取与者，义之符也。"这是说，在一般情况下，"义"主要是通过对于利或名利的取舍以表现出来。只有"义然后取"，人们才会"不厌其取"。

孔子又说："君子喻于义，小人喻于利。"可见，义与利之关系并不是一般人能够深刻认知的。君子正因为深刻地懂得义利关系，所以总是选择"见利思义"，先义后利。小人总是"放于利而行"或只知道贪。

佛教宣扬："诸行无常，诸法无我，涅槃寂静。"主张完全泯灭人的主体性，其实就是从理论上抛弃了"义"。就今天看来，这种认识不仅与中国传统文化，特别是儒家文化的进取精神背道而驰，而且也与当代社会佛教徒的行为实践相悖。

总之，"义"无论是捍卫善与利，还是"循理"以"善政"，其不能逾越最基本的社会公平正义与人性原则。反之，它就算不得是真正的"义"，就不"宜"，就不符合道德的最高准则——"中庸"。

14. 什么是"礼"

这里先讲一个小故事，或许能加强我们对于"礼"在诸德目中的地位的认识。

有一次，子夏向孔子请教，问："《诗经·硕人》这首诗里面有'巧笑倩兮，美目盼兮，素以为绚兮'的句子，是什么意思呢？"这三句诗，用今天的话来说，就是：温柔迷人的笑容，顾盼有神的眼睛，为什么会如此绚烂美丽呢？原因是，它们都是很恰当地长在一张干净漂亮的脸上。孔子给子夏的回答是："绘事后素。"意思是：绘画，事先一定要选择一块漂亮的素色的绢做画布。子夏接着问："礼后乎？"这不就是说，"礼"一定要放在后面吗？孔子听了很高兴，说："子夏，你启发了我啊，现在你终于可以与我好好地讨论《诗经》了。"（子夏问曰："'巧笑倩兮，美目盼兮，素以为绚兮。'何谓也？"子曰："绘事后素。"曰："礼后乎？"子曰："起予者商也，始可与言《诗》已矣。"——《论语·八佾》）这里有个一般人不会去深究的不大不小的问题：子夏说的"礼后乎"究竟是什么意思？它的前面又应当是什么？在此，孔子没有直接说出来，《论语》中也没有下文。但很明显，他们师徒二人对这个东西皆是心知肚明的。它就是仁义，即礼一定要依附在仁义的后面才有意义。孔子说："人而不仁，如礼何？"（《论语·八佾》）"君子义以为质，礼以行之。"（《论语·卫灵公》）老子说："失道而后德。失德而后仁。失仁而后义。失义而后礼。"（《老子》第三十八章）韩非子说："礼者，义之文也。"（《韩非子·解老》）都明白地告诉了我们，礼是依附于仁义道德之后而存在的。按韩非子的说法，礼只不过是"义"的文饰而已。不过，实际情形可能更为复杂。因为，中国历史上关于礼的认知，从来就是多元的，从根本上来说，它是虚无性与实在性的统一。

"礼"字最初写作"豊"。它主要由上下两个部分构成。

上部的两个像"丰"字的构件，不是"丰"字而是"草"，或"贝"，或"玉"，或"朋"。它们皆是礼仪进行过程中所呈礼物的抽象化表达。"草"，喻示礼主要就是一种形式或仪式，而不一定需要很贵重的礼物。《左传》说："苟有明信，涧溪沼沚之毛，蘋蘩蕴藻之菜，筐筥锜釜之器，潢污行潦之水，可荐于鬼神，可羞于王公。"（《左传·隐公三年》）只要一个人或一个国家有良好的诚信，那么在具体盟约的礼仪程式中所呈现的礼物或祭品是什么，则不是最重要的。无论是涧溪里的野菜、潢污沟中的臭水还是竹筐竹箱之类的礼器，等等，就算它们有些简陋，甚或不太干净，只要是没有人为的污染或不敬，那么就可以供奉鬼神、赠予王公。

"朋"代表的是两串玉片或贝壳做的钱。以钱做礼物不仅表达了礼是需要交换或礼尚往来的理念，而且认为礼可以是钱，也可以是钱所能够买得到的任何东西。它宣示的是礼物范围的无限广泛：只要是钱能买得到，就可以作为礼物赠送他人，大至土地、人民，小至一草一木、一丝一缕、一粥一饭，等等。

综合上述，我们似还可得出这样的启示：礼是一定需要具体的礼物以呈现的；礼物不拘大小、多少，关键看主体的能力；礼在人与人、国与国之间的交往中是不可或缺的，是虚无性与实在性的高度统一。

最初这个"礼·豊"的下部是个"豆"。豆，其形制像一种高脚的盘子。最初是一种用于祭祀祖先、呈供礼物的礼器，后来也可用作孝敬父母的食器。如马王堆汉墓出土的高脚碗，就是此类食器。它说明礼最初与祖先崇拜及孝关系密切，《论语·泰伯》："菲饮食，致孝乎鬼神。"其中的"孝"，既是祭祀之礼，亦是祖先崇拜的表现。《易传》之中，有"孝"字一见："王假有庙，致孝享也。"（《易传·象传下·萃》）其"孝"亦是祭祀之礼。商周之孝与春秋战国时期之孝有很大不同，前者主要指向孝敬祖宗，后者主要指向孝敬父母。而这两者的前提则都是"有后"，即有后代。

此类礼器，最早应当出现于原始社会末期。到了商周时期则有了很大的发展，并形成了一定形制与等级制度。如天子有九鼎、诸侯有七鼎、大夫有五鼎等，不仅形制不同，而且数量亦不可逾越。其喻示礼虽有一定的实用性，可用来盛装食物、祭品，但主要却是用来区别上下尊卑、等级秩序的。

关于什么是礼，古人的论述极多、极复杂，且观点极不相同，有时它就是"仁"或"义"，有时仅指向礼仪，有时又指向国家政治制度、礼法制度，等等。

其中《左传·昭公五年》与《左传·昭公二十五年》的两段记载最具代表性。

相关链接:

《左传·昭公五年》:

公如晋，自郊劳至于赠贿，无失礼。晋侯谓女叔齐曰："鲁侯不亦善于礼乎？"对曰："鲁侯焉知礼？"公曰："何为？自郊劳至于赠贿，礼无违者，何故不知？"对曰："是仪也，不可谓礼。礼所以守其国，行其政令，无失其民者也。今政令在家，不能取也。有子家羁，弗能用也。奸大国之盟，凌虐小国。利人之难，不知其私。公室四分，民食于他。思莫在公，不图其终。为国君，难将及身，不恤其所。礼之本末，将于此乎在，而屑屑焉习仪以亟，言善于礼，不亦远乎？"

《左传·昭公二十五年》:

子大叔见赵简子，简子问揖让周旋之礼焉。对曰："是仪也，非礼也。"简子曰："敢问何谓礼？"对曰："吉也闻诸先大夫子产曰：'夫礼，天之经也。地之义也，民之行也。'天地之经，而民实则之。则天之明，因地之性，生其六气，用其五行。气为五味，发为五色，章为五声，淫则昏乱，民失其性。是故为礼以奉之：为六畜、五牲、三牺，以奉五味；为九文、六采、五章，以奉五色；为九歌、八风、七音、六律，以奉五声；为君臣、上下，以则地义；为夫妇、外内，以经二物；为父子、兄弟、姑姊、甥舅、昏媾、姻亚，以象天明；为政事、庸力、行务，以从四时；为刑罚、威狱，使民畏忌，以类其震曜杀戮；为温慈、惠和，以效天之生殖长育。民有好、恶、喜、怒、哀、乐，生于六气。是故审则宜类，以制六志。哀有哭泣，乐有歌舞，喜有施舍，怒有战斗；喜生于好，怒生于恶。是故审行信令，祸福赏罚，以制死生。生，好物也；死，恶物也；好物，乐也；恶物，哀也。哀乐不失，乃能协于天地之性，是以长久。"简子曰："甚哉，礼之大也！"对曰："礼，上下之纪，天地之经纬也，民之所以生也，是以先王尚之。故人之能自曲直以赴礼者，谓之成人。大，不亦宜乎？"简子曰："鞅也请终身守此言也。"

这里主要简单介绍一下鲁昭公出访晋国时，当时晋国国君以及大夫女叔齐两人对于鲁昭公"知礼"的不同认识。

昭公五年，鲁昭公出访晋国，从参加晋国的效祭、宴会，到赠送礼物，没有一样不合乎周礼的。于是晋国国君对他的大夫女叔齐说："有人说昭公不知礼，从今天我看到的情形来看，不是很知礼吗？"可是，女叔齐却给予了完全不同的看法。他说："昭公知什么礼啊！他今天的表现只不过是'知仪'而已。所谓'礼'，关键在于能'守其国，行其政令，无失其民'。可是这些，他一点也没有做到。在鲁国，不仅政令完全被三家大夫所控制，就是他自己的儿子也被大夫所控制，更不要说他干的那些背叛大国盟约、凌虐小国、目光短浅、公私不分、让百姓流离失所的事了。"很明显，在晋国国君的心中，礼仅指礼仪，而女叔齐心中的礼主要指向国家治理。

荀子说："礼者，法之大分、类之纲纪也。学至于礼而后止也，夫是之谓道德之极。"（《荀子·劝学》）即沿袭了女叔齐、子产、子大叔等人的说法。而老子说："失道而后德。失德而后仁。失仁而后义。失义而后礼。夫礼者，忠信之薄，乱之首。"（《老子》第三十八章）其中的礼则与晋君、鲁昭公、赵简子等的认识相同。

由于礼的虚无性，所以它总是敌不过仁义。从孔子曾多次说到管仲"人（仁）也"，"如其仁！如其仁"，以及他自己愿意应鲁国叛臣公山弗扰、佛肸之"召"等一些并不合乎礼制的行为来看，似乎更能说明这一点。

相关链接：

"管仲俭乎？"曰："管氏有三归，官事不摄，焉得俭？""然则管
仲知礼乎？"曰："邦君树塞门，管氏亦树塞门；邦君为两君之好反坫，
管氏亦有反坫。管氏而知礼，孰不知礼？"（《论语·八佾》）子路曰：
"桓公杀公子纠，召忽死之，管仲不死。"曰："未仁乎？"子曰："桓
公九合诸侯，不以兵车，管仲之力也。如其仁，如其仁。"（《论语·宪
问》）

商鞅则有更加直接的论述："法者所以爱民也，礼者所以便事也。
是以圣人苟可以强国，不法其故，苟可以利民，不循其礼。"（《商君
书·更法》）国君要爱民，就要制定公正的法律。至于礼，主要是用来方
便行事的。所以，圣人治国，不必遵守不合时宜的旧法，只要有利于百姓
们的生产生活，就不必遵循旧的礼仪制度。如果把管仲的所作所为与孔
子、荀子、女叔齐、子大叔、子产的论述联系起来，管仲的所谓"不礼"
只是与仪不相符合而已，实际上却是更高境界的礼。因为它符合仁，符合
道，所以能得到孔子的一再称道。

秦统一后，小篆之"礼·禮"沿袭了大篆之"礼"，即在原初的
"礼·𧆮"的基础了加了个"示"字，更加生动形象地宣示出礼主要走向
了仪或仪式、形式的特征：礼主要就是做出来给别人看的。宋代朱熹所做
的一切关于礼的规制，皆指向了这一点。

今天所说的"礼"首先就是一种仪式，其次则主要指向礼物。作为仪
式，它主要表现为"好言繁辞""疾趋卑拜""应对进退"，即言辞要委
婉动听，行动要疾徐有度，态度要谦卑和气，进退要合乎规矩，等等。事
实上，由于强调秩序与和谐，在人与人、国家与国家的交往中，如完全没
有礼，是不可能的。但在某些场合，没有礼也没关系，只要有仁义就可以
了。这在现实世界里有无穷多的例证。至爱亲朋之间如此，至"铁"的上
下级关系尤其可以如此。奥巴马在他的总统办公室把脚翘在办公桌上，完
全没有什么不妥，只要他面对的不是外国元首、宾朋就可以了。其背后所
凸显的正是礼的虚无性与实在性的统一。再者，又由于古礼之中某些内容
与今天的自由、平等、公正、民主等思想相冲突，所以，它已远没有过去

那么重要。孔子说："人而不仁，如礼何？人而不仁，如乐何？"（《论语·八佾》）特别重视礼的社会性作用的孔子，早就客观而辩证地看清楚了这一切。而作为礼物，在当代却因为异化的作用，越来越受到社会的普遍质疑。

社会主义核心价值观中，没有"礼"字，代之而起的是"友善"，不仅充分反映了这样的事实，而且也是对于礼的虚无性质的有力抨击。它进而告诉我们，人或可以无礼，但却不可以无仁义、诚信、友善，其背后所隐藏的核心要义是公正。公正不仅是道德的核心，而且是孔子所说的至德或中庸。

当然，在孔子看来，有仁有义又有礼的文质彬彬的君子，自然最好。

15. 什么是"智"

荀子说:"知之在人者谓之知。知有所合谓之智。"(《荀子·正名》)第一次把"知"与"智"做了明确的区分。在荀子之前,除了老子,孔子、孟子等都是把"知"与"智"混为一谈的。整个《论语》当中,"知"字有118个,"智"字却一个都没有,凡是用"智"的地方,都是以"知"代之。

"智"字最初写作"㓝",也是"知"字的初文。孟子"智也者,知也"(《孟子·尽心下》)也明白告诉了我们这一点。

"智·㓝"由三部分构成,左边是"大·大",中间是"口·口",右边"于"是行字省去一半。

"大·大",很明显,是一个放开手脚大步前行的大人的形象。它至少反映出两层意思:第一,智是属于大人的或成人的,小人或小孩子都没有;第二,强调智必得以"知人"为前提。这与古人的论述也是高度一致的。老子说:"知人者智,自知者明。"(《老子》第三十三章)《论语·颜渊》记载樊迟问"知",子曰:"知人。"皆强调了"知人"对于智的重要性。如何做到"知人"?一在于自知;二在于"知言";三在于"观其行"。自知最为重要:一个人只有深刻地了解了自己,才可能深刻地了解别人。只要是人就"性相近也",即其最基本的人性——第一人性或物质性、动物性、直接性等都是高度一致的。"知言"下面再述。"观其行"可拓展为"听其言而观其行"。"听其言"要能"不因人废言",

"观其行"则要"视其所以，观其所由，察其所安"（先观察事情发生的原因，再考察事情发展的经过，再深入了解事情的结果。——《论语·为政》），从而实现对于人的全面而深刻的了解。

"知人"对于一般人而言可能意义不是很大，但对于从政者、君子、圣人，特别是最高统治者而言却至关重要。因为"知人"的目的主要在于用人，即能实现"举直错诸枉，能使枉者直"（《论语·颜渊》）。让公平正直，有高远志向，有能力有本事的人居上位，不仅能实现"不令而行"，树立良好的社会风气，赢得民心归附，而且亦是"尊道贵德"的具体表现。所以孔子认为，"知人"的最高境界是为"知贤"。"仁者莫大乎爱人，智者莫大乎知贤。"（《孔子家语·王言》）"知贤"，说到底就是为了尊贤、用贤。

"口"为人之口。它既能通于人亦可通于言，所以它意味着：智既要"知人"亦要"知言"，二者总是纠缠在一起。什么叫"知言"？按孟子的说法便是："诐辞知其所蔽，淫辞知其所陷，邪辞知其所离，遁辞知其所穷。"（偏颇的言辞，我知道它遮蔽的真实；迷惑的言辞，我知道它所设下的陷阱；邪恶的言辞，我知道它背离了正义有多远；虚伪的言辞，我知道它的缺陷在哪里。——《孟子·公孙丑上》）即对于"知言"者而言，不管如何偏颇、迷惑、邪恶、虚伪的言辞，都能通过分析以达到知其背后之全部真实的目标。就像二战时英国以图灵为首的数学家团队能够全部破解德国纳粹的"英格码"一样。所以韩非子说："所谓智者，微妙之言也。"（《韩非子·五蠹》）真正的智者或智慧，最重要的特点是不仅能"知言"，且能知"微妙之言"。只有"知言"才可能深刻地自知，才可能真正地"知人"，所以"知言"是"知人"最重要的内容或策略之一。孔子说："不知言，无以知人也。"（《论语·尧曰》）"知言"是知人、知贤的前提或基础。不知言，不仅不可能知人，更不可能知贤。事实上，凡圣人必定是知言、知人、知贤的大师。如何做到"知言"？简单的回答是："好学！""学而不厌，诲人不倦。"

"亍"是"行"的一半。"行"即路、道，省去一半同样可代表行与道，就像"德"字，它的双人旁"彳"就是道一样。"行"，既意味着智必以"行"以检验，也意味智必须"知道"。何谓"行"？既是行动与实践，也是"知行合一"。何谓"知道"？"知其所以知之谓知道。"（《吕氏春秋·仲夏纪·侈乐》）"知其所以知"的核心在于知道事物发展变化的最基本规律性。

后来，"智"又有了两个新的异体"㛃㛃"。它喻示着，真正的"智"不仅要自知、知人、知言、知贤、知道、知行，还必须"知有所合"。从"㛃㛃"的构形来看，其上部的"口"与下面的"曰（或口）"一定要"有所合"。从现实世界或历史发展的实际情形来看，它既要有符合主体之主观愿望，也要有经得起思想家们智慧追问的结果。

下面讲个秦缪公千里袭郑的故事，或可能令我们对于智有比较深入的认识。

由于深信两个掌握了郑国城门钥匙的郑国人愿意出卖自己的国家，并认为有利可图，秦缪公决定劳师远征两三千里之外的郑国。秦国在今天的咸阳地区，郑国在今天河南中部新郑一带，中间还隔着好几个诸侯国。出师之前，秦国大臣百里奚、蹇叔不仅都表达了对于此次战争的反对意见，而且还进行了所谓的"哭师"——名为自己的儿子们，因为此行将或不能归来而哭，实为继续劝谏秦缪公回心转意。可是，秦缪公一意孤行，不仅听不进百里奚、蹇叔的意见，仍然决定继续远征，而且还派人把"哭师"的百里奚、蹇叔臭骂了一顿。

当时，百里奚、蹇叔反对的原因很简单：一是长途奔袭数千里，不可能实现突然袭击，即不可能做到行动机密；二是劳师远征，以劳袭逸，力不能达；三是远离后方，补给困难，如不能速胜，则不可能持久作战；四是，也是最重要的，中间隔着好几个诸侯国，即或偷袭成功，也不能对占领地区实现有效统治。可见，聪明一世的明君秦缪公，此时显然是昏了头。

在袭郑的过程中发生了三件有意思的事：一是东周大夫王孙满观师；二是郑国商人弦高犒劳秦师；三是秦灭滑怒晋（灭了并不接壤的小国滑国，激怒了近邻大国晋国）。

"王孙满观师"暴露了秦军的骄傲、狂妄、自大。在那个时代的王孙满看来，秦本来是在宗主周天子的一手扶持下才慢慢成长为西方大国的，如果来到东都洛邑，对于周天子都不按周礼行事，不收兵束甲、牵马步行，那就是忘恩负义、大不敬。这样的军队就是把打仗当儿戏，就是骄傲、轻狂，所以不可能打胜仗。

"弦高劳师"，既暴露了秦军的意图、用兵的非正义性，也凸显了郑国的民心归附、不可侵犯。当秦军行至洛邑之东，郑国商人弦高、奚施与秦军相遇。弦高一面派奚施回郑，报告消息、清理叛徒、加固城防；一面亲劳秦师，意在阻滞行军速度，乱其军心、灭其信心。秦军暂时不能判别事情真假，只能无功而返。

"灭滑怒晋"是为错上加错。滑国位于今天河南偃师，与晋国关系密切。灭滑既不能实现有效统治，也改变不了行动失败的命运，其结果只是为晋国发动战争寻得了口实。

战争结果是秦军在崤全军覆没，这是蹇叔早已预料到的。不过有一点他没有预料到，就是被俘的儿子不但没有死，反而活蹦乱跳地回来了。这多亏了晋文公夫人的机智相救。晋文公夫人，即晋国国君襄公的母亲，原本是秦国公主。

战争失败，不幸中的大幸是，秦缪公既没有迁怒于失败的将军们，也没有归咎于百里奚、蹇叔的"哭师"，而是诚心做了悔过，仍然重用他们。后来，不仅报了仇，而且使秦国更加强大。

相关链接：

昔秦缪公兴师以袭郑，蹇叔谏曰："不可。臣闻之，袭国邑，以车不过百里，以人不过三十里，皆以其气之趞与力之盛至，是以犯敌能灭，去之能速。今行数千里，又绝诸侯之地以袭国，臣不知其可也。君其重图之。"缪公不听也。蹇叔送师于门外而哭曰："师乎！见其出而不见其入也。"蹇叔有子曰申与视，与师偕行。蹇叔谓其子曰："晋若遏师必于崤。女死，不于南方之岸，必于北方之岸，为吾尸女之易。"缪公闻之，使人让蹇叔曰："寡人兴师，未知何如。今哭而送之，是哭吾师也。"蹇叔对曰："臣不敢哭师也。臣老矣，有子二人，皆与师行。比其反也，非彼死，则臣必死矣，是故哭。"师行过周，王孙满要门而窥之，曰："呜呼！是师必有疵。若无疵，吾不复言道矣。夫秦非他，周室之建国也。过天子之城，宜橐甲束兵，左右皆下，以为天子礼。今衦服回建，左不轼，而右之超乘者五百乘，力则多矣，然而寡礼，安得无疵？"师过周而东。

郑贾人弦高、奚施将西市于周，道遇秦师，曰："嘻！师所从来者远矣。此必袭郑。"遽使奚施归告，乃矫郑伯之命以劳之，曰："寡君固闻大国之将至久矣。大国不至，寡君与士卒窃为大国忧，日无所与焉，惟恐士卒罢弊与糗粮匮乏。何其久也！使人臣犒劳以璧，膳以十二牛。"秦三帅对曰："寡君之无使也，使其三臣丙也、术也、视也于东边候日晋之道，过是，以迷惑陷入大国之地。"不敢固辞，再拜稽首受之。三帅乃惧而谋曰："我行数千里，数绝诸侯之地以袭人，未至而人已先知之矣，此其备必已盛矣。"还师去之。当是时也，晋文公适薨，未葬。先轸言于襄公曰："秦师不可不击也，臣请击之。"襄公曰："先君薨，尸在堂，见秦师利而因击之，无乃非为人子之道欤！"先轸曰："不吊吾丧，不忧吾哀，是死吾君而弱其孤也。若是而击，可大强。臣请击之。"襄公不得已而许之。先轸遏秦师于崤而击之，大败之，获其三帅以归。缪公闻之，素服庙临，以说于众曰："天不为秦国，使寡人不用蹇叔之谏，以至于此患。"此缪公非欲败于崤也，智不至也。智不至则不信。言之不信，师之不反也从此生。故不至之为害大矣。（《吕氏春秋·悔过》）

郑人有卖郑于秦曰："我主其城门，郑可袭也。"缪公问蹇叔、百里傒，对曰："径数国千里而袭人，希有得利者。且人卖郑，庸知我国人不有以我情告郑者乎？不可。"缪公曰："子不知也，吾已决矣。"遂发兵，使百里傒子孟明视、蹇叔子西乞术及白乙丙将兵。行日，百里傒、蹇叔二人哭之。缪公闻，怒曰："孤发兵而子沮哭吾军，何也？"二老曰："臣非敢沮君军。军行，臣子与往；臣老，迟还恐不相见，故哭耳。"二老退，谓其子曰："汝军即败，必于殽阸矣。"三十三年春，秦兵遂东，更晋地，过周北门。周王孙满曰："秦师无礼，不败何待！"兵至滑，郑贩卖贾人弦高，持十二牛将卖之周，见秦兵，恐死虏，因献其牛，曰："闻大国将诛郑，郑君谨修守御备，使臣以牛十二劳军士。"秦三将军相谓曰："将袭郑，郑今已觉之，往无及已。"灭滑。滑，晋之边邑也。当是时，晋文公丧尚未葬。太子襄公怒曰："秦侮我孤，因丧破我滑。"遂墨衰绖，发兵遮秦兵于殽，击之，大破秦军，无一人得脱者。虏秦三将以归。文公夫人，秦女也，为秦三囚将请曰："缪公之怨此三人入于骨髓，原令此三人归，令我君得自快烹之。"晋君许之，归秦三将。三将至，缪公素服郊迎，乡三人哭曰："孤以不用百里傒、蹇叔言以辱三子，三子何罪乎？子其悉心雪耻，毋怠。"遂复三人官秩如故，愈益厚之。（《史记·秦本纪第五》）

通过上述故事分析，再综合汉字学对于"智"的认识，我们会发现，缪公之智远不及蹇叔、百里傒，一是他对于战争的规律性，即战争之道，缺乏整体性的认知；二是自知不足、知人不明；三是战争的结果与他原先的设计、期望完全背道而驰，即"知无所合"。不过，缪公事后能够知错能改，又不愧为一代明君。

孔子说："好学近乎智。"（《中庸》）司马迁说："修身者，智之府也。"（《报任安书》）皆告诉了我们，自知、知人、知言、知贤、知道、知行源自好学或修身。用八个字来说则是："为学日益，为道日损。"（《老子》第四十八章）好学或修身，不仅是"学而不厌"，更重要的还要"诲人不倦"。"学而不厌"，把生命给予我们的每一个机会，都当作学习进步的契机；"诲人不倦"，把别人给予我们的每一个机会，都当作实践与展现自身能力的契机。这不仅是"有恒"，而且也是真正的"知行合一"。

《吕氏春秋》认为"凡智之贵也"，一在"贵卒"，一在"贵知化"。"贵卒"即"贵促"，即以"急中生智"为贵；"贵知化"，即以能准确预测事物发展变化的最基本规律性为贵。历史上的楚将吴起、吴将伍子胥等，便是这样"贵卒""贵知化"的名将。

吴起，春秋末期卫国人，孔子著名学生曾子的学生，一生曾先后仕于鲁、魏、楚三国。在魏国，因帮助魏武侯治理西河而声名鹊起，但又因此而遭奸人王错陷害，被迫走楚。临行之际，他预言：西河必失于秦，秦必逐渐强大，魏必日渐弱小。数年之后，结果无一不如他之所料。在楚国，由于帮助楚王变法，他触犯了大批旧贵族利益，在楚王逝世守丧期间，被极端仇恨他的楚国贵族们所射杀。临死之际，他带箭忍痛爬到刚刚死去的楚王身上，让射他的箭同时也射中了楚王的尸体。于是，就是死，他也拉了不少垫背的。在《吕氏春秋》作者看来，能这样做的人，就是一个真正的智者或善于急中生智的人：虽身不能免死，但却很快为自己报了仇。

根据楚国的法律，凡伤害国君尸体的人都必须处死。吴王夫差因为听不进忠臣伍子胥的谆谆劝谏，最后落得个身死国灭的下场，则是一个十足的不"知化"之人。而伍子胥，则可与吴起同列。其"知化"之智，真可谓超凡入圣。在中国战争史、思想史上，他们永远都会闪耀着灿烂的光辉。

相关链接：

吴起治西河之外，王错谮之于魏武侯，武侯使人召之。吴起至于岸门，止车而望西河，泣数行而下。其仆谓吴起曰："窃观公之意，视释天下若释躧草鞋，今去西河而泣，何也？"吴起抿泣而应之曰："子不识。君知我而使我毕能，西河可以王。今君听谗人之议而不知我，西河之为秦取不久矣，魏从此削矣。"吴起果去魏入楚。有间，西河毕入秦，秦日益大。此吴起之所先见而泣也。（《吕氏春秋·长见》）

吴起谓荆王曰："荆所有余者，地也；所不足者，民也。今君王以所不足益所有余，臣不得而为也。"于是令贵人往实广虚之地。皆甚苦之。荆王死，贵人皆来。尸在堂上，贵人相与射吴起。吴起号呼曰："吾示子吾用兵也。"拔矢而走，伏尸插矢而疾言曰："群臣乱王！"吴起死矣，且荆国之法，丽兵于王尸者尽加重罪，逮三族。吴起之智可谓捷矣。（《吕氏春秋·贵卒》）

人主之惑者则不然。化未至则不知；化已至，虽知之，与勿知一贯也。事有可以过者，有不可以过者。而身死国亡，则胡可以过？此贤主之所重，惑主之所轻也。所轻，国恶得不危？身恶得不困？危困之道，身死国亡，在于不先知化也。吴王夫差是也。子胥非不先知化也，谏而不听，故吴为丘墟，祸及阖庐。

吴王夫差将伐齐，子胥曰："不可。夫齐之与吴也，习俗不同，言语不通，我得其地不能处，得其民不得使。夫吴之与越也，接土邻境，壤交通属，习俗同，言语通，我得其地能处之，得其民能使之，越于我亦然。夫吴越之势不两立。越之于吴也，譬若心腹之疾也，虽无作，其伤深而在内也。夫齐之于吴也，疥癣之病也，不苦其已也，且其无伤也。今释越而伐齐，譬之犹惧虎而刺猏，虽胜之，其后患未央。"太宰嚭曰："不可。君王之令所以不行于上国者，齐、晋也。君王若伐齐而胜之，徙其兵以临晋，晋必听命矣。是君王一举而服两国也，君王之令必行于上国。"夫差以为然，不听子胥之言，而用太宰嚭之谋。子胥曰："天将亡吴矣，则使君王战而胜；天将不亡吴矣，则使君王战而不胜。"夫差不听。子胥两祛高蹶而出于廷，曰："嗟乎！吴朝必生荆棘矣！"夫差兴师伐齐，战于艾陵，大败齐师，反而诛子胥。子胥将死，曰："与吾安得一目以视越人之入吴也？"乃自杀。夫差乃取其身而流之江，抉其目，著之东门，曰："女胡视越人之入我也？"居数年，越报吴，残其国，绝其世，灭其社稷，夷其宗庙。夫差身为禽。夫差将死，曰："死者如有知也，吾何面以见子胥于地下？"乃为幎以冒面死。夫患未至，则不可告也；患既至，虽知之无及矣。故夫差之知惭于子胥也，不若勿知。（《吕氏春秋·知化》）

16. 什么是"信"

　　墨子说："信，言合于意也。"（《墨子》卷十）所谓"信"，就是主体的语言表达既要合乎自己的意愿，也要合乎客体甚或共同体、大众的期望。这种说法与一般所谓"人言为信"并不吻合。可是，一旦认真追问下去，便会发现此说确实更加令人信服。

　　大家可能知道曾子杀猪取信的故事。

　　曾子即曾参，孔子的一个著名学生。有一次他妻子要去市场买东西，他的五六岁大的儿子也要跟着去，可妻子觉得麻烦，不愿意带儿子去，于是就随口对儿子说："你先乖乖地在家玩，等我买了东西回来，就给你杀猪烤肉吃。"儿子听了，觉得可以期待，很高兴，自然也就没有跟去了。

　　可后来，曾子的老婆回到家，很"自然"地便把杀猪烤肉的事儿给忘了，直到儿子吵吵要杀猪，才想起来。妻子当然不愿杀猪。可曾子在知道事情原委后，为了教育孩子从小守信，也为了教育妻子不信口开河，便不顾妻子反对，坚决把猪给杀了。这个故事告诉我们，诚信很重要。我们自小就要养成诚信的习惯，许多时候即或为此付出代价，也要在所不惜。

　　故事虽简单，但千百年来，人们认为其中所寓含的诚信之理，似乎颠扑不破、四海皆准、绝对为真。可是，它却是经不起思想追问的。问题出在哪里呢？

　　第一，它不符合墨子"信，言合于意也"的论断。曾子杀猪，只是合了儿子的意，却不合妻子之意。至于曾子之意，也不一定全合。如按契约精神，此契约的订立，母亲方并非出于本意，而是"被迫"。如果有一方是"被迫"，则可视为无效契约。再，此"信"也不符合孔子的盟约思想，即如果盟约有一方并非出于本意，或是被迫，则鬼神不证，被迫方随时可以毁约。孔子周游列国，曾被拘于匡地。匡人要求孔子只要答应不去卫国就放了他。孔子满口答应了，可一离开，却告诉大家还是去卫国。子路不解，认为孔子不守信。孔子却对大家说，被迫签订的盟约，鬼神不证，所以当然可以随时毁约。

第二，它不是关于"信"的最好实践。倘或猪对于家庭来说十分重要，以至于一旦失去，便会陷入困境，那么继续坚持履约，便会陷自己于不仁不义。这种情形不仅过去有，就是在当代中国某些落后地区仍然可能存在。一头猪，既可能是全家一年的花销，也可能是孩子们一年的全部学费，还可能要用它去还一笔必须要还的债款，如此等等。换句话讲，一旦履此"小信"，就完全可能失去某些"大信"。所以，它也不符合孔子"君子贞而不谅"的原则（《论语·卫灵公》），即君子为了公平正义，有时免不了会失去"小信"。以此，对于某些身陷困境的家庭而言，是绝不可能因为随口对小孩子许下了某个承诺，就要让这个家庭陷入更大的困境的。不仅如此，旁观者、大众既不能也不该对此事的所谓"不信"进行道德谴责。进一步说，"信"就是再重要，也敌不过仁义。类似的情形，在人与人，人与共同体，共同体与共同体，或国与国之间，比比皆是。

第三，它更不符合孔子、孟子关于"信"的认知或论述。对于一个经济情况较好的家庭而言，如果杀猪既能哄孩子高兴，也能让自己高兴，既能教育好孩子，又不会让家庭陷入经济危机，那么此猪当然可杀。但杀猪并非最好解决的办法，适当的应对策略是：一方面向孩子承认贸然许诺的错误，并采取其他积极补救措施。另一方面则要向孩子说明其中道理。大人能向孩子承认错误，其带来的积极后果不仅不会损害大人的威信，而且可以提高孩子面对错误时的信心与勇气。简单的补救办法，可以买肉来烤肉。讲道理，既要讲清楚为什么不能杀猪，更要讲清楚不杀猪可能带来的诸多好处，而最重要的是要通过这样一件事教育孩子：现实世界远比我们想象的复杂，解决问题的办法并非一途。换句话讲，许多时候以仁义礼智为标准的"不信"，往往比"信"更具说服力。当然，这种思想与孔子的

"言必信，行必果，硁硁然小人哉"（《论语·子路》）以及孟子的"夫大人者，言不必信，行不必果，惟义所在"（《孟子·离娄下》）等名言或思想，也是并行不悖的。

这个故事的教训可以总结为老子说的三个字："言善信。"（《老子》第八章）我们的语言表达，不管在什么背景下，都要有恰当的度。但这种恰当，却不一定句句为真。换句话说，"恰当的信"可能是谎言，但却既不是"背信"，更不是"弃义"。因为它既不会伤害别人，也不会伤害自己，更不会伤害正义或真理。相反，它还能让主体在别人心中，在众人心中，在共同体中，在历史长河中的形象越来越高大。举个例子，毛泽东主席在开国大典上说的最著名最激动人心的一句话："中国人民从此站起来了！"如果从"信"的角度分析，它并不全是为真。事实上，1949年10月的中国土地并未全部解放。不仅如此，即或到了1956年，西藏地区在完成社会主义改造之前，一直是奴隶社会。可是，没有人认为这句话不合适。因为它符合"义"，因为从此之后，帝国主义国家随意架上几尊大炮，就能让中国人民屈服的时代一去不复返了！再者，因为此语，毛泽东的形象也随着历史的推演而愈加高大。所以，它还符合"道"。正因为它符合"道义"，所以它不仅是"信"，而且是对于"信"的伟大的超越。

综上可知，所谓曾子杀猪取信的故事，实在境界不高。它既不能告诉我们什么是真正的"信"，亦不能让我们自如地应对复杂多样的社会生活实践。当然，更不要说能教育孩子成为有大智慧的国家栋梁了。所以，这个故事很难说肯定发生在曾子身上，或只是好事者的杜撰而已。

下面再讲个晋文公伐原得卫的故事，或能给我们关于古人对于"信"的认识增添新的启示。

晋文公在将要征伐原之前，就与他的兵士们约好七日为期。结果七日拿不下，于是文公命令撤兵而去。但此时谋士们却说："我们马上就要拿下来了。"军队的军官们也都要求再等等。晋文公说："遵守承诺，言而有信，是一个国家存在的法宝。但如果因为得到原而失去了这个法宝，我是不愿意做的。"于是，他坚定地下了撤军的命令。次年，再次征伐原。行前，文公与兵士们约定：撤军时间以攻下原为期限，攻不下就不撤军。原人一听，不战而降。卫国人听了，认为文公之信真可谓是至信了，于是也选择归附文公。所以，这个事件又被人们称作"攻原得卫"。其实，之前文公也不是不想得到原，只是认为以不信而得，还不如不得。要得就必须以诚信得之。于是，之后归附的也就不仅是卫国了。以此观之，文公可谓是真正地知道自己究竟想要得到什么啊。

跳开《吕氏春秋》所设置的情境，再纵观晋文公整个攻原得卫的过程以及孔子关于"晋文公谲而不正"（《论语·宪问》）的论述，不难看出晋文公心中的所谓"信"，其实就是一种高明的策略而已。不过，它有个前提条件：如果没有强大的经济军事实力做后盾，这种"信"也是玩不转的。所以，这种"信"又可叫"不战而屈人之兵"。

相关链接：

晋文公伐原，与士期七日。七日而原不下，命去之。谋士言曰："原将下矣。"师吏请待之，公曰："信，国之宝也。得原失宝，吾不为也。"遂去之。明年，复伐之，与士期必得原然后反。原人闻之，乃下。卫人闻之，以文公之信为至矣，乃归文公。故曰"攻原得卫"者，此之谓也。文公非不欲得原也，以不信得原，不若勿得也。必诚信以得之。归之者非独卫也。文公可谓知求欲矣。（《吕氏春秋·为欲》）

"信"最初的写法主要有"𤰝 𢑲 辭 𢒨 信"，虽然构形各异，造字理据亦不相同，但皆表达出了对于"信"的独特理解与期望。

这个"信·𤰝"告诉我们："信"首先是属人的。人之所以有信，简言之，就是因为凡人皆有仁义礼智。自然世界，所谓"潮有信""南风有信""四时有信"等，那只是人赋予了物的一种想象而已。其次，对人而言，信主要与人之口有关。这说明传达信的信息的主要是语言。孔子说："言忠信，行笃敬。"（《论语·卫灵公》）所谓忠、信总是与语言紧密联系在一起。

这个"信·信"与"信·𤰝"相较，一方面，我们很自然地联想到口一定可以通于"言"；另一方面，我们又可以肯定其中的偏旁"亻"也是"人"。这个"人·亻"所表达的信息是：人之所以有"信"，是因为他从来就戴着脚镣或说是受到制约的。这个脚镣究竟是什么？或是人之为人的社会性，或是道德，或是马克思所谓"人是一切社会关系的总和"中的关系，或是卢梭"人生而自由，但无往不在枷锁之中"中的枷锁，或是银行贷款所需的抵押，或是两国交好时所用到的"质"，其背后所彰显的却是人与人之间极大的不信。

这个"信·𦎧"不仅把人从左边挪到了右边，而且给人带上更多的刑具。不仅有脚镣而且有手铐，右边部分的那个半圈就是手铐。老子说："吉事尚左，凶事尚右。"（《老子》第三十一章）给人戴上脚镣、手铐当然是凶事，所以只能把人放到右边。这说明"信"的实现常常伴随着暴力，这个暴力在今天主要表现为法律。当然，也可包括警察、法庭、监狱。

这个"信·𣲚"为两心相交或两心相通之形。它说明"心相交"既是实现"信"的重要手段，也是实现了"信"的美好期望。子夏云："君子信而后劳其民，未信，则以为厉己也。信而后谏，未信，则以为谤己也。"（对于百姓来说，我们要让他们信任我们之后，才能役使他们，如果我们没有取得他们的信任就役使他们，他们就会认为我们在虐待他们。对于君主，我们要在取得了他的信任之后才能向他进谏，如果没有取得他的信任就向他进谏，他就会以为我们在诽谤他。——《论语·卫灵公》）可见，信任很重要，习近平在讲到"一带一路"建设时，提到"国之交在于民相亲，民相亲在于心相通"，只有"心相通"才可能实现真正的"信"与"亲"。不过，这又不是绝对的。事实上，就是只有一颗心的自己，很多时候也不自信。这个中的缘由，既有客观环境的变化使然，也与自我力量的消长关系紧密。

这个"信·𧧻"为"人"与"言"共同构成，与今天的"信"字只有书写性的区别，没有构形上的不同。它既是秦统一文字的结果，也是中国人或中国思想家们思想走向成熟的表现。秦人相信"人言可信"，首先源于其思想家们对于人性的深刻认知；其次源于其统治者们对于法律体系的高度自信；最后则源于其对于"信"的深入的哲学思考。

"诚信"一词，古已有之，《孔子家语》《荀子》《孟子》均有提及。其中荀子："诚信如神，夸诞逐魂。"（《荀子·致士》）孔子："言必诚信，行必忠正。"（《孔子家语·儒行解第五》）言简意赅，具有代表性。

就现代社会而言，诚信是共同体得以建立的前提。没有诚信，人就没有自由。主体之诚信或信用度与其自由成正比。去"信"就是去自由、去生活。守信遵诺既是人性之必然，也是社会的逼迫。孔子说："人而无信，不知其可也。大车无輗，小车无軏，其何以行之哉？"（《论语·为政》）车之能行，是因其有輗有軏，人之能行则是因其有信。以此可知，所谓"信"，既是社会、道德、法律等对于人之自由的一种限制，也是对于人之自由的一种伸张与保证。"人无信不立。"不管多么美妙的谎言，或迟或早总会被拆穿。孔子的"视其所以，观其所由，察其所安。人焉廋哉"（《论语·为政》）告诉我们，只要我们用心对人听其言、察其行，那么就一定会让他的一切无处隐藏。

《论语》中，子贡问政。子曰："足食，足兵，民信之矣。"子贡曰："必不得已而去，于斯三者何先？"曰："去兵。"子贡曰："必不得已而去，于斯二者何先？"曰："去食。自古皆有死，民无信不立。"（《论语·颜渊》）这告诉我们，"信"即共同体或国家存在的前提。

"信"以道德仁义为根基，有时又近于"义"。所以，与其他德目一样，也不是我们随意就能深刻认知的。

现实中，个人无信，寸步难行；社会无信，既不能发展，也没有自由。"诚信"，虽位列社会主义核心价值观第十一、个人层面之第三，但却是个人道德的核心或根基。没有它，不仅国家社会"富强、文明、和谐、自由、平等、公正"难以实现，就是"敬业、友善"的实现，也不可能。

17. 什么是"忠"

先给大家讲几个关于"忠"的小故事。

第一个是种子的故事。它发生在 1941 年 9 月到 1944 年 1 月，第二次世界大战中的列宁格勒保卫战过程当中。当时的希特勒军队，把这座英雄城市围困了 800 多天。

列宁格勒原来叫作圣彼得堡，在沙皇时代，是俄罗斯的欧洲之窗。苏联时期，列宁逝世之后，它被改名为列宁格勒，是这个超级国家的第二大象征性城市。二战当中，希特勒主要出于政治上和战略上的考虑，非要占领它，并且狂妄地叫嚣：要把它从地球上抹去。但是，令他意想不到的是，他遭到了列宁格勒军民难以想象的誓死抵抗。列宁格勒在被围困的过程当中，不仅有上百万人战死，而且有 60 多万人直接死于饥饿。在战争中，被打死、饿死很平常。但是，有 50 多人，因为守着 10 多吨小麦种子而饿死，却不得不让人感到惊异、费解。此事发生在列宁格勒国家种子研究所。战争一开始，所长普罗列夫就接到命令，要他与全体科研人员一起，用自己的生命保证这些种子的安全。因为这些种子，在当时的苏联最高当局看来，就是苏联的未来。战争，总是要结束的。战后的重建，种子至关重要。在这个过程当中，有士兵，有老百姓，也有将军，都曾想把这些种子据为己有，抢出去吃了。但是，这些研究人员，不仅自己自始至终没有动这些种子，而且也义正词严地拒绝了一切打它主意的人。最后，种子保住了，但研究所的科研人员，包括所长普罗列夫在内，却有半数以上饿死。当时全所 56 人，实有 29 人死于这场灾难。当然，最后苏联打败了希特勒，列宁格勒获得了解放。那么，我们需要思考一下这个研究所，这些人，他们的行为是不是值得？是不是就是我们所认可的"忠"？

第二个是子培之死。这个故事发生在春秋时期，被记载在《吕氏春秋》和《史记》里面。有一次，楚庄王带领一大队人马到云梦泽一带打猎。在一阵激烈的追逐后，他射中了一只名叫随兕的动物，就是一种小犀牛。在中国古代，犀牛被称作为兕。

没有想到的是，他的一位名叫申公子培的臣子见到这个情况，却一声不响地把猎物给硬抢走了。楚庄王大惑不解，大怒道："何等粗暴无礼的家伙！"并立即命令卫队把他杀了。但这时，他的左右大夫们却冷静地告诉他："这个子培是楚国有名的贤人，又是大王您一直万分信赖的人，这其中必有缘故，请大王在详加考察之后再做决定。"但调查还没有开始，子培就死了。接着，楚国与晋国在两棠地区发生了一场大战，楚国一方大获全胜，于是赏赐有功之人。这时，子培的弟弟站了出来，向主持赏赐的官吏说："这些人有功是因为战场杀敌，我的兄长也有功，却是因为拯救了大王的性命。"楚庄王听说后，大惑不解，把子培的弟弟叫来询问："这究竟是怎么回事？"子培的弟弟回答说："我的兄长冒着粗暴无礼的恶名、不惧死亡的决心，在大王的身边抢走大王的猎物，其实没有别的企图，只是以其拳拳之忠保护大王不受伤害，能得千岁之寿而已。之前，我的兄长曾在古书上读到这样一句话：'杀死随兕的人，不出三月必死。'所以，我的兄长才在惊恐之中抢走了大王的猎物。兄长之死，其实就是在以自己的生命拯救大王的生命啊！"楚庄王开始有点不信，但在派人找到了有关记载之后，便立即厚赏了子培一家。在当时，子培的行为被大家公认为至高无上的"人知之不为劝，人不知不为沮"的"穆行"。别人知道，我不会因此受到鼓励；别人不知道，我不会因此感到沮丧。我自认为这样干是符合心中的仁义道德，就一定要这样干。这句话，其实就是庄子的"举世誉之而不加劝，举世毁之而不加沮"的翻版。

相关链接：

荆庄哀王猎于云梦，射随兕，中之。申公子培劫王而夺之。王曰：

"何其暴而不敬也?"命吏诛之。左右大夫皆进谏曰:"子培,贤者也,又为王百倍之臣,此必有故,愿察之也。"不出三月,子培疾而死。荆兴师,战于两棠,大胜晋,归而赏有功者。申公子培之弟进请赏于吏曰:"人之有功也于军旅,臣兄之有功也于车下。"王曰:"何谓也?"对曰:"臣之兄犯暴不敬之名,触死亡之罪于王之侧,其愚心将以忠于君王之身,而持千岁之寿也。臣之兄尝读故记曰:'杀随兕者,不出三月。'是以臣之兄惊惧而争之,故伏其罪而死。"王令人发平府而视之,于故记果有,乃厚赏之。申公子培,其忠也可谓穆行矣。穆行之意,人知之不为劝,人不知不为沮,行无高乎此矣。

但是,今天看来,子培之死,是不是就是真正的"忠"?似乎还需要认真地推敲一下,才能得出正确的结论。

第三个是弘演捐躯。这个事虽已过去了两千多年,但于今看来,仍令人惊心动魄,或有点难过、纠结。它发生在春秋末年的卫国。卫国有个卫懿公,在世的时候干了很多不好的事情。首先,他非常宠信他的宦官,让他们做大官,让他们骄奢放纵;其次,他对自己喜欢的一些动物,比方说仙鹤,给它封官,让它坐车,命好几个人伺候它。这种状况引起了整个卫国的军队,特别是广大士兵的不满。这种不满,在接下来卫国北边的狄人对卫国发动了一场战争中便得到了集中的体现。当时,战争一爆发,卫国的军队即全部放弃抵抗而很快逃散。他们说:"你从来就不相信我们这些士兵,而喜欢自己的宦官、仙鹤,那就让你的宦官和仙鹤去替你打仗好了。"卫懿公后虽悔改,率军与狄人作战,但在荣泽惨败被杀。杀了之后,狄人还做了一件很极端的事情。他们把卫懿公的肉全都吃了,只剩下肝脏。这件事情发生时,卫国大臣弘演正在出使外国,回来之后听说了,就跑到荣泽,找到了卫懿公的肝,对着它报告了自己出使的情况并大哭了一场。接着,他又做了一件可以说是惊天地泣鬼神的事情。他把自己的肚子剖开,把腹中的器官都拿出来,然后把卫懿公的肝放了进去,意思是要用自己的身体,来代替主人的身体。虽然弘演死了,但他做的这个事情却让已经被灭掉的卫国得到转机。弘演的忠烈美名,很快传遍天下。当时天下的霸主是齐桓公,他在听说这件事情之后,立马便做了一个决定:帮助已被狄人灭了的卫国复国。在齐桓公看来，卫懿公既然有弘演这样一个忠心耿耿的大臣，那么就不是一个完全的坏人，所以理应把他的这个卫国给重新立起来。于是，卫国在齐桓公的帮助下，实现了复国，之后卫国又在中原大地上存续了好几百年。

相关链接：

卫懿公有臣曰弘演，有所于使。翟人攻卫，其民曰："君之所予位禄者，鹤也；所贵富者，宫人也。君使宫人与鹤战，余焉能战？"遂溃而去。翟人至，及懿公于荣泽，杀之，尽食其肉，独舍其肝。弘演至，报使于肝，毕，呼天而啼，尽哀而止，曰："臣请为襮。"因自杀，先出其腹实，内懿公之肝。桓公闻之曰："卫之亡也，以为无道也。今有臣若此，不可不存。"于是复立卫于楚丘。弘演可谓忠矣，杀身出生以徇其君。非徒徇其君也，又命卫之宗庙复立，祭祀不绝，可谓有功矣。（《吕氏春秋·忠廉》）

那么现在，我们又思考一下弘演的行为：捐出自己的身体，让自己的主子寻得一个所谓的"归宿"。这种行为是不是"忠"呢？

下面，我们通过对于"忠"字初文构形的分析，以及古人的一些论述，既能针对上述故事得出一个比较正确的结论，也能让我们对于"忠"有一个更加立体的了解。

"忠"字最初写作"𢖍"。上边是个"中"，下边是个"心"。"中"的引申意有二十余项，其中以不偏不倚、得当、恰当、正所表达的意思最具"忠"的特质，因为其核心思想既是中庸亦是公正。

"忠"字以"中"为首，不仅能表声，而且也能表意。如果"忠"违背了最基本的社会公正或公平正义，那么也就不再是"忠"，而是"愚"或其他什么了。

"心"字最初写作"𡗗"，象形字，像人的心脏。除此之外，还有好些写法，但皆相类似。不过小篆的写法可能更像"花心"——"忄"——像花儿一样美好的心。

"心之官则思。"（《孟子·告子上》）一般认为，心的主要功能就是用来思考的。在古代文献中，心总是与思想、智慧、良心等紧密相连。

"忠"以"心"为底，告诉我们，真正的忠不仅要符合义，符合道，符合德，符合仁，同时也要经得起自己良心的拷问，以及别人思想智慧的追问。

在《论语》中，"忠"总是与"仁""恕""信""事""事上（即侍奉上级）"紧密相连。它有时表现为"己欲立而立人，己欲达而达人"，有时表现为"敬事而信"等。

《说文》说："忠，敬也。尽心曰忠。"（《说文·心部》）可是"尽心"的"敬"却不是一般人做得到的。

苏联列宁格勒国家种子研究所的科研人员做到了，因为他们不仅"尽心"了，而且用自己的生命履行了使命，完成了任务。弘演也做到了，因为他轰轰烈烈的死，不仅报答了国君的知遇之恩，而且赢得卫国的复国。可是子培却没有，因为他并没有做到"尽心"。如果说他"尽心"了，那么他就应当把"杀死随兕的人，不出三月必死"明明白白地告知大家。他之所以没有告知，不可能是忘记了，而是他本来就不相信这种记载是真实可信的。既然不信又选择抢"随兕"以替国君死，可能只是为了那个"名之所彰士死之"的"名"而已，它同时也是一场带有悲剧色彩的行为艺术表演。事实上，屈原当年的自沉汨罗，也稍稍地带有这种性质。因为屈原也有机会像孔子一样为"天下有道"的实现，而做出别的或更加高远的选择。

"忠"的内容，除上述之外，还有很多。

另据《论语·公冶长》，孔子的学生子张问孔子："楚国的令尹子文，曾三次被任命为令尹，但每次都不曾流露出喜悦的颜色；又三次被罢免，也不曾流露出不满的颜色。不仅如此，当每次职务交接时，他都会认真地把前任令尹的政事明白地告知新任令尹。这人怎么样？"孔子回答说："这就是忠！"子张又问："这达到了仁的境界了吗？"孔子回答说："不知道。怎么可能就达到仁的境界了呢？"

在孔子看来，子文一生为官清廉、为人公正、思虑长远，可以说是真正的忠。但是这种忠，离仁却还是有相当距离。孔子不仅认为子文达不到，而且认为他自己也达不到，因为他们都未像商汤、伊尹、文王、周公、管仲那样建立特别大的功勋。照此类推，上述普罗列夫、弘演们似亦未达到仁的境界，至于子培就更不用说了。

相关链接：

子张问曰："令尹子文三仕为令尹，无喜色；三已之，无愠色。旧令尹之政，必以告新令尹。何如？"子曰："忠矣。"曰："仁矣乎？"曰："未知。焉得仁？"（《论语·公冶长》）

子张这里所说的令尹子文，是春秋楚成王时期最著名的忠臣。除《论语》提及之外，《左传》《国语》等典籍对他的事迹均有记载。

子文，斗氏，名谷於菟，子文是他的字，为若敖族斗伯比和表妹邧子之女偷情所生。生下后被其母丢弃于云梦泽（即今湖北天门市境内）中，幸为一正在哺乳期的母虎抚养。当时楚国称老虎为"於菟"，把喂乳叫作"谷"，"谷於菟"意思即"虎乳养大的孩子"。子文长到一岁多时，一说为楚国附庸国祁国国君祁子出猎时发现并抱回抚养成人；一说为邧子发现后抱回并抚养成人。子文自幼聪明过人，自当上楚国令尹之后，对楚国的强大和北上争霸做出了杰出的贡献。据《左传》记载，子文于鲁庄公三十年开始做令尹，到僖公二十三年让位给子玉，其中相距 28 年。在这 28年中曾三次被罢免，三次被任命。但每一次的态度都是"福至不喜，祸至不惧"，对国君对人民都是一片赤诚。

据《国语》记载，斗子文辞去令尹的职务时，家里连用来生活一天的积蓄都没有，因为他体恤百姓，把家中的财物、粮食都分给了百姓。楚成王听说斗子文几乎吃了上顿就没下顿，所以每逢朝见时就预备一束干肉、一筐干粮，用来送给子文。后来这种做法便成了楚国国君用来对待令尹的常例。每当楚成王增加子文的俸禄时，子文一定要逃避，直到停止给他增禄，他才返回朝廷任职。有人对子文说："人活着就是求个富贵，但你却逃避它，为什么呢？"他回答说："当政的人是庇护百姓的，百姓的财物空了，而我却得到了富贵，这是使百姓劳苦来增加我自己的财富，那么我离死亡也就不远了。我是在逃避死亡，不是在逃避富贵。"后来楚庄王在位的时候，灭了若敖族，但子文的后代却奇迹般地存活了下来。

另据《荀子·尧问》，"忠"主要表现为敢于直言犯上，亦如孔子在回答子路"问事君"时所言："勿欺也，而犯之。"（《论语·宪问》）侍奉国君，不要欺骗他，但却要能犯颜直谏。只有这样做才算是真正的忠。不过，这不仅很难，而且可能结果不妙。

相关链接：

魏武侯谋事而当，群臣莫能逮，退朝而有喜色。吴起进曰："亦尝有以楚庄王之语闻于左右者乎？"武侯曰："楚庄王之语何如？"吴起对曰："楚庄王谋事而当，君臣莫逮，退朝而有忧色。申公巫臣进问曰：'王朝而有忧色，何也？'庄王曰：'不谷谋事而当，群臣莫能逮，是以忧也。其在中之言也。曰：诸侯得师者王，得友者霸，得疑者存，自为谋而莫己若者亡。今以不谷之不肖，而群臣莫吾逮，吾国几于亡乎，是以忧也。'楚庄王以忧，而君以憙。"武侯逡巡再拜曰："天使夫子振寡人之过也。"（《荀子·尧问》）

之外，古人对于"忠"论述极多："忠，无私也。"（《广韵·东韵》）"无私，忠也。"（《左传·成公九年》）"公家之利，知无不为，忠也。"（《左传·僖公九年》）"忠，直也。"（《玉篇·心部》）"忠，德之正也。"（《孔子家语·弟子行第十二》）"忠，以为利而强低也。"（《墨子·经上第四十》）"君使臣以礼，臣事君以忠。"（《论语·八佾》）"居上克明，为下克忠。"（《尚书·商书伊训》）"教人以善谓之忠。""瑕不掩瑜、瑜不掩瑕，忠也。""远图者，忠也。"（《左传·襄公二十八年》）"行小忠，则大忠之贼也。"（《韩非子·十过第十》）"忠，所以爱其下也。"（《韩非子·难一》）"临患不忘国，忠也。"（《左传·昭公元年》）"危身奉上曰忠。"（《逸周书·谥法解第五十四》）

综合起来，对于"忠"，似乎可得出这样一些启示：

1.为国家为民族，我们要大公无私，当需要付出生命时，也要在所不惜；

2.居上位，我们要有远见，能自知，能知人，能爱护下属，能以身作则；

3.居下位，我们要敢于"直言犯上"，能指出上司的缺点错误，不唯上，不唯权，只唯真理，要识得大小利害；

4.为朋友，我们要敢于直言忠告，并善于引导，尽力避免让朋友犯错、犯罪。

一再揣摩，我们会发现，唯有墨子的"忠，以为利而强低也"似最为深刻地表达出了"忠"的悲剧性质或壮烈性特征。试想，如果要我们为了某个"利"，即或是"公利"而不断地勉强自己以生命相搏，干自己明明不想干但又不得不干的事情时，这会多么令人纠结！事实上，历史上那些伟大的忠义之士大多死于非命，少有得以善终的。诸如比干谏商纣王被剖腹取心，屈原谏楚怀王自沉汨罗，伍子胥谏吴王夫差横剑自刎，孔子自逐于鲁国，颠沛流离，累累如丧家之狗，司马迁忠言被宫，岳飞获罪"莫须有"。所以，古人又明确告诫我们："君子不尽人之欢，不竭人之忠。"（《礼记·曲礼上》）即在任何情况下，我们都没有权力勉强别人"尽忠"以献出自己的生命。因为这样做，一不小心就会违背最基本的社会公正原则。[事实上，在过去的岁月里，我们不少人（主要是军人）在为国捐躯后，其身后及其家庭，特别是其父母所得到的待遇往往都是有违最基本的社会公正的。今天，退役军人事务部的成立，或能更好更公正地解决上述问题。]

18. 什么是"恕"

　　什么是"恕"？孔子的答案是："己所不欲，勿施于人。"（《论语·卫灵公》）对于这句话，一般的解读是：自己不想要的，就不要强加于人。但是，自己喜欢的，是不是就可以强加于人呢？当然，同样不能！这种思想乍看很具"普世价值"，所以被大多数学者称之为"黄金法则"。但现实世界的政治实践、生活实践，无论是国际还是国内，无论是人与人之间、人与共同体之间，还是共同体与共同体之间，大多数时候可能并不一定行得通。换句话讲，这个世界，不仅是我们自己喜欢的东西强加于人的事屡见不鲜，就是我们不想要、不喜欢的，强加于人的现象也同样多。"强权即真理，弱国无外交"，目前仍是这个世界的常态。

　　"恕"字最初写作"㣺"，上边是一个"如"字，下边是一个"心"字。

　　"如·㚸"字在此既可为声，亦可有形有意。《说文》说："如，从随也。"由于"女"既是女人，也是你，也是汝；"口"，既是人之口，也是心之门户，不仅能代表人，也可代表语言、思想、智慧。所以，"如"的从随之意，便既可以是你从随于人，也可是你从随于自己的良心、思想与智慧。

　　"恕"字以"心"为底，是要着重强调，真正的"恕"不仅要符合义、符合道、符合德、符合仁、符合义，同时也要经得起自己良心的拷问，以及别人思想、智慧的追问。

　　《说文》说："恕，仁也。"仁，亦可称仁道，居于诸德目之首，

且可对仁、义、礼、智全包。（"盖仁义礼智四者，仁足可包之。"——《朱子语类》）

其实，"恕"还有异体，写成"忞"，乍看起来很像是"忠"字，但其实不是。它的上部是个单个的"女"字。这不仅反映出"如"可以通于"女、汝"，也说明古代学者曾普遍地认为女人似乎比男人更富有仁爱或同情心。但话又说回来，在中国古代，女人的智慧曾为思想家们所怀疑，所以所谓"妇人之仁"便常为"智者"所不齿。换句话讲，如果人因为有"忠、恕、慈、孝"而不好学，那么他们便都有可能在仁的实践中走向反面——"愚"——真正的愚蠢。孔子说："好仁不好学，其弊也愚。"（《论语·阳货》）也表达了同样的思想。

予一朋友母，求医归。于医院大堂，见壮妇，色甚凄惶，怀抱一婴，有病色，心甚怜之，疾趋而问。妇告曰："儿病，甚急！暂无现金，欲求义士相助。"既又曰："虽无现金，有黄金十两，愿抵押以济事。"予友母闻之，急归，取款三万以应。事济，贷者曰："三日必还。如未，黄金随意。"友之母敬诺，心喜。三日过，贷者音讯全无。友母归视"金"，黄铜也。

细加揣摩，我的这位朋友的母亲，其助人为乐的行为虽为仁义之举，亦怀忠恕之心，但亦可视为愚昧。

"恕"既然被解读为"仁"，那么其核心思想当仍为爱人。"恕"之爱人即视人若己，将心比心，换位思考，推己及人。按孔子的说法，就是："己所不欲，勿施于人。""己欲立而立人，己欲达而达人。"但对于当权者而言，爱人则重在爱民，爱民则重在知人。知人一在于知人之性，二在于知言，三在于善用人。善用人，其核心又在能"举直错诸枉，能使枉者直"——让"公正之士"居高位，才可能让社会风清气正、天下太平。

另据《吕氏春秋》《史记》等相关记载，武王以"虎贲三千人，简车三百乘"于牧野灭商之后，吊问旧朝遗老，尊贤敬士，"复盘庚之政"，"问民之所欲，行赏及禽兽，行罚不辟天子，亲殷如周，视人如己"，救穷济困，放马华山，藏甲府库，"封比干之墓，靖箕子之宫，表商容之间，士过者趋，车过者下"等，其一切行为所彰显的，无不是仁爱宽恕之心、仁爱宽恕之政。

相关链接：

武王虎贲三千人，简车三百乘，以要甲子之事于牧野，而纣为禽。显贤者之位，进殷之遗老，而问民之所欲，行赏及禽兽，行罚不辟天子，亲殷如周，视人如己，天下美其德，万民说其义，故立为天子。（《吕氏春秋·简选》）

武王胜殷，入殷，未下辇，命封黄帝之后于铸，封帝尧之后于黎，封帝舜之后于陈。下辇，命封夏后之后于杞，立成汤之后于宋，以奉桑林。武王乃恐惧，太息流涕，命周公旦进殷之遗老，而问殷之亡故，又问众之所说，民之所欲。殷之遗老对曰："欲复盘庚之政。" 武王于是复盘庚之政，发巨桥之粟，赋鹿台之钱，以示民无私。出拘救罪，分财弃责，以振穷困。封比干之墓，靖箕子之宫，表商容之闾，士过者趋，车过者下。三日之内，与谋之士，封为诸侯，诸大夫赏以书社，庶士施政去赋。然后济于河，西归报于庙。乃税马于华山，税牛于桃林，马弗复乘，牛弗复服。衅鼓旗甲兵，藏之府库，终身不复用。此武王之德也。故周明堂外户不闭，示天下不藏也。唯不藏也，可以守至藏。武王胜殷，得二虏而问焉，曰："若国有妖乎？"一虏对曰："吾国有妖，昼见星而天雨血，此吾国之妖也。"一虏对曰："此则妖也，虽然，非其大者也。吾国之妖甚大者，子不听父，弟不听兄，君令不行，此妖之大者也。"武王避席再拜之。此非贵虏也，贵其言也。（《吕氏春秋·慎大》）

周武王……释箕子之囚，封比干之墓，表商容之闾。封纣子武庚、禄父，以续殷祀，令修行盘庚之政。殷民大说。于是周武王为天子。其后世贬帝号，号为王。而封殷后为诸侯，属周。（《史记·殷本纪》）

封商纣子禄父殷之余民。武王为殷初定未集，乃使其弟管叔鲜、蔡叔度相禄父治殷。已而命召公释箕子之囚。命毕公释百姓之囚，表商容之闾。命南宫括散鹿台之财，发钜桥之粟，以振贫弱萌隶。命南宫括、史佚展九鼎保玉。命闳夭封比干之墓。命宗祝享祠于军。乃罢兵西归。行狩，记政事，作武成。封诸侯，班赐宗彝，作分殷之器物。武王追思先圣王，乃褒封神农之后于焦，黄帝之后于祝，帝尧之后于蓟，帝舜之后于陈，大禹之后于杞。于是封功臣谋士，而师尚父为首封。封尚父于营丘，曰齐。
封弟周公旦于曲阜，曰鲁。封召公奭于燕。封弟叔鲜于管，弟叔度于蔡。
余各以次受封。（《史记·周本纪》）

有人认为"恕"是一种弱者道德或消极道德，从表面上来看，确实如
此，但其实相反。无论是个人还是国家，如果没有真正的强大，对他人施
以所谓"恕道"，即或不是笑话，也似有些滑稽。换句话讲，我们只有强
大了，才有资格对别人说："我可以宽恕你。"弱者的恕道，虽有近似于
宗教的某些作用，但在强权横行的社会里却不一定合适，因为它有可能违
背了社会最基本的公正原则。

在先秦经典中，讨论恕道的思想，相对于仁、义、礼、智、忠、孝、
信、勇等主要德目来说，要少很多。因为它的主要内容已为仁义所包括。
《论语·颜渊》："仲弓问仁。子曰：'出门如见大宾，使民如承大祭；
己所不欲，勿施于人；在邦无怨，在家无怨。'"这告诉我们，"恕"从
属于仁，只是仁的一部分。但此字却因《论语》中，孔子与子贡的一段著
名对话而闻名天下：

子贡问曰："有一言而可以终身行之者乎？"子曰："其恕乎！己所
不欲，勿施于人。"（子贡问孔子，说："有没有一个字能让我们终身奉
行的呢？"孔子的回答是："大概就是恕字吧！恕，就是不愿意加在自己
身上的东西，也不要强加到别人身上。"——《论语·卫灵公》）不过，
"己所不欲，勿施于人"，虽然可算是"恕"的一个重要内容，但却不是
全部，绝不能把它与"恕"完全等同起来。

《左传》说："恕而行之，德之则也，礼之经也。"（《左传·隐公
十一年》）以恕道待人，既是道德法则，也是礼的根本。

《论语》记载，曾子曰："夫子之道，忠恕而已矣。"（曾子曾
说："我们老师孔子的为人之道，可以用两个字来加以概括，就是忠恕二
字。"——《论语·里仁》）

《孔子家语》则告诉我们："忠恕违道不远，施诸己而不愿，亦勿
施于人。"（《孔子家语·中庸第三一》）忠恕二字，基本上可以与道等
同，其核心要义便是，如果某事别人强加于我而不愿意，我们就不要强加

到别人身上。

《荀子·法行》与《孔子家语·三恕》对于"君子之恕"，引孔子的话，进行三个原则性的论述：

> 君子有三恕：有君不能事，有臣而求其使，非恕也；有亲不能孝，有子而求其报，非恕也；有兄不能敬，有弟而求其顺，非恕也。士能明于三恕之本，则可谓端身矣。（《孔子家语·三恕第九》）

自己对君主不能忠心侍奉，却要求下属忠心侍奉自己；自己对于父母不能尽心尽孝，却要求孩子对于自己尽孝；自己有兄长不加尊敬，却要求弟弟顺从自己。此三者皆不是君子所尊奉的恕道。其实，这几句话与孔子的"君君，臣臣，父父，子子"（《论语·颜渊》）也是高度一致的。这说明，所谓"恕"只能是强者道德或积极道德。如果居上位的不做好表率，即"君不君，父不父，兄不兄"，那么又要求居下位者"臣臣，子子，弟弟"，则是不符合恕道原则的。

以此可知，"恕"必定是有原则的。它的最基本原则便是"直"，既是孔子"报怨以直"的"直"，也是韩非子"所谓直者，义必公正，公心而不偏党也"（《韩非子·解老》）中的"公正"。

19. 什么是"孝"

　　老子说："六亲不和,有孝慈。"(《老子》第十八章)"绝仁弃义,民复孝慈。"(《老子》第十九章)一个家庭可能会出现"六亲不和",一个社会可能会"绝仁弃义",但是父子或母子之间的"孝慈"情感却是个绝对性的存在,是永远不可能被完全抛弃的。为什么呢?首先是源于人的天性。"孝慈"之情,不仅是人的社会规定性,更重要的是,它也是人作为一种高级动物的最重要的动物性特征之一。"鸦有反哺之义,羊知跪乳之恩。"(《增广贤文》)《吕氏春秋·节丧》说:"孝子之重其亲也,慈亲之爱其子也,痛于肌骨,性也。"《庄子·人间世》载孔子之言,说:"子之爱亲,命也,不可解于心。"等等,皆表达了这一思想。其次是源于人的社会性逼迫。人从来就不是或不可能是一个所谓完全自由独立的存在,而必定是"一切社会关系的总和",虽"生而自由,但却无往不在枷锁之中"。当然,这种认识,与孔子的"夫孝,德之本也,教之所由生也"(《孝经》)也是高度统一的。"孝",只是人的社会性道德的一个重要方面,主要是通过教育来实现的。

　　"孝"字最初写作"",是个会意字。上边是个"老"字,"老"字最初又写作""——一个拄着拐杖,头上戴着冠冕的老者形象;下边是个"子·"。如仅从其构形上分析,可从两个方面对它进行解读:一为"老子",二为"子老"。俗语说,"老子天下第一",即"孝天下第一""百善孝为先"。

"老子"之"老"在此主要作"尊重、爱、重视"。"子"在此主要作"子女、后代、后嗣"。故孝的前提性或基础性意义,就是要爱后代或重视后代香火的延续。《左传》说:"灭宗废祀,非孝也。"(《左传·定公四年》)孟子说:"不孝有三,无后为大。"(《孟子·离娄上》)孔子说:"兴灭国,继绝世,举逸民,则民归心焉。"(《论语·尧曰》)以及孔子编《诗经》以《关雎》做首篇,等等,都表达了这种孝要以"有后为重"的思想。"孝"不仅要让自己实现"子孙祭祀不辍",而且要"兴灭国,继绝世"。既不能灭别人的"宗",也不能废别人的"祀",否则就是不孝。这还反映出,我们最初的"孝"观念,主要不是孝敬父母,而是祖先崇拜。所以,孟子在与他的学生万章讨论舜"不告而娶"(没有报告自己的父母亲,就私自娶了妻子)的反常行为时,给予了舜的"不告"以完全肯定的态度。换句话讲,舜的"不告而娶"本来是忤逆不孝的行为,但如因"告"而导致不能"娶",在舜或孟子看来,才是最大的不孝。这种思想给予我们的启示是:现代从西方思潮中涌入的所谓"丁克"现象,相对于传统中国文化而言,就是最严重的不孝。

相关链接:

"老子天下第一"中的"老子"一词,还可以有其他歧解:我;父母;尊崇君主;尊师;伟大思想家老子。

"我天下第一",即这个世界对于孝的实现,应皆以我为先。它主要表现为《孝经》:"身体发肤,受之父母,不敢毁伤,孝之始也。立身行道,扬名于后世,以显父母,孝之终也。"要求我们首先要爱惜好自己的身体,保护好自己的生命安全,并在此基础上最大可能地成就自己,立身扬名,为父母增光。事实上,没有我或没有健康有用的我,所谓"我的孝"便无从谈起。

"父母天下第一",即这个世界对于孝的实现,以孝敬父母为先。此说或是我们一般的关于孝的最普遍或最基本的认识。它具体表现为要养父母、敬父母、爱父母,继承父母遗志,记住父母功绩,等等。或大致如孔子所云:"生,事之以礼;死,葬之以礼,祭之以礼。"(《论语·为

政》）

　　"尊崇君主天下第一"，即这个世界对于孝的实现，应以爱国为先。它要求我们每一个人都要忠于自己的祖国。忠是孝的扩展，《大学》"孝者，所以事君也"便表达了这样的思想。现在没有了君主，故君主即指国家。但当忠与孝之间出现矛盾或冲突时，则要视其情势进行选择。一般情况下，中国传统儒家思想认为，应先国后家。

　　"尊师天下第一"，即认为"师"与天地、父母、君主具有同等的地位。常见于庙堂或祭祀场所的"天地君亲师"牌位即表达了这样的思想。孔子说："有事弟子服其劳，有酒食先生馔，曾是以为孝乎！"（《论语·为政》）尊师既是孝的扩展，也是孝的具体表现。

　　"伟大思想家老子天下第一"，表达的是对于中国传统文化的极端尊崇。尊崇传统文化也是孝的表现或扩展。老子是孔子的老师，是先秦诸子中的最长者或第一人，也是孔子一生中最尊崇的人。在孔子所评价过的人物中，老子地位最高，被称之为"龙"。被孔子直接点名称作他老师的唯老子一人（"老聃博古知今，通礼乐之原，明道德之归，则吾师也。"——《孔子家语·观周》）。孔子一生深受老子思想影响。《老子》一书是中国第一部真正的哲学著作。（王国维语）老子思想是中国一切文化之源。（鲁迅语）

　　"子老"之"子"，在此既可作"爱"，亦可作"尊敬"。而"老"在此，既可作"父母"，亦可作"长辈"。《说文》说："孝，善事父母者。从老省，从子，子承老也。"（孝，就是善于侍奉父母。它上边是省去了拐杖的老字，下边是个子字，以子承老就是孝。）这便是我们今天或自春秋战国以来，所谓社会主流意识形态或认知所理解的孝。不过，它只说对了孝的一半或小部分，而被抛弃的另一半或大部分即孟子说的："不孝有三，无后为大。"所谓"善事父母"或"子承老"，按孔子的说法，主要表现为："生，事之以礼；死，葬之以礼，祭之以礼。"（《论语·为政》《孟子·滕文公上》）"生，事之以礼"，一在于"养"，二在于"敬"。"养"只是人的动物性之孝，唯有"敬"才能把人与动物区别开来。"敬"，主要表现为侍奉父母亲要有好的脸色与声气。"死，葬之以礼，祭之以礼。"这一点，我们中国人大概都是做得不错的。现今我们国家有个专门的清明节假期，则为这种孝的实现创造了良好的社会氛围或客观条件，但孝的内容还不仅于此。

古人关于孝的论述及传说故事极多，良莠杂陈，难以细说。例如楚昭王时，有个名士叫石渚，其父杀人于道，石渚追而及之，见是自家父亲，便不捕，纵其潜逃。后又把此事直告楚王，并留下高论："不私其亲，不可谓孝子；事君枉法，不可谓忠臣。"（不偏爱自己的父母，就不能算是孝子；侍奉君主违反国家法律，就不能算是忠臣。）然后安然替父赴死。《吕氏春秋》认为这种行为"忠且孝矣"，褒扬有加。但在今天看来，却是很经不起追问的。因为无论从何种角度言之，它都是有违最基本的社会公正的。

相关链接：

荆昭王之时，有士焉，曰石渚。其为人也，公直无私，王使为政。道有杀人者，石渚追之，则其父也。还车而反，立于廷曰："杀人者，仆之父也。以父行法，不忍；阿有罪，废国法，不可。失法伏罪，人臣之义也。" 于是乎伏斧锧，请死于王。王曰："追而不及，岂必伏罪哉！子复事矣。"石渚辞曰："不私其亲，不可谓孝子；事君枉法，不可谓忠臣。君令赦之，上之惠也；不敢废法，臣之行也。"不去斧锧，殁头乎王廷。正法枉必死，父犯法而不忍，王赦之而不肯，石渚之为人臣也，可谓忠且孝矣。（《吕氏春秋·高义》）

但是，下面的三点论述，却对我们今天仍有重大参考价值。

一源于《尚书》："孝乎惟孝，友于兄弟，施于有政。"在家庭社会之中，推行孝悌之道，其实就是参政的最有效方式之一。在《论语》当中，当有人问孔子为何不从政时，孔子也是以此语作答，并认为这也是参政。其实，曾子在《大学》中所讲的"齐家"也是这个意思。什么是"齐家"？"其为父子兄弟足法，而后民法之也。此谓治国在齐其家。"只要能把家庭治理好，为天下人做好榜样，那么就不仅是"齐家"，而且也是"为政"，并能推而广之，以达治国平天下之目标。

二源于《中庸》："夫孝者，善继人之志，善述人之事者也。"意为完成父母或先辈未竟之事业，记述父母或先辈生平行状并使之流传，也是重要的孝道之一。这里有个小故事，或可说明一二：清康熙帝有一次带领众皇子皇孙到热河秋猎。秋猎很平常，年年有。但此次的奖品很重要，也很特别，是一柄邻国赠送的玉如意。本来人家是要送给太子的，但却被康熙帝代收，并要另送别的皇子。事前言明，谁猎获猎物最多，奖品即为谁所得。结果，十三皇子猎获最多；皇八子猎获居中，但却全是生擒；四皇子即后来的雍正帝则称病没有直接参与，却带来了聪明伶俐的儿子弘历；其他众皇子各有猎获，大小、多少不等。如按事先约定，玉如意只能赐予十三子。但是，康熙帝对此结果并不满意，于是发话说："大家说说，这玉如意究竟应当给谁？"话音未落，即有一位老王公应声道："应当给八阿哥！"康熙帝问："为什么啊？"王公解释说："八阿哥不忍杀生，是位'仁者'，有慈悲心怀，所以应当给八阿哥。"此话一出，立马附和之声不绝，但却遭到了年仅八岁的小皇孙弘历的大声抗议："王公说得不对！皇爷爷数十年猎杀各种动物无数，难道就没有慈悲心怀了吗？"众人一听，当即哑口无言。弘历接着说："当春天万物生长繁殖时，不杀或者少杀生，倒还说得过去。但一到秋天，气候肃杀，万物已停止生长，本来就是收获的季节，为什么不可以杀呢？再说，天生万物本来就是要让我们取用的，我们不杀它们，又吃什么呢？更何况，我们满人过去祖祖辈辈靠打猎为生，与汉人种地一样，本来就是一种谋生之道而已。"康熙帝听了，大为高兴，又问："你知道皇爷爷一生猎杀了多少只猎物吗？"弘历似乎有备而来，侃侃而答："老虎153只，熊12只，豹25只，狼96只，猞猁狲20只，麋鹿14只，野猪133只，还有一天用箭射杀了兔318只，而其他各种动物更是无法计数。"于是，康熙帝龙颜大悦，而且大为惊异。接着又问："皇爷爷现在贵为天子，富有四海，并不需要以打猎为生啊？那为什么还要举行秋猎呢？"弘历不慌不忙，接着回答："这是皇爷爷不忘本！皇爷爷如果没有这样的本事，就不能平三藩、灭噶尔丹、败俄罗斯。皇爷爷是天下第一'巴图鲁'！"一席话，说得众阿哥、王公大臣们目瞪口呆。最后，各怀心事、辛苦打猎的众皇子们皆没有获得玉如意，玉如意反为年仅八岁，没有直接参与打猎，却仅凭口舌之能的小皇孙弘历所得。细细寻绎，我们会发现，这其中确实大有文章。皇八子生擒猎物，实为东施效颦，弄巧成拙，自不必说。那么弘历所言之中又究竟隐藏有什么秘密呢？这其中所隐含的就是"善继人之志，善述人之事"的孝，当然，还有仁、义、礼、智、勇等。

三源于《孝经》："身体发肤，受之父母，不敢毁伤，孝之始也。立身行道，扬名于后世，以显父母，孝之终也。夫孝，始于事亲，中于事君，终于立身。"《三字经》"扬名声，显父母，光于前，裕于后"也表达了这种意思。成就自己，既能光宗耀祖，又能泽被后世，也是中国传统孝道之一。一个人如果不好好爱护自己的身体，不好好努力成就自己，不能为自己的父母或国家增光添彩，那么就是不孝。

东汉之后，由于"俗儒鄙夫，玩其所习，蔽所稀闻，不见通学，未尝睹字例之条"（《说文解字序》），既不通先秦经典，又不通汉字之学，所以大多数关于孝的事例或论述都是经不起追问的。比如"二十四孝"，特别是其中所谓"郭巨埋儿"的故事，便是这种既不合人性又不合规律，既不合事实又不合"圣人之言"的极端悖谬的表现。

现实中，我们常会遇到忠孝不能两全的矛盾，对此我们必须具体问题具体分析。窃以为子夏的"大德不逾闲，小德出入可也"（《论语·子张》）可为我们做参照。如果只是个人私德或小错，不会影响最基本的社会公正，那么家庭中的"父为子隐，子为父隐"的所谓孝悌之道则是可行的。如牵扯人伦大罪，已经违背了最基本的社会公正，那么这种"隐"就不可行。（比如孟子设置的舜父犯罪杀人，以舜放弃大位与父一起隐遁，从而逃避国家法律惩罚，就是不可以的。）再者，当国家需要公民为之献身的时候，那么其家庭之孝的责任就必须要由国家来承担。不然，所谓"孝者，所以事君也"（《大学》）也就失去伦理基础与法理基础了。

最后，请大家记住，无论何时何地，当遇到"弃幼"还是"弃老"的极端的伦理困境，需要做出痛苦选择时，虽然要具体情况具体分析，但一般情况下只能是"弃老保幼"。因为，唯如此才可能是真正的孝道，是合规律与合目的统一，合道德与合"圣人之言"的统一。

20. 什么是"悌"

孟子说："尧、舜之道，孝弟而已矣。"（《孟子·告子下》）最高的圣人之治，首推"孝悌"二字。"孝"观念，是不断发展变化的，主要指向不同辈分之间的亲人的关系处理。远古时主要指向祖先崇拜，到春秋战国时期，则主要指向父母与子女之间。"悌"观念，比之"孝"观念的出现可能要略晚，主要指向同等辈分之间的关系处理，其中又以兄弟之间的关系最为重要。在中国传统伦理道德中，孝与悌总是紧密相连，它们主要维护的是人伦有序、社会和谐。

"悌"字最初有多种写法，其中以"𢎨"最具代表性。

细加推究，我们会发现它是由两个部分共同组成：中部是一支两头皆有锋刃的戈或戟；缠绕于戈之上的像"2"一样的符号是一根象征性的用来束缚戈的绳索。

戈是冷兵器时代最强大的武器之一，是暴力、武力、强力、战争、军队、武装、争斗的象征。两头戈则意味这种武器、暴力或争斗不仅能够伤人，同时也易伤己。对此，"兄弟阋于墙"（《诗经·小雅·常棣》）是一个很有代表性的表述。"兄弟阋于墙"不仅会导致你死我活，而且还可能被堂而皇之地写进历史教科书。如果一个国家党派众多，一个家庭兄弟众多，那么由于最基本的人性的丑陋、利益分配的不平衡，以及某些资源的极度稀缺等，这种"阋"便不可避免，在皇家大族之中尤其屡见不鲜。

像"2"的绳索，意思很明确，就是要把这种既能害人又能害己的武器、争斗、暴力等捆绑起来，或加以严密有效的制约，从而实现兄弟之间的有序或和谐。绳子虽然是象征性的，但绳子捆物或缠绕物体必须遵守一定的先后次序，不然就会乱，起不到以最省的方式达到原初设想的制约效果。这启示我们：真正能制约我们的，让我们能产生"悌"的情感与行为的东西只能是仁义道德、社会伦理、法律、制度、规矩、纪律，等等。

《说文》说："悌，善兄弟也。从心，弟声。"认为"悌"的最初写法就是小篆之"悌"，可这是经不起追问的。"从心"意为"悌"之意主要来自于心。这仅从此字来说或并不错，它强调了思想智慧对于"悌"的制约与反思。换句话讲，"善兄弟"是有条件的。如果兄既不孝，也不"悌"，弟之"悌"也就没有了依据。"弟声"，认为弟在此只是表声而与意无关，则是完全背弃了弟通于"悌"的真相了。窃以为，弟不仅是声，而且在此字中占有绝对的主导性意义。事实上，古代文献中古人大多都是以"弟"为"悌"的，如《论语·学而》："其为人也孝弟。"《孟子·梁惠王上》："修其孝弟忠信。"《大学》："孝者，所以事君也；弟者，所以事长也。"这说明，"弟·弟"的构形，本来就是"悌"伦理思想智慧的结晶，而不仅只是"弟声"而已。"善兄弟"，具体来说，就是"兄友弟恭"——做兄长的要像个做兄长的样子，要爱护好自己的弟弟；做弟弟要有个做弟弟的样子，要尊敬自己的兄长。古有所谓"长兄如父"之说，便是这种"悌"观念发展的极致。孔子的："有兄不能敬，有弟而求其顺，非恕也。"（《孔子家语·三恕第九》）更是明确地表明了这种思想。

古人对于"悌"德的论述，相对于仁义礼智信等德目来说要少很多，主要是因为"悌"完全可以为仁义礼智信所囊括。换句话讲，一个人只要有了仁义礼智信，那么孝悌便是很自然的事。

孔子说："悌，德之序也。"（《孔子家语·弟子行》）"弟子入则孝，出则弟。"（《论语·学而》）"悌"所重视的主要是秩序。"出"主要所面对的不是自家兄弟，而是意味着与同辈之间的交往要遵守长幼有序。

据《吕氏春秋》记载，郑国宰相子产虽位极人臣，但一旦离开朝廷，去见他的老师、郑国著名的贤人壶丘子林，如果与众弟子们坐在一起，就必定依年龄大小为序，从不倚仗宰相的权势而自高自大。子产的这种行为，不仅是"悌"的表现，同样也是仁爱的表现。

相关链接：

　　子产相郑，往见壶丘子林，与其弟子坐必以年，是倚其相于门也。夫相万乘之国而能遗之，谋志论行而以心与人相索，其唯子产乎！故相郑十八年，刑三人，杀二人。桃李之垂于行者，莫之援也；锥刀之遗于道者，莫之举也。（《吕氏春秋·下贤》）

　　《新书·道术》说："弟敬爱兄谓之悌，反悌为敖。"这种解读不仅与孔子的论述及《说文》"善兄弟也"的解释不相吻合，而且遮蔽了心的作用。换句话讲，"悌"所强调的序，绝不可能仅是盲目的单方面的"弟敬爱兄"。原因是，在中国，无论是社会实践还是思想家们的论断所确认的道德，从来就是强者道德。"为政以德"的前提是需要当权者有德。"政者，正也。子帅以正，孰敢不正？"（《论语·颜渊》）"君子之德风"（《论语·颜渊》），"行不言之教"（《老子》第二章），等等，皆指向了这一点。

　　孟子说："尧、舜之道，孝弟而已矣。"（《孟子·告子下》）虽然有些夸张，但却给我们传达了三方面信息：一是孝悌是"仁之本"（"孝悌也者，其为仁之本与？"——《论语·学而》），只要有孝悌在，其他一切道德不仅不会被完全丢弃，而且皆可以在此基础上得以重建，所以老子说："大道废，有仁义。""绝仁弃义，民复孝慈。"事实上，所谓抛弃了仁义道德的人首先就是上层社会，而广大人民则永远不会。孔子说："君子之德风，小人之德草。草上之风必偃。"（《论语·颜渊》）"斯民也，三代之所以直道而行也"（《论语·卫灵公》），"礼失求诸野"，以及"民·𠂆"字实为一个倒过来的"直"字皆说明了这一点。"直"是道德的核心，其引申意即公平、正义。它告诉我们，即或它在上层社会完全失去，而在人民之中也会永远存在。二是强调了社会有序的重要性。因为"悌"主要表现在"出（则弟）"（《论语·学而》）或"乡党（称弟焉）"（《论语·子路》）。（"出"即离开家庭，"乡党"即当时社会存在的主要形式。）三是说明所谓"无为而治"的社会风尚是可以通过孝悌来实现的。只要居上位的君子能"孝乎惟孝，友于兄弟"，即能"齐其家"（《大学》："其为父子兄弟足法，而后民法之也。此谓治国在齐其家。"），那么其行为就足以"施于有政"而为"天下法"了。当然，在今天看来，这种说法虽然有些夸张，但也足以说明居上位者必"为政以德"的极端重要性。

综言之，所谓"悌"的最大价值即在于维护最基本的社会秩序。它从家庭开始，然后波及全社会。而好的秩序不管在何种社会或意识形态中，都是不可或缺的，它是实现"和"或"利"的前提。

21. 什么是"勇"

　　《左传》说："死而不义，非勇也。共用之谓勇。"（《左传·文公二年》）这告诉我们，"勇"总是以义为先、与义同行。如果一个人选择死，不是为国、为公，而是为了私义、私利，那么就不能称之为勇。换句话讲，只有为国家、为民族、为公利而奋斗或死，之后还能极大地提高其自身在共同体或历史长河中的光辉形象则为勇；否则就不是。所以《吕氏春秋·论威》又说："勇，天下之凶德也。"以此可知，"勇"之德，与仁义礼智等其他德目一样，也是不容易被深刻认知的。

　　"勇"字最初写作""，既是个会意字，亦可视为形声字。上边是"口·"，下边是"用·"。

　　"口"，首先是人之口，它寓含"勇"是属人的，只有人才可能有勇。孟子说："仁也者，人也。"（《孟子·尽心下》）孔子说："仁者必有勇，勇者不必有仁。"（《论语·宪问》）凡人皆有"勇"，只是需要一定情势才能表现出来而已。其他非人类如果有，那也是人所想象或赋予的。其次，"勇"最重要的是人的语言与思想智慧。如果一个人没有思想智慧，那么只能是匹夫之勇。比如，《史记》所载廉颇、蔺相如的故事（《史记·廉颇蔺相如列传》），在廉颇看来，蔺相如在完璧归赵、渑池之会的事件中的表现，只不过就是一个纯以"口舌之能"战胜秦昭王，从而为赵国赢得了某些尊严的所谓"勇者"。事实上，蔺相如之"勇"虽然没有直接与秦王铁血以搏，但其言其行以及隐藏于其后的思想智慧却是远胜廉颇之"攻城野战"之勇的。

"用",其实就是一只桶的形状。桶是用来装水的。水在中国传统文化中,是仁义礼智信等一切德目的象征。可见,凡"勇",必得以仁义礼智信为前提。

或由于对于"勇·⿰"所表达的意义不完全满意,有学者创造了"勇·⿰"。它以"戈"代替了"口",主要是想强调唯有武力、勇力才是真正的勇。这就是廉颇一类对于勇的认识。廉颇就曾深信自己的武力、勇力远胜过蔺相如的"口舌之能",并认为只有自己的"攻城野战之功"才可谓真正的勇。但这种想法明显是片面的,最后,他改变了自己的观点,并向蔺相如"负荆请罪"。

"勇·⿰"是《说文》中的古文,在前面的"勇"字下面加了一个"心"。这是有深刻意义的,主要强调了思想智慧在"勇"的实践中的作用。老子说:"勇于敢则杀,勇于不敢则活。"(《老子》第七十三章)孔子说:"暴虎冯河,死而无悔者,吾不与也。必也临事而惧,好谋而成者也!"(《论语·学而》)皆表达了这种思想。真正的大英雄必定是有思想的英雄。孔子、司马迁、毛泽东等,就是这样的大智大勇者。

秦统一文字,抛弃了其他"勇"字,只留下了最初的"勇·⿰",并在下面加了个"力",形成"⿰",这当有更深刻的形上之思。所谓力量,不仅指勇力、武力,而且指脑力、体力、能力等。所以,这个"力"便是多种力的综合。"口"作为心之门户,它的保留进一步强调了思想智慧与语言大多时候都显得比武力、勇力更为重要。

古人关于"勇"有许多精彩的论述,当然也有思虑不周而经不起推敲的,但大多都能给予我们以深刻的启迪。

《说文》说:"勇,气也。"虽然说出了"勇"主要与情感特别是激情的紧密关系,但却遮蔽了"勇"所蕴含的全部真相。事实上,孔子的"仁者必有勇"之"勇",便主要不是"气",即不是一时的激情,而是理性地对于仁、义、礼、智、信的一种践履。而"勇者不必有仁"的"勇",才主要为"气"和激情。以此观之,所谓真正的"勇",必须具体问题具体分析。同样的一种行为,有时它仅是一种"气"或"敢",但却并不一定是真正的勇。比如《吕氏春秋·当务》记载,春秋时,齐国的东郭、西郭两位所谓勇士，为了比谁最勇敢，就互相比割自己身上的肉下酒，直到遍体鳞伤、肉尽而死。这种行为就不能算是真正的勇，它既不光彩，也不能被仿效。又比如《吕氏春秋·离俗》记载，齐庄公时，有个勇士名叫宾卑聚，只因梦中有一个壮士侮辱了自己，醒来后便郁郁不快，非得"报仇雪耻"不可。第二天，一起来就与朋友站在十字路口，寻找那个梦中的壮士。整整等了三天，没有找到，于是便横剑自刎而死。这也算不得真正的勇。因为如此之行为，与上述东郭、西郭一样，既不义，也无用。进言之，真正的"勇"不仅要有"气"，而且还必须与仁、义、礼、智、信等同行。

相关链接：

齐之好勇者，其一人居东郭，其一人居西郭。卒然相遇于涂，曰："姑相饮乎？"觞数行，曰："姑求肉乎？"一人曰："子，肉也；我，肉也；尚胡革求肉而为？于是具染而已。"因抽刀而相啖，至死而止。勇若此不若无勇。（《吕氏春秋·当务》）

齐庄公之时，有士曰宾卑聚，梦有壮子，白缟之冠，丹绩之袧。东布之衣，新素履，墨剑室，从而叱之，唾其面。惕然而寤，徒梦也。终夜坐，不自快。明日，召其友而告之曰："吾少好勇，年六十而无所挫辱。今夜辱，吾将索其形，期得之则可，不得将死之。"每朝与其友俱立乎衢，三日不得，却而自殁。谓此当务则未也，虽然，其心之不辱也，有可以加乎？（《吕氏春秋·离俗》）

"勇怯，势也；强弱，形也。"（《孙子兵法》）勇或怯的产生是要有一定环境条件或情势的。在极端困境下，既可能极大地表现出人的勇，也可能表现出人的怯。司马迁又说："耻辱者，勇之决者。"人只有在面对奇耻大辱时，才可能表现出对于勇的真正的智慧的抉择。司马迁面对汉武帝的威权时，选择死是勇，选择活下来接受宫刑同样也是勇。但前者是"匹夫匹妇"之"自经于沟渎"之勇，后者则是流芳百世的大勇。"自经于沟渎"出自《论语》，专指那些没有出息的人，有什么想不通，就去找个没人的山沟做吊死鬼。所以，死与不死，对于君子或豪杰之士而言，皆不可不慎也。

下面讲一个故事：

> 大巴被劫，几名劫匪说："大家不用紧张，我们就挑几个姑娘！"离开时，一名女子英勇地与几名劫匪打了起来，其他乘客一拥而上，成功制伏几名劫匪。事后记者采访英勇女子："是什么样的原因促使你有勇气与劫匪搏斗？"女子气愤地说："全车女的都被挑走了，就留下我一个！还让不让人活了？！"（《读者》2015 年第 14 期，第 38 页，《漫画与幽默·勇气》）

这个小故事被《读者》放到《漫画与幽默》一栏，在我看来很不合适。因为它不仅是个严肃的社会问题，而且也是个严肃的哲学问题。即或是所谓"幽默"，也是黑色的。

第一，唯一没有被劫匪选上带走的女子很是气愤，觉得受到奇耻大辱，故奋起反抗。这很符合司马迁"耻辱者，勇之决也"的论述。不过，这只是表象而已。

第二，女子气愤，以至于不想活，其真正原因不是自己没有被选上，而应当是对大巴上的男人们没有一个能在危机出现之时奋起反抗，感到深深的失望。

第三，女子的勇敢并不在于其奋起反抗的行为本身。关键是她清楚地知道：自己的率先反抗符合"义"，故必能强烈刺激男人们心中的耻辱感，继而激发他们面对恶势力时的反抗勇气及对于"义"的追逐。所以，她认定自己一定能取得成功，最后果真成功了。因此，其行为又符合"智"。

第四，劫匪之外，如果车上没有男人，且仅剩下她一个女人，反抗即意味着灭亡，如她仍坚持以卵击石，便不是"勇"而只是"敢"。"敢"即"不智"。其区别在于："勇"不仅有"气"和激情，而且总是与有用与智慧紧密联系；而"敢"虽然也有"气"，但总是与死或无用紧密联系。（老子："勇于敢，则杀，勇于不敢，则活。"）

对于上述事例的分析，不仅可从汉字学关于"勇"的构形特点及其发展的认知中找到答案，也可从古人的一些经典论述中得到说明。

孟子说："可以死，可以无死，死伤勇。"（《孟子·离娄下》）在可以死，可以不死之间，如果选择死，那么就不能称之为"勇"。司马迁遭李陵之祸，被汉武帝施以宫刑，本可以选择死，可是，这样的死又将"与蝼蚁何异"？所以他选择了最艰难的"涵粪土之中而不辞"的活。这便不仅是勇，而是伟大的大仁大义大智大勇了！

总之，"勇"不仅有大小之别，而且与道德、善美、仁义一样皆是难以认知的。一言以蔽之，如果这种"勇"，既有"气"，又有激情；既符合仁义道德，又能提升自己的光辉形象；既能为众人所学习，又能经得起思想智慧的追问，那么便是真正的勇。否则，便可能只是所谓的"凶德"了。

22. 什么是"廉"

孟子说："可以取，可以无取，取伤廉。"（《孟子·离娄下》）虽然没有直接告诉我们什么是"廉"，但却极高明地为"廉"划了界。一方面，它极具体，即为"廉"设置了一个明确的标准——"可以取，可以无取"，则绝对不能取，取了就是不廉。另一方面，它又极抽象，既没有告诉我们什么可以取，也没有告诉我们什么不可以取。那么，这个"可以取，可以无取"有标准吗？有！在古人看来，就是仁义；在今天看来，则是最基本的社会公正。

就一般经验世界而言，主体廉否主要通过他对于金钱、财富等物质利益所采取的具体行为态度表现出来，当然也包括背后隐藏着的巨大物质利益的荣誉。司马迁说："取与者，义之符也。"无论是获取利益，还是赠人钱财，都要与仁义相符合。换句话讲，主体对于具体物质利益的行为态度，如果符合了义就是"廉"，反之就不是。进言之，主体如果取了这个物质利益或荣誉，就能提高自身威仪或光辉形象便是"廉"，反之便不是。

举个例子。张某与李某一起于孤儿院中长大，一起读书，一起参加工作，由于性格相近，自然而然就成了好朋友。两人各自成家之后，一次突发的灾难性事件夺去了张某全家人的性命，李某偶然有了一次性继承张某所有财产的机会。可是，这种财产正是界于"可以取，可以无取"之间，对于一般性的认识而言，当然是可取、应取的。可是，李某如果取了，符合"廉"吗？根据孟子的观点，显然不符。另据《吕氏春秋》："人犯其难，我享其利，非廉也。"（《吕氏春秋·卷十九·离俗》，《庄子·让王》也有相同的句子。）人家遭了难，我反而在这个过程中得到了很大的好处，那么就是不廉。事实上，"人犯其难，我享其利"的行为，即或是至爱亲朋，也会有损主体威仪。不过，如果主体把得到的意外之财，部分或全部捐出，用作公益，并以此提升了自己在共同体中的正面形象，那么又是符合"廉"的。

现实生活中，类似的机会对于一般百姓而言或很少，但相对于掌握了一定权力的当权者而言却很多。不仅在面对"可以取，可以无取"的巨大金钱、物质利益面前，毫不犹豫地选择"取"的当权者比比皆是（如曾经的江西省副省长胡长清，因为喜好书法，且其字的确比一般的领导写得好些，于是求他字的人便门槛踏破，以至于洛阳纸贵，字满南昌。大把大把的钞票以润笔的名义送到了他的办公室、家中。这种情况，似亦界于"可取不可取"之间，而胡则一概取之。而最后的结果，却是一条不归路）；就是在面对"人犯其难，我享其利"的机会时，选择捞一把的当权者同样也很多（如贫困地区的官员侵吞扶贫款的情况同样屡见不鲜）。

上述事例与认识，皆可成为"廉"字最初构形意义的注脚。

"廉"字最初写作"𢉖"，一般认为是形声字。《说文》说："廉，仄也。从广，兼声。"这种解读认为"广"对于"廉"有意义，"兼"则没有。事实上，不仅"广"有意义，而且"兼"更有意义。

"广·𠆢"是个象形字，半边房子的样子。宋代著名建筑家李诚说："因崖成屋谓之广。"（《营造法式·总释上·宫》）"广·𠆢"，在此既可读"掩"，又可读"安"。其意既是庵，又是小草屋。

"从广"的背后，至少有四层意思：

其一，"廉"的实现，对于主体而言，首先应当有最基本的住房条件。依崖而建的小屋或草屋，喻示简陋、寒酸，但毕竟可为安身之所。如果一个国家或社会不能解决公职人员，特别是政府官员们最基本的住房问题，那么国家、社会却强烈要求他们一味地"廉"，便无从谈起。

其二，"廉"意味着国家公职人员不能以"怀居"为人生目标。孔子说："士而怀居，不足以为士矣。"（《论语·宪问》）以追求宽大豪华的住房为目标，就是"怀居"。"怀居"的结果势必引起向"奢"的欲望。

"奢则不孙"(《论语·述而》),必然走向穷奢极欲。它不仅会阻滞人的行动自由与进步,而且也会妨碍人的思想到达远方。庄子:"其嗜欲深者,其天机浅。"(《庄子·大宗师》)嗜欲太深太多,不仅思想、行动难以到达远方,而且很难得到上天的青睐或垂怜。这个上天就是民、百姓。

其三,"廉"之住房还喻示对于国家或集体而言,造价便宜;对于公职人员而言,则价格便宜。原因是,此屋依崖而建:山象征国家,它承担了一半或大半物质基础;"依",即"廉"之主体、个人或国家公职人员依靠山,既可减少风险,亦可减少投入。于是,它在一定程度上,从经济与道义两个维度对公职人员的"不廉"做了直接的否定。

其四,"因崖成屋"的背后还喻示所谓"廉"主要与国事、政事、公事、官事等紧密联系。至于一般百姓,不是特殊情形,则与"廉"没有关系。

"兼"字最初写作"𥝢",实为一只手拿着两株禾。

手为人之手。它意味"廉"是属人的,是人在面对私利、贪与和、善时所做的主观抉择。主体贪图私利就是不廉;主体选择和、善就是选择公正,选择了廉。

"禾"是"和"之初文,既可称水稻、粟,也可是一切粮食作物的总称。"禾"之所以同于"和",是因为它既是最基本的善,也是最基本的利。(《说文》云:"和,然后利。"墨子云:"义,利也。")而对于最基本的善与利的同时拥有,其背后就必得以公正为基础。

"𥝢"有两"和"。一"和"代表利与贪,一"禾"代表和、善、义,既矛盾又统一。利有公利、私利,义有大义、小义。孔子说:"见利思义,久要不忘平生之言。"(《论语·宪问》)见到有利益可图时,先要想想它是否符合义,是否有利于提高我们的光辉形象;长久地处在一个重要位置上,请不要忘记我们曾经的初心与誓言。

下面讲个所谓"至廉"的故事。

吴王阖闾想要刺杀逃到卫国的,可能会威胁到自己王位的兄弟王子庆忌,但总是不能成功。吴王为此很是忧虑。他的一个名叫要离的门客对他说:"我可以办得到。"吴王说:"你有什么本事?我曾经带领六名高手骑着六匹快马,一直追到长江边上,可是还是没有追上。他的船还没到江心,我就让大家用箭射他,可是落在他身边的箭成捆成捆的,但还是不能

射中他；而你，拔出剑来，力举不过头顶，乘个马车，连爬上车的力气都
没有！你有什么本事能杀得了他？还是算了吧！"要离说："话不能这样
说。真正的士，唯一可担心的是没有勇气而已，为什么要担心他没有本事
呢？大王如能真心助我成功，我认为我必定能够成功。"吴王听了，只能
说："那好吧。"第二天，吴王便无故加罪于要离，抓了他的妻子儿女，
不仅一把火把他们给烧了，而且把骨灰都给胡乱撒了。要离"侥幸"逃
脱，到卫国投奔到了王子庆忌的门下。王子庆忌很高兴，对他说："通过
这件事，吴王的残暴无道你已经看清楚了，天下诸侯也都知道了。今天，
你能有幸逃脱也算是不幸中的大幸吧。"要离与王子庆忌在一起生活了一
段时间之后，有天对王子庆忌说："现在吴王的残暴无道一日甚于一日，
我请王子与我一道回国，把吴国从暴君手中夺回来。"王子庆忌也认为条
件已经成熟，于是说："好！"当要离与王子乘船渡江，船到江心时，要
离便拔剑刺向王子。不过，要离"拔剑则不能举臂"的无能立马显现。武
功高强的王子庆忌只一闪，便揪住了他的头发，并顺势把他投入江中，按
下去，提上来，如此再三。最后把他拎了上来，对他说："你这样不怕
死，也算是所谓国士吧。我给你一个机会，让你回去领赏，并成全你的名
声。"于是，要离虽然刺杀没有成功，但也"侥幸"不死，回到了吴国。
吴王听说了他的"壮举"，很高兴，要与他平分江山，要离说："不行。
我必须得死！"吴王想制止他。要离说："杀妻灭子，焚骨扬灰，只为自
己方便行事，说实话，我认为这就是不仁。为了旧主人去杀新主人，我认为
这就是不义。我被人揪住头发，按到江里面，一而再，再而三，之所以不
死，只因为王子宽大仁慈所赐，所以，我认为这就是奇耻大辱。一个人不仁
不义，既耻且辱，还有什么脸活着？"吴王无法制止，要离果然伏剑而死。

相关链接：

　　吴王欲杀王子庆忌而莫之能杀，吴王患之。要离曰："臣能之。"
吴王曰："汝恶能乎？吾尝以六马逐之江上矣，而不能及；射之矢，左右
满把，而不能中。今汝拔剑则不能举臂，上车则不能登轼，汝恶能？"要
离曰："士患不勇耳，奚患于不能？王诚能助，臣请必能。"吴王曰：
"诺。"明旦加要离罪焉，挈执妻子，焚之而扬其灰。要离走，往见王子

庆忌于卫。王子庆忌喜曰:"吴王之无道也,子之所见也,诸侯之所知也。今子得免而去之,亦善矣。" 要离与王子庆忌居有间,谓王子庆忌曰:"吴之无道也愈甚,请与王子往夺之国。" 王子庆忌曰:"善。"乃与要离俱涉于江。中江,拔剑以刺王子庆忌。王子庆忌捽之,投之于江,浮则又取而投之,如此者三。其卒曰:"汝天下之国士也,幸汝以成而名。"要离得不死,归于吴。吴王大说,请与分国。要离曰:"不可。臣请必死!"吴王止之,要离曰:"夫杀妻子,焚之而扬其灰,以便事也,臣以为不仁。夫为故主杀新主,臣以为不义。夫捽而浮乎江,三入三出,特王子庆忌为之赐而不杀耳,臣已为辱矣。夫不仁不义,又且已辱,不可以生。"吴王不能止,果伏剑而死。要离可谓不为赏动矣,故临大利而不易其义,可谓廉矣。廉,故不以贵富而忘其辱。(《吕氏春秋·忠廉》)

故事中的要离,被《吕氏春秋》赞为"临大利而不易其义","不以贵富而忘其辱",是真正的至忠至廉之士,但从今天看来,却是经不起推敲的。因为从根本上来说,它既不符合老子"廉而不刿"的原则,也有违最基本的社会公正。其"拔剑则不能举臂,上车则不能登轼",却要去做刺客,是谓无能。既无能,又偏认为自己能,是谓没有自知之明,就不能谓之"廉"。另外,"杀妻子,焚之而扬其灰,以便事"的行为,既对妻子儿女极为不公,也是对父母祖宗极为不孝。不孝、不公即为不仁不义。不仁不义之徒又何"廉"之有?那么,要离究竟是为了什么才这样干呢?简单来说,就是为了"成名"。

古人关于"廉"的论述很多,大多到今天都能给予我们以深刻的启示。《广韵·盐韵》说:"廉,俭也。""廉"绝对不能搞奢侈腐化。因为"俭,故能广"(《老子》第六十七章),人只有俭,才可能得到众人的拥护。韦昭说:"廉,直也。""廉"一定要公平、公正、正直。《玉篇·广部》说:"廉,清也。""廉"不能为俗欲所羁绊,一定要有高远的志向。老子说:"廉而不刿。""廉"不仅要清廉公正,而且要聪明睿智,不昏聩,不昏庸。俗语所谓"公生明,廉生威",其理亦源于此。人一旦欲望太多,就不会产生深刻的思想。庄子说:"众人重利,廉士重名。"(《庄子·刻意》)真正的清廉之士,一定会把自己的修名或美名看得比命还重要。

23. 什么是"耻"

荀子说："君子耻不修，不耻见污；耻不信，不耻不见信；耻不能，不耻不见用。"（君子只以自己不努力修行为耻，不以被别人无故污辱为耻；君子只以自己不守诚信为耻，不以不被别人相信为耻；君子只以自己无能为耻，不以不被别人重用为耻。——《荀子·非十二子》）他明确告诉我们：耻，只是一种人的内心的自我感受；而来自于外力所强加的污辱、不被相信、不被重用等，则只是辱而已。所以大多数时候，君子并不一定以辱为耻，有时还可能反以为荣。真正的君子，"不诱于誉，不恐于诽，率道而行，端然正己，不为物倾侧"。（真正的君子，既不会被分外的荣誉所诱惑，也不为毫无事实依据的诽谤所恐惧，恪守道德，遵从规律行事，端正做人做事说话，永远不为外物所强加的东西所左右。——《荀子·非十二子》）

比如，满腹经纶、文武全才的"戊戌六君子"之一谭嗣同，因参与戊戌变法失败，被腐朽没落的清廷通缉。他本来是有机会逃脱的，可是却选择了留下来，从容赴死。这种行为，其实就是对清廷强加于自身的辱，"不以为耻，反以为荣"。又如孔子，虽然德深道厚、才学卓著，但却"逐于鲁，削迹于卫，伐树于宋，穷于陈、蔡"（曾经被自己的母国鲁国给赶了出来；在卫国为了躲避迫害，曾经被迫隐藏行迹；在宋国与弟子们在大树下演礼，却被人把树给砍了；本来想去楚国推行仁义、以求发展，却在陈、蔡两国之间被人围困，差点饿死——《吕氏春秋·慎人》，此外《庄子》《孔子家语》等有类似的记载），以至于"累累如丧家之狗"。这种情况，在子路看来既是耻，亦是辱。不过，颜回却不这样看，他说："夫子之道至大，故天下莫能容。虽然，夫子推而行之，不容何病，不容然后见君子！夫道之不脩也，是吾丑也。夫道既已大脩而不用，是有国者之丑也。不容何病，不容然后见君子！"（老师的道至高至大，但也正因为至高至大，所以天下不能容。虽然如此，老师仍然到处推行它，那么，不容又有什么可担心的呢？也正因为不容，所以才能凸显出老师的君子形象啊！如果我们不好好地修道，那么这是我们的耻辱。如果我们把道修得至高至大，反而不为当权者所重用，那么就不能说是我们自己的耻辱，而应当是当权者们的耻辱了。这样的不容，又有什么可担心的！也正因为这样的不容，才凸显了我们的君子形象啊！——《史记·孔子世家》）这里颜回说到的"丑"，就是我们所讲的耻。孔子对颜回的见解赞赏备至。以此可知，耻与辱有时可能会相通，但大多数时候却可能是有很大区别的。

事实上，不仅古人的论述能说明这点，"耻"与"辱"的构形更能说明这点。

"耻"字最初写作"耴"。左边是个"耳"，右边是个"心"。

"耳"即人之耳。从"圣"字的初文"圣"——上边是一只大耳朵，下边是一个侧身而立之人，即一个人顶着一只大耳朵的形象，可以推定：耳是多闻、知言或聪明、智慧的象征。孔子说："多闻，择其善者而从之，多见而识之，知之次也。"（多听听别人的意见，选择其中正确的或相对正确的去实践；多看，不断地增加自己的知识、提高自己的认识。这是知的第二个境界。——《论语·述而》）孔子就自认为是"闻而知之、学而知之"者。既然多闻能从众多的语言中选择出"善者而从之"，当然也就是"知言"之人。另据孟子的观点，"闻而知之"是圣人最伟大的特点之一，商汤、周文王、孔子等皆是如此。

相关链接：

由尧舜至于汤，五百有余岁；若禹、皋陶，则见而知之；若汤，则闻而知之。由汤至于文王，五百有余岁；若伊尹、莱朱，则见而知之；若文王，则闻而知之。由文王至于孔子，五百有余岁；若太公望、散宜生，则

见而知之；若孔子，则闻而知之。（《孟子·尽心下》）

　　"耻"以耳为形，其反映了人之有耻或知耻，一定是聪明智慧的表现。比如"行己有耻，使于四方，不辱君命"（《论语·子路》），对于自己的一切言行，均能知耻明辱；即或出使四方，也能不辱使命，这样的人在孔子看来就是真正的君子。老子说："上士闻道，勤而行之。"（《老子》第四十一章）只有上等的士君子，才可能听得懂高深的道理；只有真正地听懂了道理，才可能不断地付诸行动实践。综上推之，什么是耻并不是一般人可以深刻认知的。他不仅需要多闻、多见，而且亦须多行、知行合一。

　　但另一个维度的认识则告诉我们，"耻"主要是他者的语言被主体之耳"闻到"之后获得的。这不仅是因为人之有耳，更是因为"耻"有心。

　　"心之官则思。"在中国传统文化中，心不仅参与了思想的过程，而且也是思想、智慧、想象、心性的象征。人之多闻之所以能"知言"，之所以能"择其善者而从之"，主要就是源于人之有心。唯有心，才能感受、感觉、感知、认识、思考等。

　　综上，我们自然会得出这样一种认识：所谓"耻"主要源于主体的一种内心感受。这种感受，有时可能是外界强加的"辱"所造成的，有时却完全是一种自我认识。可见，孔子、荀子、颜渊的认识与汉字学对于"耻"的认识是完全吻合的。当然，这种认识也能有力地驳斥那些所谓中国没有"耻感文化"，而只有"乐感文化"的谬论。

　　"耻"并不等同于"辱"，也可从"辱"字的构形看出。"辱"字上面的"辰"字源于"震"，"震"则源于"雷"，雷是不可抗拒的力量的象征。下面的"寸"字，是一只手，或一只拿着印把子的手，所代表的则是来自于人间的不可抗拒的力量或绝对权威。所以"耻"，有时可能源于"辱"，即外力所强加而带来的痛苦、屈辱，有时却不是。现代史上，朱毛红军曾被蒋介石集团辱骂为"赤匪"，可能在某个特殊时期曾被人认为是耻辱，但随着历史的推演，"赤匪"反而成了光荣的代名词了。再者，作为共产党人，可能从来就没有人认为当"赤匪"可耻。

　　《说文》说："耻，辱也。从心，耳声。"又说："辱，耻也。"这种把耻与辱完全混同，又认为耳在其中只是声而没有其他意义的解释，是大有问题的。首先，它忽视了两字构形上的大异；其次，在先秦各种经典中，其相互混用的情况虽有一些，但完全不能混用的却更多。

春秋时期的吴越争霸，勾践败于吴王夫差，为了保国保命，并图谋报复，勾践曾自"请委国为臣妾"，可以说既是耻亦为辱。所以，勾践的所谓"会稽之耻"亦可称"会稽之辱"。

但孔子说："道之以政，齐之以刑，民免而无耻；道之以德，齐之以礼，有耻且格。"（用苛政与刑罚来治理天下，百姓即使免于犯罪，也不会有羞耻之心；用道德与礼义来治理天下，百姓不仅会有羞耻之心，而且还会变得正直。——《论语·为政》）这里的两个"耻"，就皆非"辱"所能代的。因为无耻与有耻皆为内部心理活动，在受辱之前就早已存于内心。无耻因为没有羞耻之心，所以不惧受辱；有耻因为有羞耻之心，所以可以免辱。

今文之"耻"右部用"止"，原因有二：一是源于汉字的书写性（草书常写成"耳"与"止"。今楷书之"耻"，即为草书的楷化）；一为"止"也能彰显出"耻"之意。老子说："天地相合，以降甘露，民莫之令而自均。始制有名，名亦既有，夫亦将知止，知止可以不殆。"（天地阴阳和谐交合，能够给天下百姓带来巨大收获，但百姓们自己却不知如何公平公正地进行分配。于是，圣人开始为大家制名、命名。既然大家都有了相应的名位，那么也就知道在面对利益分配时，如何适可而止了。知道适可而止，不仅是知耻，而且也能远害全身，避免不必要争夺或危险。——《老子》第三十二章）其中"知止"，其实就已涵括了"知耻"。而"知止、知耻"的根本目的，既是远害全身，更是维护自己的名位、美名、名誉等不被玷污。

孟子说："人不可以无耻；无耻之耻，无耻矣。"（一个人不可以不知羞耻；不知道羞耻的羞耻，才是真正的羞耻。——《孟子·尽心上》）更是明确表达了"耻"生于心、本于心的思想。它启示我们，"知耻、有耻"不仅可能免辱，而且也是人生最伟大的前进动力之一。

按照孟子的观点，人皆有羞耻之心。如果没有，就是禽兽。但要真正懂得什么是羞耻，却并不容易。比如现在所谓的"精日分子"，其实就是一些不知羞耻的无知之徒或禽兽而已。

相关链接:

无恻隐之心,非人也;无羞恶之心,非人也;无辞让之心,非人也;无是非之心,非人也。恻隐之心,仁之端也;羞恶之心,义之端也;辞让之心,礼之端也;是非之心,智之端也。(《孟子·公孙丑上》)

24. 什么是"善"

　　"善"字最初写作"𦍌"，其他的多种写法均为异体。在古代经典文献与出土资料中，其异体主要有"𦍌 𦎫 𦎫 善"。其他略有变化的，也不出上面五种意象范围。其意义略有不同，但最后皆为今体之"善·善"所囊括。所谓"今体"，就是同于今天的"善"字的写法。最初为隶书体，最早见于长沙马王堆汉墓出土的帛书《老子》。其出现时间，最迟也应在战国或秦统一六国的战争中。隶书，是我国古文字向今文字变化的一个转折，具体时间为秦末汉初。东汉时期，这种转化完全完成。

　　"善·𦍌"，象形字。上部为羊的两角，中部短横为两眼睛，下部为黏连在一起的鼻与嘴。它同时也是"羊"字的初文。古人以羊为善，似既与羊温顺可爱的形象有关，也与我们祖先较早地驯化了羊，并以羊发展畜牧业，为人们提供丰富的生存资源有关。羊，繁殖力强，肉质鲜美，皮毛可做御寒衣料，能给人较多、较好的生活保障；即使其不能食用的头骨与角，也能成为人们喜爱的艺术装饰。羊的这种特点昭示出所谓"善"：首先必得有一定的物质保障，即如果最基本的生存需要都不能得到满足，那么所谓"善"也就无从谈起；其次，"善"也需要有一定的形式美；最后，则可能是"羊知跪乳之恩"，这是孝的表现。"百善孝为先""孝也者，仁之本也"，等等，皆为以羊为善做了注脚。

　　"善·𦎫"，亦为象形字。但又有点类似于图画，是羊的头部形状的高度抽象与具象的统一。但由于写实性太强，又不便于书写，所以在产生后不久便在实际运用中被抛弃。

"善·![字形]"，已不是简单的象形字，而是由两个象形字组合成的会意字。它的上部仍是羊，下部则是一只眼睛。二者相连，"![字形]"便成了"羊"与"直·![字形]"的结合体，主要强调的是善既能通于"道"，通于"德"，也能通于公正。这种认识，既可从其与"道、德、直"等字的构形关系中得出，也可从古人的经典论述中得出。"德"的构形主要有"![字形]![字形]德"等，"道"的构形主要有"![字形]![字形]![字形]"等，因为其皆有"目"，所以其意便皆有可通之处。这种认识，不仅从《说文》《汉语大字典》中获得，而且据荀子："积善成德，而神明自得。"(《荀子·劝学》)老子："上善若水。水善利万物而不争，处众人之所恶，故几于道。"(《老子》第八章)韩非子："所谓直者，义必公正，公心不偏党也。"(《韩非子·解老》)也可把它们贯通起来。但"善·![字形]"的实际使用似乎存续时间也很短，原因主要是书写性的，同时也有意义取向上的。令人惊讶的是，此字虽在一般文献中早已不见，但其意义却一直被保留在今文之"善"的最深刻处。进言之，汉字的简化，虽然古今区别巨大，但其原初诸多异体的意义大部分能为后来的简化字所涵括。总之，"善"与"道、德"一样，其最深刻处皆须以最基本的社会公正为核心或准则。

"善·![字形]![字形]"，构形基本相同，只是下面部分略异：前者是两个"言"，后者是一个"言"。"![字形]![字形]"的出现，比起"![字形]"又是一个巨大的进步。因为语言不仅是文化、传统、思想、智慧的表征，而且也是实现"传道"不可或缺的工具。按维特根斯坦的说法便是，有意义的世界只能是语言所构造的；语言虽然不是思想本身，但却是让"思"成为可能的最重要工具。事实上，一切思想或所谓理性都无法逃离语言的再次辨析、追问或反思，更无法摆脱语言对它的重新书写。以此，"善"不仅需要物质的丰盛、形态的优美可爱，大多时候还需要以语言或思想智慧表征出来。所以，老子主张："不言""希言""贵言""言有宗""言善信""善言，无瑕谪"。荀子则认为，"辞顺然后可与言道之理"，对人要"观气色而言"，"有争气者，莫与辩焉"。他们不仅道出了"言"在个人修身进德过程中的极端重要性，而且也凸显了所谓"言"或"信"要达至所谓"善"状态的不易。所以，此"言"必得以恰当、适当的形式呈现，才可能实现所谓"善"的目标。以此可知，"言"除了作为传播或交流工具之外，也明显有了深刻的形上特征。

"善·善"，是"羊"与"言"的最紧密结合。此字"羊"之形俱在，而"言"则已退隐于背景之中，从而突出了"口"。"口者，心之门户也。心者，神之主也。"（《鬼谷子·捭阖》）这更是一个伟大的进步。这种进步不仅是使此字的书写更趋简易，更重要的是在保存了原有意义的同时，又生发出了更加丰富的内涵：一在于它囊括了"言"，因为"言"出于口、从属于口，是口的功能之一；二在于它强调、突出了口，口不仅是心之门户、通于人，而且又凸显了生命的可贵，而闪耀出深刻的人本主义思想的绚烂光芒。换句话讲，口不仅能言，而且还是生命的进路。所以，老子认为："夫唯无以生为者，是贤于贵生。"（《老子》第七十五章）作为统治者，让那些缺乏生存能力的人继续生存下去，要远比自己的所谓养生长寿更为重要。

综上，我们会发现，所谓"善"，对于一般人而言，首先要满足最基本的物质需要，其次才是追求形式美与精神美。而对于当政者而言，则永远要把别人的生命置于自己的所谓养生长寿之上，要把弱者的生命置于自己的奢侈腐化之上，要把解决天下百姓的生存需要当作自己从政的第一目标。这样做既是最基本的道德仁义，也是最深刻的公正或所谓"精神美"。至于"形式美"，不是不需要，而是上述理想在得到充分实现后的自然呈现。

"善"与"义""美"关系密切，它们的上部皆为"羊"。简单来说，"义"就是由我来捍卫善；"美"就是让善不断地大起来，或是让善上升到一种更高级的形式。

先秦经典对于"善"的论述颇多，其中以老子、孔子的认识最为深刻。老子说："天下皆知善之为善，斯不善已。"明确告诉我们，关于什么是善的问题，并不是我们每一个人都能深刻认知的。比如《吕氏春秋·察微》记载：

> 鲁国之法，鲁人为人臣妾于诸侯，有能赎之者，取其金于府。子贡赎鲁人于诸侯，来而让，不取其金。孔子曰："赐失之矣。自今以

往，鲁人不赎人矣。"

子贡做善事而不图利，在一般人看来，这是最高境界了，可是它用错了情境。因为子贡的行为违背了最基本的社会公正。你有钱并不等于别人皆有钱，你愿意受利益损失并不等于别人皆愿意受此损失，但别人不愿意受经济损失却不等于别人就不愿做善事。最高境界的善不仅是自己要为善，更重要的是"与人为善"——带领大家一起共同为善。

再者，要真正地了解美与善，我们还须深刻了解深藏其后的丑与恶。"故知美之恶，知恶之美，然后能知美恶矣。"（《吕氏春秋·去尤》）

老子说："天道无亲，常与善人。"天道有其自然规律性，它能帮助的、常帮助的只是那些对于天道自然规律性有深刻认知的人。它与"自助者，上帝助之"高度一致。如果一个人一无所能，又自己都不愿帮助自己，那么上帝也帮不了你。

事实上，你可能不会喜欢每一个人，但你却可以学会尊重每一个人。不过，荀子说："取友善人，不可不慎，是德之基也。"（《荀子·大略》）这启示我们友善还必须把握一个度：你的友善既不能误导他人，也不能让自己的尊严、幸福受到伤害。如男女之间的友善不要被误认为示爱，陌生人之间的友善不要被利用为陷阱，上下级之间的友善不要被误导而失去公正。

友善位列社会主义核心价值观之末位，意味其价值既从属于公正、诚信，亦不易深刻认知或容易遭到歧解。实际上，最深刻的友善就是公正、诚信。没有公正、诚信的友善，只是伪善而已。

25. 什么是"美"

老子说:"天下皆知美之为美,斯恶矣。"(当天下人都知道美之所以是美的时候,那么它就可能变成完全的坏事情了。——《老子》第二章)这句话至少给了我们两方面的深刻启示:一是,所谓什么是美,并不是一般人可以随便深刻认知的。二是,如果大家真的都认识到了什么事物是美,又能深刻了解其之所以美的背后原因时,那么这种事物也就可能完全走向其反面了。第一个方面,主要反映的是人们对于美的认识的多元性、历史性、主观性,以及所谓形上性特征;第二个方面,主要反映的则是所谓"异化"对于事物或概念的绝对性作用。

天下人都知道某某漂亮,但并不真正地知道她为什么漂亮。如仅知道她长得漂亮,并把自己整成她的模样,我们立即便会发现一模一样的"副本"还是没有"原件"漂亮,甚至可能觉得其令人厌恶。实际上,某某之所以成为某某,并不仅仅是因为她的美貌。这个世界有许多人也许长得并不漂亮,但却美丽动人,历久弥新。香港著名演员刘嘉玲说:"一个女人的美,最重要的并不是她的外表,而是她的仁慈、宽容,以及内心的强大。"这种认识既真实又深刻,但是一般人如没有丰厚的人生阅历与深刻的人生体验,是很难与之产生共鸣的,亦如司马迁所说:"然此易为智者道,难与俗人言也。"(《报任安书》)

那么,人怎么样才能算是真正地"知美"了呢?借用老子"善之与恶,相去若何"(《老子》第二十章)所给予的启示,只要我们真正明白：善与恶，美与丑，并无绝对的界限时，就算是基本上知道什么是美了。如按"知美之恶，知恶之美，然后能知美恶矣"（《吕氏春秋·去尤》）的观点，则只有在知道了美之后还隐藏着的恶，以及恶之后还隐藏着的美的时候，那么才算是真正地知道什么是美了。以此可知，美与丑，善与恶，从来就是一个有着互涵意味的辩证关系。

先讲一个"形而下"的故事，或对我们关于美的认识有所启示。

春秋时，鲁国有个长相十分丑陋的人。一次他父亲出远门，见到了当时鲁国有名的美男子商咄，回到家后，却对他的邻居说："商咄算什么啊，根本就没有我儿子漂亮！"其实，凡看见过他儿子的人都知道，他儿子可能是这个世界长得最丑陋的人了，可是商咄却是远近闻名、名副其实、人人认可的美男子。能把这个世界的至美之人看成不如至丑之人，只能有一种可能，那就是偏私、偏爱在起作用。

相关链接：

鲁有恶者，其父出而见商咄，反而告其邻曰："商咄不若吾子矣。"且其子至恶也，商咄至美也。彼以至美不如至恶，尤乎爱也。（《吕氏春秋·去尤》）

上述故事，不仅反映了情感对于美的认识所起的主导作用，也反映了人们对于美的认识的多元性。所谓"情人眼里出西施"，道理或也源于此。

再举个略带点"形上之思"的例子。

19世纪末以来，随着内燃机、电的发明，人类征服自然、战胜自然的能力不知提高了多少倍，这个世界似乎也因此变得越来越美。可是，大量能源的消耗却使我们的地球变得越来越暖。变暖的结果一方面是大量物种的消失，另一方面则是我们人类自身生存的自然环境越来越恶劣——不知什么时候，北极可能不再冷，南极可能不再有冰山，上海会成为海上，许多大洋岛国会消失。也可能要不了太长时间，地球就会像火星一样，变成一颗耀眼的但却不再有生命的死行星。这也就是所谓"大美"之后所隐藏的"大恶"。

再如，今天我们的手机好像也给我们带来了许多美的享受，可是同时又把我们大多数人变得越来越愚蠢——不仅逐渐沦为了"智者"操纵的工具，同时也成了物质的奴隶。我们似乎不再有思想，也不再需要思想。

上述这些认识，在"美"字的最初构形中同样有所揭示。

"美"字最初写作"𦍓"，上边是个"羊·𦍋"，下边是个"大·大"。

"大"，是一个正面而立的人。在中国传统文化中，人与道、天、地、王同为大。事实上，不仅这几个字的构形中皆有人的形象，就是其意也能与道相通。道、天、大、王等字初文中有"人"很明显。地则是通过"也"表现出来的。《说文》云："也，女阴也。"女阴即女性生殖器，所以地又是母亲的象征。

相关链接：

有物混成，先天地生。寂兮寥兮，独立不改，周行而不殆，可以为天下母。吾不知其名，字之曰道。强为之名曰大。大曰逝，逝曰远，远曰反。故道大、天大、地大、王（人）亦大。域中有四大，而人居其一焉。（《老子》第四十二章）

把"羊"放在"大（人）"的头上就是"美·𦍓"。有人认为，古人最初所认为的美，就是把羊头顶在头上做装饰进行舞蹈，很有道理。但窃以为，这并非它的全部。

其实，把羊头顶在头上仅是一种形式美、物质美或形下美，而更重要的是体现在它丰厚的内涵上："羊·𦍋"，既是人的最根本的物质利益，也是人皆需维护或扩张、壮大的形上之"善"。

据《论语·子路》，孔子提到当卫国的公子荆家里有了比较好的住房条件，吃的、穿的、用的刚好够，他就说："差不多了，可以凑合着过了。"当物质条件略有富余，他就说："很好了，已经很完美了。"当家里物资充足，样样都有备份时，他就说："太好了！这就是至善至美了。"

相关链接：

子谓卫公子荆："善居室，始有，曰：'苟合矣。'少有，曰：'苟

完矣。'富有，曰：'苟美矣。'"（《论语·子路》）

可见，富裕与美善从来就是密切联系在一起的。如果没有相对的富裕，那么人们对于所谓"美"的追求就可能成为一句空话。我们今天的社会主义核心价值观把"富强"排在其他一切价值的最前面；党的十九大报告中，又在"富强、民主、文明、和谐"的后面加了一个新词——"美丽"，同样表达了这样的思想。

"羊·🔽"所代表的物质利益虽然是美的基础，但却不是美的最高境界。美的最高境界，是在相当的物质基础之上，不断壮大扩展善。这个善，主要指向人的精神世界或仁义礼智、忠孝信勇等诸德。由于这些德目不是一般人可以深刻认识的，所以，好学以成就智慧才是此善之要中之要。事实上，老子的"上善若水"（《老子》第八章）与孔子的"智者乐水"（《论语·雍也》）也皆指向了这一点。

《孟子》中有一个小故事，则生动地说明了人之所以不愿意追求智慧的原因。

孟子说：有个人只是有个无名指弯曲不能伸直，既不疼痛，也不影响做事。但是，他如果听说有人能帮助他把这个无名指给弄正常了，那么就是千里万里，西至秦国，东至楚国，他也坚决不会放弃努力，一定要把这个指头给弄好了。事实上，一般人都会仅因为一个指头不如人，就会感到羞耻、厌恶；但是如果心智不如人，即自己不如别人聪明智慧，却不会有这样的感觉。这说明，一般人很难真正地知道联系与类比。

他进一步启示我们，一般人只知道外表美重要，而对于更重要、更根本的内在美，或没有认识，或没有需求。就算是有所认识、有所需求，也不会去奋力追求。因为它不仅更难、更不易达到预期目标，更重要的是，即或达到了预期目标，也不易得到世俗社会的普遍认可。

相关链接：

孟子曰："今有无名之指，屈而不信，非疾痛害事也，如有能信之者，则不远秦、楚之路，为指之不若人也。指不若人，则知恶之；心不若人，则不知恶，此之谓不知类也。"（《孟子·告子上》）

　　综上，我们会得出这样一个结论：所谓"美"就是让"羊"或"善"不断地"大"起来。由于"羊"既是物质利益又是仁义道德，所以真正的美一定是这两个维度的有机统一。首先，创造丰富的物质财富是实现美的前提或基础，即美是需要一定的物质形式以呈现的。其次，美的最高境界，是在此丰富物质财富的基础上有更高的精神追求：不仅要自己富起来，也要帮助大家富起来；不仅要自己为善，也要与人为善。换句话讲，我们不仅要有形式美，更重要的还要有精神美、思想美、智慧美。

　　在党的十九大报告中，明确提出要建立一个"富强、民主、文明、和谐、美丽的社会主义现代化强国"。之所以要把"美丽"放在最后，是在告诉我们：富强、民主、文明、和谐、美丽五个方面，既是并列关系，也是递进关系：富强是物质前提，民主、文明、和谐主要指向精神世界，美丽则是四者的有机统一。换句话讲，如果没有民主、文明、和谐，所谓"美丽"也就无从谈起。

26. 什么是"直"

　　"直"字最初写作"⌇"，有时又写作"⌇"。上边是个"十"字，下边是一只眼睛。

　　"十"在此主要有两层意思，一为多、很多、众多，比如《中庸》所记，曾子："十目所视，十手所指。"即是说有很多眼睛在看着你，有很多手在指着你，所以"十目"亦可代表民众、人民。二为众人的眼睛正在盯着看的一个靶子或目标。

　　眼睛是指人的眼睛。它一方面说明，"直"一定是属人的，在不借助工具的情况下，人的眼睛看东西只能是直视；另一方面，所谓"直"或"不直"主要是由人的眼睛所感知的。再者，眼睛也是人"多见而识之"的最重要工具之一。

　　"直"即"十目所视"，"众目所视"，即经得起民众眼睛的直接审视。韩非子说："所谓直者，义必公正，公心而不偏党也。"（《韩非子·解老》）"直"既是"义"，也是公正或"公心不偏党"。

　　孔子说："举直错诸枉，能使枉者直。"（《论语·颜渊》）"举直错诸枉，则民服。"（《论语·为政》）只有把那些公正之士放到权力的上位，才可能让那些不仁之人、不直之人变得更好或自动离去，让人民心服口服。

　　但"直"与"美、善"等德目一样，也是一个不易为人所深刻认知的东西。所以孔子又说："好直不好学，其弊也绞。"（《论语·阳货》）

一个人如果不好学，就不可能有深刻的思想。如果没有深刻的思想，那么就不可能知道什么才是真正的公正、正直、方正。真正的"直"或直的最高境界既是老子所说的"方而不割，廉而不刿，直而不肆，光而不耀"（方正而不伤害别人，廉洁而不昏庸，正直而不放肆，光彩照人又不会过于耀眼。——《老子》第五十八章），也是孔子说的中庸。"中庸之为德也，其至矣乎？民鲜久矣。"（《论语·雍也》）中庸如作为众多道德中的一种，则是所有道德中的最高境界。可是，我们的老百姓却很久没有得到过了。因为中庸的核心就是"直"，就是公正。

在孔子所生活的那个时代，曾有人对于老子的"报怨以德"提出质疑，孔子明确告诉人们："以直报怨，以德报德。"（《论语·宪问》）即用公正以应对仇怨，以恩惠回报恩惠，才是真正的"报怨以德"。

相关链接：

或曰："以德报怨，何如？"子曰："何以报德？以直报怨，以德报德。"

以此可知，"直"或公正不仅是德，而且是德的核心。换句话讲，"直"或公正是其他一切德的根据或依托，没有公正的德是荒谬的。

27. 什么是"勤"

　　"勤能补拙""天道酬勤"都是大家十分熟识的成语，告诉我们，给予勤劳或勤奋者以相应的酬报，既是事物发展的最基本规律，也是人类长期从事生产生活斗争实践所得出的最基本的经验逻辑。事实上，这个世界凡有所成就者，无论"立德、立功、立言"还是"立艺"，其所谓"成就"莫不由"勤"而来。马克思、恩格斯、列宁、毛泽东、周恩来如此，牛顿、爱因斯坦、爱迪生同样如此。中国古代愚公移山的神话传说感天动地，反映的也是一个"勤"字的伟大与神奇。

　　英国著名牧师约翰·卫斯里，50 年时间里，足迹遍及英伦三岛的每一个角落，行程 25 万英里，讲道超过 4 万场次（平均每天 2~3 三次），其间还出版了 233 本著作（平均每年 4~5 本）。对此，质疑无数：一天除了吃喝拉撒还得睡觉，可能吗？他是人还是神？于是纷纷拍砖，这只是所谓的励志故事或神话而已！所幸有其书与日记为证。

　　83 岁时，他写道："眼睛不争气，写作时间每天不足 10 小时，真气人。"

　　86 岁时，他写道："可恶的身体，每天布道无法超过两场。"

　　87 岁时，也是他去世的那年，他写道："可恨的家伙！近期，赖床不起的倾向有所增加，几乎每天都要赖到早晨五点半才起床。"

　　时间非但会说话，而且异常忠诚。（参见《读者》2015 年第 15 期，第 27 页）

上述案例，如用一个字来概括，就是"勤"。如果用两个字，则是"勤""恒"。如果用三个字，则是"勤""恒""志"。如果用四个字，则是"勤""恒""志""力"。

一般人对"勤"的理解或认知可能会有些片面。真正的"勤"，不仅是勤奋，还理应包括"恒""志（心或智慧）""力（体力与脑力）"。而这，也是汉字学关于"勤"字初文构形的解读所能够回答的。

"勤"字最初写作"堇"。上部的草字头为草木丛生之形，紧接其下的圆圈是为太阳，太阳之下为"大"，"大"就是"人"，"大"之下为"土"。这是一幅抽象与具象高度统一的生命画卷或生产画卷。其背后的意涵是：人必须"日出而作，日没而息"；勤劳是生命、生产、生活的常态；凡成年人皆需努力劳动，勤劳是人的天命；要成为大写的人尤其需要努力不懈；人的一切活动皆与大地、阳光、草木等自然资源关系密切；人既要从其中获取生命所需，又要与它们和谐相处。

"勤"又有异体"懂"。左边加了一个"心"字。它反映出圣人对于"勤"有了更加深入的认识："勤"，不仅表现为劳力，更表现为劳心。"劳心者治人，劳力者治于人。"由于劳心者需要管理别人，又可以不受日出、日落的限制，所以不仅可表现为"夙夜在公"，而且要"夜以继日"，所以可能比"劳力"更"劳力"，既需"劳心"又需"劳力"。《楚辞·远游》云："惟天地之无穷兮，哀人生之长勤。"这里的"勤"字，不仅表现为勤劳，还表现为忧虑、操心、有恒。这种思想从哪里来？天地！"人法地，地法天，天法道，道法自然。"（《老子》第二十五章）"天行健，君子以自强不息。"（《易传》）君子之所以要自强不息，就是因为天地总是在自强不息。天地因为自强不息而长长久久，人如果想要长长久久，那么就必须自强不息。《中庸》"至诚无息，不息则久。久则征，征则悠远，悠远则博厚，博厚则高明。博厚所以载物也，高明所以覆物也，悠久所以成物也。博厚配地，高明配天，悠久无疆。如此者，不见而章，不动而变，无为而成"也明确表达了这种思想。

秦统一文字为小篆，"勤"字写作"勤"，即在右边加了一"力"字。《说文》解释为："勤，劳也。从力，堇声。"可知许氏没有见过前述两个"勤"字。不然，"堇声"便不能成立，"堇"正是"勤"的初文

（它不仅有意义，而且可囊括后来者的所有意义）。加"力"是对于心力与体力的综合，它意味着真正的"勤"，不仅要用心力、脑力，同时亦要用体力；不仅需要思想，同时也要实践，需要知行合一。换句话讲，单独的体力劳动之"劳"是不可能与既需心力又需体力的"勤"相提并论的。

"勤"，在中国传统文化中极为重要，且与"行"与"功"关系密切。汉民族的"汉·漢"，其右部就是"勤"字的初文。

老子说："上士闻道，勤而行之。"（《老子》第四十一章）微言大义，意有多层：

第一，"道"，一定是可以言说、可以听懂、可以传播、可以实践的，但却只有"上士"才能做到。老子的"道可道，非常道"（《老子》第一章）与孔子的"可与共学，未可与适道；可与适道，未可与立；可与立，未可与权"（《论语·子罕》）皆表达了这种意思。"道可道"是言道一定可以言说，"非常道"是指言说是需要条件的。它既需具体环境，亦需有具体主客对象。可与言才能言。"可与共学，未可与适道"，大家在一起学习却不一定都能听懂老师说的道理；"可与适道，未可与立"，即或听得懂老师说的道理，却不一定就会照老师说的去做；"可与立，未可与权"，即或会照老师说的做，也不一定就能融会贯通、权衡变化，或符合中庸之道。

第二，"勤"是"上士"的最重要特征。此处它身兼多义，既是辛劳、努力、尽心尽力，也是经常、有恒、忧虑和操心。老子："为学日益，为道日损。"（《老子》第四十八章）孔子："好学近乎智。"（《中庸》）"十室之邑，必有忠信如丘者焉，不如丘之好学也。"（《论语·公冶长》）"学而不厌，诲人不倦。"（《论语·述而》）屈原："民生皆有所乐兮，吾独好修以为常。"（《离骚》）等等，其中的"日益""日损""不厌""不倦""好学""好修"等，便皆是"勤"的具体表现。

第三，"上士"总是以道为自己的志业。"士志于道。"（《论语·里仁》）"志于道，据于德，依于仁，游于艺。"（《论语·述而》）"君子谋道不谋食。"（《论语·卫灵公》）"君子忧道不忧贫。"（《论语·卫灵公》）"士穷不失义，达不离道。"（《孟子·尽心上》）皆表达了如此思想。

第四，"道"，只有通过行，不断地行，勤奋地行，才能得到证明、检验与发展。人的存在与认识，无论是个体还是群体，总是有局限性的存在，所以只有通过不断地行，才能不断地认识道，检验道，发展道。

可见，"勤"与上述各层关系皆十分密切。换句话讲，没有"勤"，我们既不能成为"上士"、以道为志业，也不能认识道、践行道、发展道。

"勤有功。"（《三字经》）此"勤"在《论语》中表现为"敏"。孔子说："敏则有功。"（《论语·阳货》）一方面告诉我们，所有的"功"皆与"勤"关系密切；另一方面又告诉我们，"勤"亦是智慧、快捷的具体表现。马云说："这个世界是由懒人创造的。"其实是个伪命题，是经不起追问的。众多的发明创造不是让人更懒，而是让人有更多的时间从事其他更有意义的事情。人类社会越进步，文明越发展，人反而越来越勤奋、忙碌。这是不争之事实，从幼儿到七老八十，莫不如此。也正因为越忙碌越勤奋，我们才有了更多的发明创造或所谓"功绩、成就"。

古往今来，那些伟大人物没有一个不是如此这般的。就是一般的平头百姓，也常常不得不为了生计或所谓"梦想"而终日奔忙。所以，"勤"不仅是人之为人的天命，是中华民族最伟大的特征之一，而且也是实现民族振兴、国家富强，抑或取得一切成功的重要法宝。习近平同志说："撸起袖子加油干。"袁隆平院士对湖南人的九个字总结："吃得苦，耐得烦，霸得蛮。"等等，皆生动地表达了这一思想。

28. 什么是"敏"

在《老子》中，"敏"字一个都没有。在《论语》中，"敏"字出现过九次，仅"敏则有功"就出现过两次（《论语·阳货》《论语·尧曰》）。"敏"，主要表现为勤，此外还有聪慧、审慎、庄敬、才干的意思。孔子还说过："君子欲讷于言而敏于行。"（《论语·里仁》）"敏于事而慎于言。"（《论语·学而》）等等，则进一步告诉我们，"敏"又总是与"事"与"行"密切联系在一起的。它启示我们：首先要勤奋，然后还要有强大的执行力，而强大的执行力则明显需要多种力才能实现。

"敏"字最初写作"![草]"。上边是一根草；下边是个"女"，"女"亦通于"奴"；右上与草相连的是一只小手，故"敏"为一手拿着一根小草加于女/奴之身的形状。可知最初的所谓"敏"，当与外界暴力强加于女/奴的身上有关。换句话讲，女/奴之快速（疾）、勤勉、聪慧、审慎、庄敬、才干等"敏德"，皆不是其本身所固有，而是外力或暴力作用的结果。或正因此，古人对所谓"敏德"不仅论之甚少，而且其核心意思也多与勤勉有关。

"敏"有另一个异体写作"![草]"，右边是一只手拿着一根棒或其他武器之类的东西。它更加强调了外力、暴力对于"敏"的强迫性作用。其上边之草有所变化，变成了草木幼芽之形，似可说明所谓"敏德"又与人之年龄大小关系密切。换句话讲，对于一般人来说，年龄太大就不再具备所谓"敏德"了。可见，"敏"最初多指向行动敏捷、勤奋努力，而不是指向思想敏锐。

上述之外，"敏"还有一异体写作"_智"，最大的变化是"女/奴"变成了"母"。它与小篆之"敏·_智"或今天的"敏"字相同，主要强调的是成熟女性所具有的快速（疾）、勤勉、聪慧、审慎、庄敬、有才干等特点。古人用"敏"字，以勤勉之意为多，但后来逐渐变化，而今则多以快速（疾）、聪慧为多。所谓"审慎、庄敬"之意或已被遗忘，或很少用了。

《说文》说："敏，疾也。从攵，每声。"这种解读强调了"疾"之意源于"攵"即外力、暴力的作用，但却忽略了"每"的本原性意义，从而不能反映出"敏"的多义性。换句话讲，"敏"之意最初不仅与外力、暴力有关，而且更多的可能与女/奴所处的从属性地位有关。

在《论语》当中有九次提到过的"敏"，其中心意思皆与勤勉有关。

有一次，子贡向孔子请教，问："卫国大夫孔文子为什么死后会被国君赐以'文'的谥号呢？"孔子的回答是："这是因为他虽然天生聪慧，但仍然勤奋好学，且愿意向地位比他低的人请教的缘故！"（"子贡问曰："孔文子何以谓之'文'也？"子曰："敏而好学，不耻下问，是以谓之'文'也。"——《论语·公冶长》）大多数时候，我们都会把"敏"与聪明联系起来，可是孔子说："我非生而知之者，好古，敏以求之者也。"（我并非是一个生下来就懂得许多道理的人。我只是喜欢研究古代那些优秀文化，不断勤奋努力去探索它们所隐含的深刻道理罢了。——《论语·述而》）孔子既然说自己不是"生而知之"，那么就是否定自己天生聪明。他之所以能取得巨大成就，是因为他特别努力好学，且持之以恒。孔子曾很多次这样说自己，其中"十室之邑，必有忠信如丘者焉，不如丘之好学也"（《论语·公冶长》）即集中表达了这样的思想。

子张问仁于孔子。孔子曰："能行五者于天下为仁矣。"请问之。曰："恭、宽、信、敏、惠。恭则不侮，宽则得众，信则人任焉，敏则有功，惠则足以使人。"（《论语·阳货》）其中的"敏"，则几乎与《老子》第四十一章中的"上士闻道，勤而行之"中的"勤"完全相同。他不仅告诉我们，"敏"就是勤奋，而且亦是"仁"的重要内容之一。

据《吕氏春秋》："圣人生于疾学。不疾学而能为魁士名人者，未尝有也。""疾学"，不仅是力学、勤学、好学，而且是孔子所说的"敏以求之者也"。进言之，孔子之所以能成为圣人，既是其力学、勤学、好学的结果，也是其"敏以求之"的必然。

29. 什么是"惠"

　　"惠"字最初写作"🐛"，异体的写法主要有"🐛🐛"。"惠·🐛"最具代表性，与我们今天"惠"字的写法基本没有什么区别。

　　上部"↓"，像一株小草或农作物新出之幼苗，既可代表田野、野外，也可代表田野、野外所能生长或出产的一切粮食作物或生物资源；中间是个"田"字，代表土地、田野、旷野、野外；下部是个"心"字，代表思想、智慧、良心、公正心等。综上，"惠"首先与百姓们所依赖的土地以及土地所生产出来的各种物质资源紧密联系；其次，则与统治者之思想所构建出来的，对广大百姓所采取的各种能够给他们带来实际利益的政策、法律、制度、规则等关系密切。在古代经典中，"惠"主要表现为"君之惠"以"惠民"。在当代，所谓"惠民政策"既指上级对下级，中央对地方所给予的各种实际利益、好处，亦指上级部门所采取的各种便民、利民的政策措施。例如，取消农业税、实行全民医疗保险制度等，给予农民或全体人民的不仅是物质利益，还可能是各种有利于身心健康的好处。虽然这种好处本来为百姓自己所创造，但只要百姓能够得到它，就叫作"惠"。所以，孔子所认可的"惠"，必须是"因民之利而利之"，又可叫"惠而不费"（《论语·尧曰》）。它既源于田野，又回归田野；既源于百姓，又回馈百姓；既能让百姓有实实在在的获得感，又不会让他们以及政府部门有所损失。其最大的神奇是，它还能大大提高政府的光辉形象。

　　《说文》说："惠，仁也。"这种解读，很容易模糊"惠"的本意。

实际上，"惠"只是仁的一个部分，在具体的生活实践中，其所表现出的爱或仁爱，与"慈"一样，也是有所"专工"的，即主要是指上对下（在过去，主要指君对民）、富对贫、贵对贱所施予的某些实际好处。几乎在所有用到"惠"的词句中，其所表现的"仁"都与这种实际好处有关。如《尚书·皋陶谟》："安民则惠。""民"之"安"的实现，主要在于"君之惠"能让民有"居"有"所"、有"恒产"。"居""所"主要指向房子；"恒产"则既指向房子，亦指向土地。

不过，"惠"除了有所谓仁、恩惠、好处之意外，还有恩爱、宠爱、柔顺、柔和、善、赐给、赠送、妩媚、会账等意，有时亦通"慧"。

《诗经》云："惠此中国，以绥四方。"（《诗经·大雅·民劳》）"惠我无疆，子孙保之。"（《诗经·周颂·烈文》）即是说天子的恩惠，不仅可以安抚京师以至普天之下，而且可以惠及后代子孙。近年来，习近平提出的"一带一路"建设以及人类命运共同体等，也是这样一种伟大举措。

据《论语》，子谓子产有君子之道四焉，"其行己也恭，其事上也敬，其养民也惠，其使民也义"（《论语·公冶长》）。或问子产。子曰："惠人也。"（《论语·宪问》）这说明中国历史上的子产就是这样一种"养民也惠"的"惠人"。这种"惠人"亦可称之为仁人，主要体现为不与百姓争利，分利与民。具体做法是："轻赋少事，以佐百姓之急。约法省刑，以随其后。"（轻徭薄赋。老百姓有困难，政府要主动帮助解决。接下来，要废除繁刑苛法、苛政。——贾谊《过秦论》）按照孟子所提出的最低要求便是："制民之产，必使仰足以事父母，俯足以蓄妻子，乐岁终身饱，凶年免于死亡。"（一定要让百姓有自己的房子、田地，至少要让他们能够养得起父母妻儿。在风调雨顺的年份，要能够让他们吃得饱、穿得暖，在歉收的年份至少要让他们免于饿死。——《孟子·梁惠王上》）

"惠则足以使人。"（《论语·阳货》）上要对下如要有所使唤或役使，就必须给予他们足够多的好处。就当代社会而言，好处不仅指向物质利益，同时也应包括名分、名誉、公平、正义等。今天，我们党之所以能够绝对地指挥枪，除了意识形态上的原因外，还在于给予了我们的军队足以"使"的"惠"。党的十九大报告明确提出"要让我们的军人成为我们国家社会普遍尊崇的职业"，也表达了这样的思想。党的十九大后，新的中央机构改革，其中退役军人事务部的设置便是这种思想的具体实践。

孟子的"分人以财谓之惠，教人以善谓之忠，为天下得人者谓之仁"（《孟子·滕文公上》）则对"惠"与"仁"进行了明确的区分。其实，直接"分人以财"之"惠"，往往是有钱人行善、行义的个人行为，多为小恩小惠。"为天下得人"之"惠"则属于"大惠"，又可称之为"仁"。这种"仁"必以国家行为才能实现。"得人"即得民心，得民心才能得天下。以此可知，"惠"只能是"仁"的一个很小的组成部分。

孟子又说："可以与，可以无与，与伤惠。"（《孟子·离娄下》）与孔子的"惠而不费"、老子的"与善仁"高度一致。"与善仁"是指对别人仁爱或利益的施予一定要适当，既要有适当的智慧、策略，又要掌握一个度，其核心要义是不能损害最基本的社会公正。有人有钱了，回馈自己的家乡，建了很多房子送予乡亲们，最后却不仅得不到好评，反而引发矛盾冲突的事例便很能说明这种现象。

综言之，"惠"是当权者与百姓或有钱人与穷人间的一种利益关系调节。普遍存在于人与人、群体与群体、国家与社会之中。它以"惠而不费""可与不可与，则不与"为标准，目标主要在于能够"安民""使民"。它有"大惠""小惠"之分，其中能够实现"使民""安民"的往往是"大惠"，反之为"小惠"。我党领导中国人民全面实现小康，且决不落下一个困难群众的庄严承诺，如能实现"安民"，又能实现"使民"，那么就是近似于"仁"的"大惠"。

30. 什么是"恭"

　　"恭则不侮。"（《论语·泰伯》）只要待人恭敬，就不易受到侮辱。这是孔门十哲之一冉子，即冉求的话。具体来说，就是要求我们待人礼貌，常怀恭敬、敬畏之心。不仅要对父母、师长、领导、君子、祖宗、朋友、同学、同事以及职业、事业如此，就是对鬼神、小人、敌人以及一草一木、一粥一饭，亦不例外。不过，敬则敬矣，却要有敬而亲之、敬而爱之、敬而远之、敬而重之的区别。

　　"恭"字最初的写法有"𧻹𧻹𧻹𧻹"，其中以"𧻹"最具代表性。上边既是一条拖着尾巴的龙，同时也是一个披着披风的王的模样；下边则是两只捧在一起的手，即"共"，也是"拱"字最初的写法。

　　龙是汉民族传统文化或图腾崇拜的最重要表征之一。传说中，它具各种神力、神迹、神奇或智慧。人们对于别人的礼赞，最高规格可能就是"龙"了。一般人享受不到这种待遇，过去，主要以此来称誉最高统治者。不过有个例外，孔子就曾称老子："其犹龙邪！"（《史记·老子》，此外《庄子·天运》也有类似的描述）孔子称老子为"龙"，可能有两个原因：一在于他认为老子是中国最高智慧的化身；二在于老子曾做过他的老师。（"吾闻老聃博古知今，通礼乐之原，明道德之归，则吾师也，今将往矣。"——《孔子家语·观周》）据《史记》《吕氏春秋》《庄子》《礼记》等记载，有名有姓的做过孔子老师的人大概有老聃、孟苏夔、靖叔、苌弘、师襄、郯子等六人，但真正由孔子自己亲自承认，又在上述史料中都出现过的，则只有老子。后来，在封建皇权不断加强的历史过程中，龙逐渐成为封建皇权或皇帝的象征。

今天，仍然有很多人希望自己或自己的后代"成龙"。著名的如李小龙、成龙等，其名字即来源于此。

"共·𠦍"字，最初是两只向前伸出的手，本意即打拱、作揖、肃敬行事，或表示敬奉别人、事奉别人。

由于人对于龙的恐惧、崇拜，所以"恭"的引申意又有肃、敬、端、正、事、奉、恪等。

秦始皇并兼天下，统一文字，"罢其不与秦文合者"，小篆之"恭"写作"龔"，不仅取代了所有异体，而且其意也发生了一些变化："恭"不仅要有形式上的肃、敬、端、正、事、奉、恪或恐惧、崇拜、礼侍，更重要的还要用心、有心，或经得起思想、智慧的追问。换句话讲，其上部"龔"其实已经涵括了上述所有"恭"字之意，加"心"主要是为了强调思想、智慧对"恭"的重要性："恭"不能仅局限于对龙或拥有绝对权力的王，也须以之对待与你有同样恭敬之心的他人。只有这样，才能更符合"仁也者，人也"（《孟子·尽心下》）的思想倾向。

据《吕氏春秋》记载，春秋时，有个叫张毅的人，对待他周边的人，无论是贩夫走卒、闾巷小民，还是亲朋、好友、同事、上司等，无不礼貌恭敬，好像不这样做，就没办法活了。但很不幸，他却因此只活到中年就"内热而死"了。

相关链接：

张毅好恭，门闾帷薄聚居众无不趋，舆隶姻媾小童无不敬，以定其身。不终其寿，内热而死。（《吕氏春秋·必己》）

张毅为何会"内热而死"？因为他的所谓"恭"所表现的只是一种自我勉强或不由衷的形式，所以内心痛苦、矛盾，以至无法排解。这种极度夸张以致"内热而死"的"好恭"，便是孔子说的"恭而无礼则劳"（《论语·泰伯》），是经不起思想、智慧追问的。其所谓"恭"，不是真正的"敬"，而是"伪恭"。

"恭而无礼则劳"告诉我们，"恭"最好是以适当的礼的形式表现出来，不然就会让人无所适从，以至于"累死人"。这一方面说明礼似乎包括"恭"在内，即对人有礼就行了；但另一方面又说明"恭"需要对人付出更大的真情与热情。两者相参，如果既恭且知礼当为最佳，但如二者不能兼备，窃以为还是以"敬"为好。"敬而无礼"（"敬而不中礼谓之野，恭而不中礼谓之给，勇而不中礼谓之逆。"——《孔子家语·论礼》），在孔子看来，虽然有"野"的嫌疑，但却比"内热而死"要好。事实上，曾子临终之际所论"君子所贵乎道者三"，也能说明这一点。

相关链接：

君子所贵乎道者三：动容貌，斯远暴慢矣；正颜色，斯近信矣；出辞气，斯远鄙倍矣。笾豆之事，则有司存。（《论语·泰伯》）

对于一般非"执礼"的专业人员甚或国君而言，不能完全懂得所有礼仪制度的细节，或并不算什么，只要感情真挚、态度诚恳、语言谦和就可以了。所以孔子也主张用人要用"后进于礼乐"的野人，而不主张用"先进于礼乐"的君子。

相关链接：

子曰："先进于礼乐，野人也；后进于礼乐，君子也。如用之，则吾从先进。"（《论语·先进》）

原因是，野人内心诚恳、朴实、恭敬，他们虽然不熟知礼仪制度，但更能打动人心。

另外孔子所言"居处恭，执事敬"（《论语·宪问》）或"其行己也恭"（《论语·公冶长》）则进一步告诉我们，对人对事，只要有个恭敬的态度，就一定能做好事，处理好人际关系，远害全身、免耻离辱。

"位尊而行恭，功大而理顺，故俗不疾其能，而世不妒其业。"（《盐铁论·非鞅》）"位尊"者尤其需要"恭"，恭敬对人，恭敬对事，恭敬对己。因为，即或是掌握绝对权力的"大人"，也有"天命、小人、圣人之言"可畏。但是，这种认识却非一般所谓得志小人所能深刻懂得的。

"恭而安"（《论语·述而》）是孔子所追求的所谓"君子"或"圣人"的最高生命状态之一。它告诉我们，真正的"恭"只能是一种内心的敬与外在形式的礼的高度统一，即一种文质彬彬的君子状态。不然，就既可能让人过度劳累，也可能让人"内热而死"。

31. 什么是"宽"

　　《左传》说："唯有德者能以宽服民。"（《左传·昭公二十年》）可谓"微言大义"。它至少给了我们两方面的信息：第一，"宽"，是"有德者"之"宽"；如果是"无德者"，那么所谓"宽"就是犯罪。第二，所谓"宽"之德，是有巨大局限性的，必须以遵从道德或仁、义、礼、智、信为前提。

　　"宽"字最初写作"🔲"。上部是个"宀·⌐"，与"富·🔲、安·🔲、定·🔲、官·🔲、家·🔲、宫·🔲、室·🔲"等字一样。所谓"宝盖"，既是房子，也指向空间上的所谓"宇"。下部是一个俯首而立之人，中间为两只挂在眉毛下的眼睛。其形与小篆之"🔲"略异，但构形之义相同。小篆之"宽·🔲"下面为"见"，即一个人顶着一只大眼睛，眼睛之上的"艹"为两撇眉毛化成，既是汉字标准化书写的结果，也与眉毛有些像草有关。

　　"宽·🔲"的构形主要表达了下述四种意思：第一，主要指向空间上的广或大。它以人之目力为度，即宽与不宽皆与人的主观愿望有关。主体看到并认为宽，那么就是宽。第二，无论多宽，都在一定范围之内，或总是受一定客观条件制约。第三，因为"宇"的崇上性或多指向上边，所以作为一种道德伦理上的"宽"，与"惠"相类，主要是一种来自上层的强者道德。第四，"宽"的提出与实现，必须以一定物质利益为前提，主要指向有"居"有"所"或有"恒产"。以此，"宽"又可引申为面积广阔、距离宽广、物质丰富、生活富裕。从形而上来说，它又可引申为为人宽厚、性情舒缓、度量宏大等，故常通于绰、裕、缓、舒、爱、饶恕、不猛等。

作为一种道德伦理，先秦经典关于"宽"的论述相对较少。

以《论语·阳货》为例，子张问仁于孔子。孔子曰："能行五者于天下为仁矣。"请问之。曰："恭、宽、信、敏、惠。恭则不侮，宽则得众，信则人任焉，敏则有功，惠则足以使人。"可知"宽"与恭、信、敏、惠等一样，皆从属于仁，是为仁政的一部分。其主要目标是能"得众"，即能使"民服"。能使"民服"的核心思想当是"举直错诸枉"，即能让公正廉洁之士居上位。具体对于百姓而言，则须如子夏所说："大德不逾闲，小德出入可也。"在重大伦理道德上，我们不能让老百姓逾越一定的红线，但在小德上却可以有一些出入。比如，父亲顺手从外面牵了一只羊回来，儿子知道了，把羊送回去，还给人家也就可以了。既不需要报告有关政府部门，有关部门即或知道了，也无须严加追究。儿子犯同样的错误，父亲、政府部门也可这样做。而对于杀人放火等重大犯罪行为，如不严肃追究就可能有违最基本的社会公正，则不可不追究。

另从《论语·八佾》"居上不宽，为礼不敬，临丧不哀，吾何以观之哉"可知，"宽"作为是一种强者道德，主要指上对下所实行的政策措施要舒缓、宽厚，度量宏大。

《尚书》："皋陶曰：'帝德罔愆。临下以简，御众以宽；罚弗及嗣，赏延于世。宥过无大，刑故无小；罪疑惟轻，功疑惟重；与其杀不辜，宁失不经；好生之德，洽于民心。'"（皋陶说："伟大的舜帝，德行几乎没有任何污点。爱护下属，行为方式一切从简，治理百姓，政策宽厚舒缓。惩罚绝不株连子孙，封赏却可延及后代。宽恕过错不包括那些重大的，惩罚犯罪必定没有微小的。对有所疑惑的罪行，处罚一律从轻；对有所疑惑的功绩，赏赐则一律从重。与其杀戮无辜之人，则宁愿放弃过去的成规。好生的大德，既合于上天，更深得民心。"——《尚书·虞书·大禹谟》）其中"罚、赏、宥、刑、罪、功、杀、生"等政策行为是舜帝的"御众"之术，皆涵"宽"意。其中"罪疑惟轻"实为今天所谓"疑罪从无"之法律渊源；"罚弗及嗣"不仅具有公正意义，而且也可视为现代法制的萌芽。

《尚书》说："宽而有制，从容以和。"（宽，是要受到一定规制的。唯有如此，才能从容实现舒缓、和谐的目标。——《尚书·周书·君陈》）其背后则道出了"宽"德的局限性。过度的"宽"完全有可能破坏制度、法律。因为宽或不宽，有很大的主观随意性，所以必得有"制"的约束。另如荀子的"宽而不僈"也反映了与"宽而有制"同样的思想。君子，既要宽大、舒缓、温和，又不能轻慢、疏忽，或没有一定之规。

相关链接：

君子宽而不僈，廉而不刿，辩而不争，察而不激，寡立而不胜，坚强而不暴，柔从而不流，恭敬谨慎而容，夫是之谓至文。《诗》曰："温温恭人，惟德之基。"此之谓矣。（《荀子·不苟》）

综上，我们可以认为"宽德"是从属于仁、义、礼、智、信的，是一种强者道德。对于别人的"宽"，一要建立在对于自己的"严"的基础上，二是必须"宽严有度"。这个度就今天来说，既是所谓道德的底线、法律的红线，也是最基本的社会公正。

32. 什么是"慈"

　　老子说："绝仁弃义，民复孝慈。"(《老子》第十九章)"六亲不和，有孝慈。"(《老子》第十八章)即或社会上人与人之间，普遍出现所谓"绝仁弃义"的现象，在家庭中就算是"六亲不和"，"孝"与"慈"也仍然不会消失。因为所谓"孝慈"，不仅是社会性的存在，是人之为人所必须，还是人的天性或动物性、自然性的存在。而只要家庭中还有"孝慈"，所谓"仁义"的社会性丧失，不仅只是暂时性的，而且也只能是局部的，因为总是会有仁人志士为建立新的有仁有义的社会秩序而努力。孔子说"斯民也，三代之所直道而行也"(《论语·卫灵公》)便充分表明了这一点。"直道"就是公正之道，它虽然可能在上层社会暂时丧失，但永远不会在人民当中丧失。

　　"慈"字最初写作"❤"。中间是一颗人心，与人心互相缠绕在一起的是两束丝。它形象地描画出了"慈"的主要特征：属人；源于人心；与心缠绕牵挂、难分难解。

　　慈的异体主要有"❤❤"。它们与"慈·❤"造字理据无别，只是更进一步明确并强调了心在"慈"中的地位与作用。《说文》说："慈，爱也。从心，兹声。"认为"兹"仅表声是经不起推敲的，"慈·❤"的独特构形让这种说法难以自圆其说。

　　"兹"不仅是两束丝，同时也可是两个"玄·❤"。

"👤"，像一个葫芦。其形状本身就颇具神秘感，后来成为道教象征之一（如太上老君、铁拐李就都是拿着葫芦的形象。他们的葫芦不仅装有灵丹妙药，而且会施魔法）。"玄"引申有深厚、幽远、玄妙等多种意思。两个"玄·👤"字即可谓"玄之又玄"。事实上，"慈"就是这样一种特别深厚、幽远、玄妙的情感。它不仅是高级动物的一种天然本能，更是社会性规约的结果。曾有新闻报道，一个爷爷抱着两岁多的孙子不幸跌入一口深井，跌落过程中形成倒挂状态且未落入井底。当家人找到他们时，已过去近十小时。而当把他们救出来时，孙子完好无损，爷爷却因用尽全力而亡。这便是"慈"的力量。

现实生活中，"慈"之爱主要指向父母对于子女或长辈对于小辈的疼爱，即孔颖达所谓"上爱下，曰慈"，且这种爱又因血亲关系而比一般的爱更加笃厚、绵长。

《管子·形势》："慈者，父母之高行也。"《新书·道术》："亲爱利子谓之慈。"《颜氏家训·教子》："父母威严而有慈，则子女畏慎而生孝矣。"不仅表述了上述意思，也说明了"慈"是一种强者道德。

此外，如《周礼·地官·大司徒》的"慈幼"（郑玄注："慈，爱幼小也。"）又是上述思想的进一步扩展。它不仅指向血亲关系的长对幼，同时也可指向他人的小孩和其他某些小动物等。

当然，"慈"亦可能有别的意思。如子女对父母的孝养（《庄子·渔父》："事亲则慈孝。"《礼记·内则》："慈以甘旨。"），对母亲的尊称、爱称（如家慈、先慈等。王安石《寄虔州江阴二妹》："庶云留汝车，慰我堂上慈。"），贤（如《孟子·离娄上》："虽孝子慈孙，百世不能改也。"），佛或菩萨给予众生欢乐（如《智度论》卷二十七："大慈，与一切众生乐；大悲，拔一切众生苦。"）等。

老子说："慈故能勇，夫慈以战则胜，以守则固。天将救之，以慈卫之。"（因为仁慈，所以勇敢。以仁慈统帅军队，战则胜、守必固。如果上天要帮你，那就是仁慈在帮你。——《老子》第六十七章）与孔子所谓"仁者必有勇"，或"孝慈，则忠"（《论语·为政》）意思高度一致。人正因为有仁慈，所以才有忠勇与力量。

因"慈"而"勇"，至少有两方面的内涵：一指向主体自身。我因为有对于众生博大的爱，所以能够在一定的情势下无所畏惧、勇敢向前。一指向主体对于他人的慈爱所产生的影响力。比如楚国名将吴起热爱士卒，有次他的一个士兵脚长脓疮，他亲自为其吮出脓毒，这是一种上级对下属的慈爱。但是，当这个士兵的母亲听说这件事后，却痛哭流涕，说："我儿无归矣！我儿无归矣！"后来，此士兵果然为吴起作战而死。当然，这种慈爱也可视为一种带兵策略。

不过，如果说"慈者无敌"，即认为只要仁慈就没有敌人，或可以打败一切敌人，则是太过主观或迂腐了。事实上，仁者不仅会有敌人、会吃败仗，而且有时候还可能会屈死、冤死、饿死。

据《韩非子》记载，春秋时期的徐偃王就是因为行仁义才很快便为楚文王所灭。而对于现代战争而言，决定战争胜负的，也许不再是人民大众或一两件新式武器了。

相关链接：

古者大王处丰、镐之间，地方百里，行仁义而怀西戎，遂王天下。徐偃王处汉东，地方五百里，行仁义，割地而朝者三十有六国。荆文王恐其害己也，举兵伐徐，遂灭之。故文王行仁义而王天下，偃王行仁义而丧其国，是仁义用于古不用于今也。故曰：世异则事异。（《韩非子·五蠹》）

孔子说："汝以仁者为必信也，则伯夷、叔齐不饿死首阳！汝以智者为必用也，则王子比干不见剖心！汝以忠者为必报也，则关龙逢不见刑！汝以谏者为必听也，则伍子胥不见杀！"（《孔子家语·在厄》）其认识最为深刻。换言之，老子所谓"慈故能勇"，孔子所谓"仁者必有勇"，只有当"天下有道"时或能"以道殉身"；而当"天下无道"时，就只能是"以身殉道"了。

33. 什么是 "生"

《易传》说："天地之大德，曰生。"（《易传·系辞下》）天地之所以有大德，其主要原因即在于它总是在孕育生命，给这个世界带来了无限生机。以此推之，不仅我们的母亲辛苦怀胎十月，繁育后代，让人类子孙绵延可称"大德"，就是我们自己尽心竭力为了自己与家人的幸福、快乐与有尊严地活着，同样也是"大德"。

"生"字最初写作""。会意字，上边像草木初出之幼苗，下边是土、土地、大地。它首先启示我们，无论是草木，还是人的生存与发展，源于土，必得依赖于土地，或说必得有一定的物质基础；其次，人只要活着，就必得向上：向上，空间无限、风光无限；向下，不仅空间、资源有限，而且寓含着黑暗、堕落与死亡。所以，孔子说："君子上达，小人下达。"（《论语·宪问》）君子的"生"，永远都应该蓬勃向上、奋发有为。

"生"与"性"和"姓"关系特别密切。

人生而有性，且由两性结合而生。

《中庸》说："天命之谓性。""自诚明，谓之性。"性，是上天赐予我们人的最基本的身体素质与生理特征。我们事先既不知道自己是男是女，也不知道自己在此或在彼，等等这些，便是"不知其所以然而然者也"。在儒家的一般论述中，它天然就是善的、美的、聪明纯朴的。"率性之谓道，修道之谓教。"（《中庸》）只有通过教与学或修道，把人的这种天然的美、善、聪明纯朴挖掘出来，并不断发展壮大，才可能达到道的境界。"道也者，不可须臾离也。"（《中庸》）换言之，人只有通过"不可须臾离"的教与学，才可能实现"率性"或"明明德"（《大学》），从而实现"成人""成圣"。

《说文》说："姓，人所生也。古之神圣母，感天而生子，故称天子。"所谓"感天而生子"，说明我们的祖先在历史上曾经有一段"知母不知父"的蒙昧时期，既不知道男人在繁殖后代中起过什么作用，也不知道自己为什么会生。所以，我国远古的姓氏多为女字旁，如姬、妫、嬴、姒、姞、嫘。

秦汉之际，汉字隶化而成今体，"生"写作"**生**"，即"入土"二字合并。人，向死而生。生命的过程，说得哲学一点就是学会如何死。老子说："出生入死。生之徒，十有三。死之徒，十有三。人之生，动之于死地，亦十有三。夫何故？以其生生之厚。"（《老子》第五十章）人从一出生就急急地向死亡奔去。在生命的每一分每一秒，人生的每一个阶段，无论是幼儿还是少年，无论是青壮年还是老年，都可能死。因为维持人的生命存在所需要的各种条件，以及威胁因素太多了。在过去，威胁生命存在的因素主要有战争、疾病、自然灾害、猛兽、虫蛇，等等；在今天，战争、疾病、自然灾害仍然是我们的大敌。

想到随时都需要面对入土威胁，我们便没有理由不常"以恐惧修省"。

经典作家们关于"生、重生、贵生"的故事或论述很多，但是却没有一家主张人可以总在屈辱之中，或常行"不义"而"迫生"的。

《吕氏春秋·贵生》认为，人的一生："全生为上，亏生次之，死又次之，迫生为下。""全生"，即人所具有的四大欲望"位、禄、名、寿"等，都能得到实现。但其前提是他们必须是"大德"之人，如尧、舜、禹、文王、武王、周公等。（"故大德，必得其位，必得其禄，必得其名，必得其寿。"——《中庸》）"亏生"之人，即所谓芸芸众生。他们人数众多，但大多却不可能让自己的"位、禄、名、寿"都得到实现。死是生的必然结果，但却不是人的最下、最糟糕状态。最下、最糟糕的状态是"迫生"。"迫生"，即生活在不义或耻辱之中，所以生不如死。

相关链接：

辱莫大于不义，故不义，迫生也。而迫生非独不义也，故曰迫生不若死。（《吕氏春秋·贵生》）

下面两个关于"重生"的故事，或可给予我们某些启发。

传说中的尧帝，曾想把天下让给自己的老师子州支父。子州支父却回答说："让我来做天子，治理天下，倒没什么不可以，也没有什么干不了。只是我刚刚得了一种忧虑与恐惧相互纠结的疾病，现在正好又处在治疗的关键时期，所以我没有时间与精力用在治理天下的事情上。"于是，他断然拒绝了尧帝的建议。

贵为天子、富有天下、荣光无限，对于一般人来说，确实是一个很大的诱惑。但是，如果坐上这个位置，不但不能实现自己"全生"的目标，反而会危害自己的生命，那么在子州支父看来，这样做却是不可以的。这启示我们：没有健康的身体，什么事都干不成。在古人看来，爱护好自己的身体，不仅是"仁"是"孝"，而且是成就一切道德的根本。

相关链接：

尧以天下让于子州支父，子州支父对曰："以我为天子犹可也。虽然，我适有幽忧之病，方将治之，未暇在天下也。"天下，重物也，而不以害其生，又况于他物乎？惟不以天下害其生者也，可以托天下。（《吕氏春秋·贵生》）

身体发肤，受之父母，不可损伤，孝之始也。（《孝经》）

成己，仁也。（《中庸》）

孝弟也者，其为仁之本与？（《论语·学而》）

另如，春秋时期的越国曾连续三次发生由臣下或国君亲属叛乱，而杀害国君的事。因为随时都有可能丧命，所以那时在越国当国君，并不是一件很被看好的差事。当时越国王位合法继承人王子搜为了避免这种危险，便躲进了深山中的一个丹穴。可是他还是被臣下给找到了。他不愿意出来，于是，臣下便烧艾叶把他从洞穴中给熏了出来。接下来，他被臣下与士兵们强行拖上了回宫的马车。登车时,他一边拉着登车的绳索,一边仰天大呼:"君王的宝座啊,难道你就偏偏不能舍弃我吗?"

那么,真的是君王的宝座令人讨厌吗?当然不是。但如果君王的宝座总是与死亡联系在一起,且不能实现自己的价值或所谓"全生"的目标,那么也就不那么可爱了。毕竟,就一般的并无高远志向与杰出才能的生命而言,生总是比死更值得留恋。王子搜之所以不愿当国君,其实只是因为他更喜欢活着而已。

相关链接:

越人三世杀其君,王子搜患之,逃乎丹穴。越国无君,求王子搜而不得,从之丹穴。王子搜不肯出。越人薰之以艾,乘之以王舆。王子搜援绥登车,仰天而呼曰:"君乎!独不可以舍我乎?"王子搜非恶为君也,恶为君之患也。若王子搜者,可谓不以国伤其生矣。此固越人之所欲得而为君也。(《吕氏春秋·贵生》)

但人喜欢活着,却并不意味着可以屈辱、不义或"迫生"而活着。无论是孔子、墨子、孟子、荀子,还是《吕氏春秋》等,都给出了明确而深刻的回答。其中孟子的回答最具代表性:"生,亦我所欲也;义,亦我所欲也;二者不可兼得,舍生而取义者也。"(《孟子·告子上》)"舍生取义",只可能发生在一定的情势之下,它虽然没有实现所谓"全生"的目标,但毕竟能得其名、能得其义,胜过"迫生",所以,它又常是君子、英雄豪杰们"以身殉道"的不二选择。

宋代杰出女词人李清照,则用短短的二十字——"生当作人杰,死亦为鬼雄。至今思项羽,不肯过江东"道尽了中国古代士人对于生、死的价值判断。生,不是为了活着而活着,而是为了成圣、成仁,或成英雄豪杰;死,不只是指向生命的终结,更重要的是指向"死而不亡"。项羽的死,或许还算不上真正的成功、成仁、成义,但毕竟是成了名,且保住了自己一贯的英雄形象、"己之威仪",所以,至少可以算是"死得其所"。

34. 什么是"心"

　　王阳明说："心即理。""心外无理，心外无物。""心者，天地万物之主也。心即天。言心，天地万物皆举矣。"(《王文成公全书》第六卷)他认为天地万物，皆因心而动，因心而存。虽属主观唯心主义，有一定局限性，但我们又不得不承认，它亦有无法否定的真理性。这个世界是人的世界。人之所以能自我确认，就在于人有心。也正因为有人有心，所以才有道有名，天地万物才有了价值或意义，否则一切皆为虚无。

　　一般认为，中国哲人论心，肇始于孟子，兴于程颢，发扬于陆九渊，王阳明是集大成者。至于他们是否属于"心学一系"，或可商榷。但其知行合一的思想，后来为王夫之所发扬，对后世影响甚巨。

　　"心"字最初写作""。象形字，像人心脏之形。小篆的写法可能更像花心——""。一般学者认为，中国古人所认识的心，与现代哲学、医学、生理学、心理学所认识的人脑基本一致，由"心之官则思"得出心是用来思考的唯一器官。他们的依据是互相联系的三个方面：第一，"心"最初的写法""就像人的心脏；第二，对于孟子的"心之官则思"的一般性解读；第三，"心"所引申出来的各种意义皆为人脑所具有（如内心、思想、心思、思虑、品行、性情、心性、人的主观意识等）。说"心"像人的心脏之形没有问题，但认为心是用来思考的唯一器官，却可能是把孟子以及之前的众多古圣先贤们的意思搞错了。事实上，中国古人不仅早就知道思主要源于首，而且认为心也参与了思的过程。只要我们弄清楚"思"的初文"🜂",以及它与"首""道"的关系,就不难理解了。"🜂"由上下两部分构成,上部不是"田"而是"囟·⊕",下部是像花儿一样的"心·♥"。居上的"囟"居于主导地位,居下的"心"居从属地位,"思"是由"囟"与"心"共同完成的。"心之官则思"是告诉我们:"思"是由心的管理者"囟"来主导完成的("官"通"管")。"囟"即囟门或脑门,位于人之前额上方。从生理学或医学上讲,它首先是为保证婴儿出生安全而留下的一道头盖骨裂隙,所以又可称"生命之门"或"安全之门"。从汉字学意义上分析,此"囟"不仅可会意为通达、聪明透顶,亦可代表人脑或人首。事实上,孔字最初的写法"🜃",其右上部的弯弧就是囟门,就表达了这种意思。《老子》说:"孔德之容,惟道是从。"其"孔德"便是通达聪明智慧的美德。我们一般仅用大德或美德以解读"孔德",其实是不太全面的。由于"囟"从属于"首",而"首"既通道又从属于道;再加上"形而上者谓之道","形而上"或"形上之道"又皆是思想本身或"思"的产物,所以,心虽然也可能参与了思的过程,但相对于主导"思"的首来说,只是"思"的协从者。但是,后世对于"心"的意思做了无穷的扩展,直到西学东渐之前,它几乎完全取代了首或脑的功能。

陆象山说:"心之甚大,若尽我之心,则与天同。"(《陆九渊集》)孟子说:"尽其心者,知其性也。知其性,则知天矣。存其心,养其性,所以事天也。夭寿不贰,修身以俟之,所以立命也。"(《孟子·尽心上》)其背后所表达的意思可用一句话概括之:"天人合一"或"天人本一"。而这个"一"的实现,又皆源于心。

鬼谷子说:"口者,心之门户也。心者,神之主也。志意、喜欲、思虑、智谋,此皆由门户出入。"(《鬼谷子·捭阖》)人的思想、智慧、意志、欲求等,皆从心而来;而要把思想、智慧、意志、欲求化为行动或物质,却需要一种中介,即口。口是什么?语言。人类思想智慧的传承,主要就是通过语言来实现的。

笛卡尔说:"我思故我在。"与王阳明一样,都强调心的作用。但如果没有语言的传播或书写,他便既不能证明"我思",更不能证明"我在"。所以中国古圣先贤们,对于"立言"都有超乎寻常的兴趣与热情。因为所谓"言"的背后不仅隐藏着思想智慧,而且隐含着德与功、事与名。

35. 什么是"性"

子贡说："我们老师的文章，我是见过的、听过的，也是有所学习和了解的；可是老师关于性与天道这两个重要命题的认识如何，我却是从来都没有听说过的。"

相关链接：

子贡曰："夫子之文章，可得而闻也；夫子之言性与天道，不可得而闻也。"（《论语·阳货》）

从子贡的感叹中可知，所谓"性"，不好谈。就连圣人孔子都不愿意多说它，足见它有多么微妙难识！

孔子的孙子子思，作《中庸》说："天命之谓性。"人之性乃上天所赐，自然而然。《吕氏春秋》也持相似的看法："性者，所受于天也，非人之所能为也。"（《吕氏春秋·荡兵》）它与命一样，皆是"不知所以然而然者也"（《吕氏春秋·知分》）。可是，这与孔子"性相近也，习相远也"（《论语·阳货》）的认识好像有所不同。孔子认为通过"习"，人之性一定是可以改变的。那么他们之间出现这种差别的原因究竟是什么呢？简单来说，就是子思与《吕氏春秋》所说的"性"，主要指向人的自然之性，即人的生物性；而孔子所说的"性"，不仅包括人的生物性，更重要的是人的社会性。

所谓"天命"，一般认为仅指源于自然加之于人的一切不可抗拒的力量。但孔子以为，它也指源于人类社会的一切不可抗拒的力量。前者主要给予我们"不知其所以然而然"的身体素质、外貌特征、生理特征等，而后者主要指向塑造我们思想与灵魂的道德哲学。只有这样的解读，才更符合事实与经验逻辑，当然也更符合汉字最初构形所赋予"性"的意义。

"性"字最初写作"🌱"。左为"心"，右为"生"。

在中国古人看来，心即天，心即理，所以又可以说"性由心生"。通俗地讲，人的性格，必定是由其心智、意志所决定的。

"生"为草木初出土地之形。它告诉我们，一切有生命的东西，都须依于一定的物质基础。人虽不是直接出生于土地，有相对的自由，但亦绝不能不依赖于物质世界。受此启示，所谓人之"性"，无论是其第一性（动物性、直接性、物质性），还是其第二人性（社会性、间接性、精神性）等，均不能不受到物质世界的制约。

有人说："性格决定命运。"充分说明了天性资质与后天养成在人的生命过程中的相互作用决定了一个人的未来。如果说天有"生生之大德"，那么心当然也有。既然心有，那么性亦有。人皆有性，所以人皆有"生生之大德"。古人说："上天有好生之德。"其实说的就是人天生就有好生之德。

孔子说："性相近也，习相远也。"（《论语·阳货》）荀子说："人之性恶，其善者伪也。"（《荀子·性恶》）"孟子道性善，言必称尧舜。"（《孟子·滕文公上》）不管什么人，其最基本的人性都是相近或相同的。之所以会有所不同，主要在于后天习得的不同。后天的习得，在荀子看来，就是伪；在孟子看来，就是教与学。伪，就是"人为"，说到底也是教与学。那么这个"性"又具体何指呢？简言之，就是一种一般人皆所具备的最基本的向好向善的属性。它首先是人的生物属性，但并不为其他动物皆所具有。也许有人会质疑，认为这世界也有不愿向好、向善的人。但"君子道其常，不道其异"，任何规律性的东西，都有似乎不合乎规律的特殊性一面，但它亦是规律的一部分。其次是人的社会性。人绝不是所谓"独立"的存在，而是一切社会关系的总和，所以虽然生而自由，但却"无往不在枷锁之中"。"率性之谓道"告诉我们，如果能让这种良好的属性得到应有的发展壮大，那么就是合规律与合目的统一。不过"率性"的实现，不是凭空产生的，而是须借助"修道"之"教"才能实现。"教"又主要表现为学与效，具体为："为学日益，为道日损。""为学"须用加法，"为道"须用减法。其中前者尤其重要，不仅可以增长智慧，提高道德境界，可以让虚无的人生变得充盈、快乐，更重要的是，可让人成人、成才、成圣。《吕氏春秋》说："圣人生于疾（力）学。"孟子认为："人皆可以为尧、舜。"（《孟子·告子下》）其背后皆指向这一点。

今人谈"性"，多指向两性关系，即主要指向人的动物性。但其实，唯有社会性或精神性才是人类更需要关注与探讨的问题。社会性或精神性，主要指向人的权利、义务、责任。

孔子的"性相近也，习相远也"（《论语·阳货》）似乎对于我们启发最大，也最有意义。人性不管天生是善是恶，都是差不多的，且都是可以通过教与学加以改变的。

相关链接：

民不畏死，奈何以死惧之。若使民常畏死，而为奇者，吾得执而杀之，孰敢。常有司杀者杀。夫代司杀者杀，是谓代大匠斫。夫代大匠斫者，希有不伤其手矣。（《老子》第七十四章）

天下有大恶者五，而窃盗不与焉。一曰心逆而险，二曰行僻而坚，三曰言伪而辩，四曰记丑而博，五曰顺非而泽。此五者，有一于人，则不免君子之诛，而少正卯皆兼有之。其居处足以撮徒成党，其谈说足以饰褒莹众，其强御足以反是独立，此乃人之奸雄者也，不可以不除。夫殷汤诛尹谐，文王诛潘正，周公诛管、蔡，太公诛华士，管仲诛付乙，子产诛史何，是此七子皆异世而同诛者，以七子异世而同恶，故不可赦也。（《孔子家语·始诛》）

36. 什么是"命"

《吕氏春秋》认为:"命也者,不知所以然而然者也。"(《吕氏春秋·知分》)这种认识,不能说没有道理,但如认真推究,却是有问题的。命,因为源于不可抗拒的力量,所以既有"不知所以然而然者也",也有"知其所以然而然者也"。因为不可抗拒的力量,既有源于无法预料的自然与人类社会的,也有源于可以预料的自然与人类社会的。再者,如果命真的全不能"知其所以然",那么孔子所谓"君子知命"或"不知命无以为君子"也就无从谈起,人类就永远只能生活在忧虑与恐惧之中而无法前行了。

以下"晏子知命"的故事,同样来源于《吕氏春秋》,或能给予我们与上述同样的启示。

春秋时的齐国国君齐庄公吕光无道,竟然与权臣大夫崔杼的老婆私通。崔杼一气之下,便联合另一个大夫庆封把齐庄公给杀了,于是齐国大乱。崔杼为了稳定局面,也为了自保,就强迫众大臣于姜太公庙堂之上与他结盟。盟辞大意是:如果不忠于崔杼,而是忠于国君,那么就要受到上天的严惩。大臣之中有愿意的,也有不愿意的。不愿意的已有七个人被杀,于是庙堂之上一派恐怖气氛。轮到晏子时,晏子义正词严,发了完全相反的誓言:"如果忠于崔氏,而不忠于国君或国家,就一定会受到上天的严惩。"崔杼听后大为震怒,命令士兵以剑指其胸,以戟勾其颈,对他说:"你如果改变誓言,齐国我们两个可以共同拥有;如不改变,我就杀了你！"晏子的回答正气凛然，说："崔先生，难道就你没有读过《诗经》吗？《诗经·大雅·文王之什》说：'原野葛滕绿漠漠，缠树绕枝舞婆娑。忠信孝悌义君子，岂为求福犯奸科。'（'莫莫葛藟，延于条枚。凯弟君子，求福不回。'）我晏婴又怎么可能以作奸犯科，行不义之事，来实现自己的苟且偷生呢？要杀要剐，随你便！"听到这些，崔杼有些羞愧，只能说："你是贤者，我不杀你。"于是，崔杼只好罢兵而去。晏子强作镇静，从容离开太公庙，拉着上车的绳子慢慢地爬上马车。这时，他的仆人有些焦急，想策马快行，却被晏子按住手背，说："镇静！不要丢了气节！快了，不一定活；慢了，不一定死。现在人为刀俎，我为鹿肉，今天我的命就是悬了。"事实上，晏子的义行不仅救了自己，也救了后面所有的人。

《吕氏春秋》认为晏子就是所谓"知命"的君子。这当然没错，但认为所谓"命"全然是"不知所以然而然者"却是经不起追问的。因为晏子明确地知道，"义而行之"就是君子的宿命。不与崔杼同流合污，最多不过一死，但人谁无死？如行"不义"而"迫生"，即或不死，那么也是生不如死。所以，君子"以义为之决而安处之"便是不二选择。既然事先就知道应当怎么做，而且对结果有所预期，那么所谓"命"，也就成了"知其所以然而然者也"。

相关链接：

晏子与崔杼盟。其辞曰："不与崔氏而与公孙氏者，受其不祥！"晏子俯而饮血，仰而呼天曰："不与公孙氏而与崔氏者，受此不祥！"崔杼不说，直兵造胸，句兵钩颈，谓晏子曰："子变子言，则齐国吾与子共之；子不变子言，则今是已！"晏子曰："崔子，子独不为夫《诗》乎！《诗》曰：莫莫葛藟，延于条枚。凯弟君子，求福不回。'婴且可以回而求福乎？子惟之矣！"崔杼曰："此贤者，不可杀也。"罢兵而去。晏子援绥而乘，其仆将驰，晏子抚其仆之手曰："安之！毋失节！疾不必生，徐不必死。鹿生于山，而命悬于厨。今婴之命有所悬矣。"晏子可谓知命矣，命也者。不知所以然而然者也。人事智巧以举错者，不得与焉。故命也者，就之未得，去之未失，国士知其若此也，故以义为之决而安处之。

下面对于"命"字初文的解读，亦能得出上述启示。

"命"最初写作"命"，古与"令"字同。上边的像屋顶似的部分"∧"，代表不可抗拒的力量；中间的"一"既是道，也代表这种不可抗拒的力量得以实现的中介；下边是一个俯首躬身、以手扶膝、双膝跪地的人。

不可抗拒之力量，主要来自于上天、自然或上帝，亦有来自于人间的绝对权力或权威。

"一"代表道。道主要指自然、人类社会最基本的规律性或道理、事理、法则等，是人力所不可抗拒的；但命令如不符合，则有时是可以抗争的。孔子"明知不可为而为之"的行为，就是既"知命"又不服从于"命"的表现。此种认识或行为可以说明三个道理：一是，规律总是有特例，就像小行星带上有无数星体绕太阳旋转，但总有少数会离开原来轨道与其他星球相撞一样；二是，人的主观努力即或不能获得原初希望的成功，但其留下的精神或教训也可为后来者提供参照；三是，真理往往有其相对性，价值与意义既是多元性的又是历史性的。

俯首躬身、以手扶膝、双膝跪地之人，亦能够给予我们两方面的启示：一是，对于命我们一定要有恐惧之心。不是为了恐惧而恐惧，而是为了"以恐惧修省"（《易传》）或"临危而惧，好谋而成"。（子曰："暴虎冯河，死而无悔者，吾不与也。必也临事而惧，好谋而成者也！"——《论语·述而》）"好谋"即好学、善思，要深刻认识道，认识自然、人类社会最基本的发展规律性。"成"就是要成人、成功、成事。二是，随时可以对命进行有力的反击。或亦如老子所云："君子得其时则驾，不得其时则蓬累而行。"（《史记·老子韩非列传》）"得其时"自然要抓住机会做一番事业，"不得其时"，即或"蓬累而行（像蓬那样作螺旋式的随风飘荡）"也永远不抛弃不放弃自己。因为"飘风不终朝，骤雨不终日"（《老子》第二十三章），一旦风停雨住，就要抓住机会，生根发芽、开花结果，让生命尽可能绽放出灿烂与辉煌。

小篆的"命·命"字是在原来的"令"字的基础上加了个"口"。它主要是命、令二字在语言进化过程中，实现了分责的结果。此"口"主要强调命源于人间的绝对力量与权威。由于"口"为人之口，所以既能通于人，亦能通于言。于是，此"口"所施之命又主要以命令的形式表达出来。此命令根源何在？一曰人间道德；二曰法律制度；三曰传统文化、风俗习惯等。当然，命令有时也来自权威。

孔子一边说："不知命，无以为君子。"（《论语·尧曰》）一边又说："五十而知天命。"（《论语·为政》）前者告诉我们，"知命"是成为君子的重要标志；后者告诉我们，"知命"并不是一件很容易的事。孔子之所以能"知天命"，是因为他从十五岁开始便致力于大人、君子之学，三十岁时便已有所成就、名闻天下，四十岁实现了"不惑"。（"十有五而志于学，三十而立，四十而不惑。"——《论语·为政》）一般人即或到了六十、七十岁也不能"知命"。只有既有远大理想抱负，又有一定人生阅历的君子才能"知命"。孔子之所以自认为"五十而知天命"，就是因为他到五十岁时成了这样的少之又少的君子。

那么，"知命"的君子，究竟与一般人有些什么不同呢？窃以为，大致应有如下表现：

第一，深刻地知道了自己什么能，什么不能。孔子说："文莫吾犹人也。躬行君子，则吾未之有得。"（《论语·述而》）孔子在文学、历史、礼仪制度、音乐等许多方面都是有空前成就的，但在政治实践上却没有或很不如意。

第二，不仅明确知道自己的最大目标是什么，而且有为实现这些目标而采取的具体策略与方法。孔子的最大目标是"死而不亡"，即"君子疾没世而名不称焉"（《论语·卫灵公》）。策略与方法是：学而不厌，诲人不倦；编订《诗》《书》《易》《礼》《春秋》《乐》等。

第三，有不合时宜的所谓"明知不可为而为之"的精神。生命是短暂的，但精神却可以不死。坚定的抱持，永远不抛弃、不放弃，不仅能把失去的重新找到，空虚的变为充盈，简约的变成骄傲（"亡而为有，虚而为盈，约而为泰。"——《论语·述而》），甚或亦能让所谓"规律"在这种抱持面前黯然失色。

37. 什么是"富"

《说文》说："富者，备也。""富"，就是不管什么东西，都必须要有备份、有防备，包括我们日常生产、生活以及军事斗争所需用的一切东西。这也意味着要有强大的再生产能力。只要有了此"备"，就能应对一切不时之需，既包括来自于自然的各种灾难性事件，也包括人类自己所发动的各种灾难性战争。

但如从"备"字最初写成一个装满弓箭的筐或篓的形象——"𤰇"，以及杜预的解释——"备，甲兵之备"（备，就是对武装斗争所做的一切准备）来分析，所谓"富"，其最深刻的"有备"，并不仅指一般的所谓物质资源，更主要的是指要有"武备"。这一点实际上与汉字学对于"强"字的认识也是高度一致的。

下面的这个故事或可以给予我们与上述同样的启示。

1661 年 8 月 17 日，法国财政大臣富凯请当时的国王路易十四到他的沃勒维孔特城堡吃饭。这次宴会无疑是法国历史上最豪华的：6000 多名宾客均使用金银餐具，一次酒宴就花了 12 万里弗尔。这是个什么概念呢？它约合白银 144 万盎司，也就是 40823 千克白银。富凯原想只要伺候好国王，就能当上宰相，不料赔了夫人又折兵。路易十四看到富凯的沃宫如此富丽堂皇，生活如此奢侈腐化，远胜自己，不禁怒从心头起。一个月之后，富凯被捕，沃宫被抄。路易十四利用沃宫图纸和抄没的各种物品，最后给自己修了个宫殿，即著名的凡尔赛宫。（参见《读者》2018 年第 1

期，第33页）路易十四的这次抄家，与九十年后的嘉庆皇帝抄和珅家有点类似。

这个故事告诉我们，真正的富，光有钱有房子还不行，还得有足够的权力。如果没有足够的权力，那么就得有足够的谦虚谨慎。这个足够的权力就是杜预所说的"甲兵之备"或"武备"。所谓"足够的谦虚谨慎"则需要我们每个人都必须常怀恐惧之心，常以"恐惧修省"。这个又可称之为"文备"。正如孔子明确告诉我们："富有四海"必须"守之以谦"（《孔子家语》）。

下面对于"富"字构形的分析，既可加深我们对于上述认识的理解，也可使我们对于"富"的认识更加具体化。

"富"字最初写作""。上部是宝盖""，其实就是房子。中国自有文明以来，人们便普遍地认为，对于房子的拥有不仅是"富"的最基本条件，也是实现有效统治、安宁、稳定、幸福的前提。

房子对于人的重要性，古圣先贤早就有过深刻的论述。老子说："不失其所者久。"（没有失去房子的人才可能有坚定持久的道德之心。——《老子》第三十三章）孟子说："民，若无恒产，则无恒心。苟无恒心，放辟邪侈，无不为已。"（老百姓如果连房子都没有，就不可能有坚定持久的道德之心。如果没有坚定持久的道德之心，那么也就什么坏事都可能干得出来。——《孟子·梁惠王上》）这里，老子讲的"所"和孟子讲的"恒产"，皆主要指房子。"久"与"恒心"则主要指坚定持久的道德之心。如果老百姓都没有了坚定持久的道德之心，那么社会稳定与发展便不可能。以此可知，对于当权者而言，"安其居"（《老子》第八十章），让老百姓都能有房子住，是何等重要！

"富·"字房子里面的部分，像个酒坛子：""。它告诉我们，仅仅有"居"有"所"有"恒产"还不能叫"富"，还得有吃的、喝的。因为酒是富余粮食所酿造的，所以酒坛子所代表的"富"意味着吃的东西很丰富。按照老子的说法，这又叫"美其食"（《老子》第八十章）。事实上，"福·"右边也是个酒坛子。它首先所展现出来的也是与人所必需的衣食资源紧密相关，所以，"富"又可通于"福"。

《易传》说："富有之谓大业。"（《易传·系辞上》）韩康伯说：

"广大悉备，谓之富有。"（《周易注解》）庄子说："有万不同，谓之富。"（《庄子·天下》）为我们对于"富"的理解指引了新的维度：中国梦就是我们的大业、伟业。它的筑成，给我们带来的富有，就一定不仅是"有备"，而且是"广大悉备""有万不同"，"备份"无穷。具体来说，像我们这样的大国，现代化建设绝不能走单一化发展之路，必须要做到人无我有，人有我精。人精，我则大而多、深而广、丰而厚！决不能让别的任何国家，在任何方面掐住我们的脖子。如果我们真在某些方面被别人掐住了脖子，那么就一定是自己犯了战略上的大错！

此外，"年富力强"又启示我们：人口的生产，更是实现持续发展，与未来真正富强的最重要保证。过去，我们强制推行了数十年的计划生育政策，现阶段已把我国全面推向老龄化社会，故要实现真正的富强，还必须要把重点放在年轻一代的生产与培育上。但是，如果我们的后代都不愿意生育，或一对夫妇只愿意生一个孩子，那么未来不仅不可能"富"，而且可能连未来都没有。

综上可知，"富"的内容，主要关注的是人的物质生活世界，同时也可指向人的精神世界与未来，但它的最根本保证却是"甲兵之备"。

"从自然界获取一定的物质资料，是自由的首要条件。"重视物质对于人的生活世界的决定性作用，既是马克思主义的基本观点，也是中国传统文化、古圣先贤们关怀众生疾苦、苍生幸福的天下家国情怀。但是在今天的社会条件下，仅仅有最基本的物质条件以保障我们的存在，或获得最基本的自由与发展远远不够，还必须有备份，即有充足的能应对一切不时之需或一切灾难性事件的强大的再生产能力与物质储备。事实上，仅从电影艺术来看，我们的电影艺术家们相对于西方，特别是美国来说，所谓灾难意识、未来意识、危机意识等，皆是相当缺乏的。如不加强对于上述意识的正确认知，在未来的国家或社会发展中，我们将无法应对诸如比汶川大地震还要严重得多的灾难性战争或自然、生化危机。"凡事预则立，不预不废。"对于未来，我们不可不"预"。

中国目前富了吗？不同的人站在不同的角度，可能会得出完全不同的答案。单说说我们的厕所问题。在中国某些偏远地区，即便是看起来很不错的学校也几乎没有一个像样的厕所。甚至我们某些国际性大都市稍稍偏远的地方也是臭气熏天。至于厕纸，就是在我们的高铁上，有些时候也是没有的。究其原因，还是因为一个"穷"字！这种"穷"，不仅体现在金钱、物质上，更体现在心态上。即不仅绝大多数穷人对于物质资源的未来需求与保证仍然没有信心，就是大多数所谓"富人"，也不具备一种合理、适度利用物质资源的正常心态。一边是大量的物质资源被浪费，造成大面积的环境污染，而另一边却竟然还有人衣不蔽体、食不果腹。

基于上述认识，目前相对于整个国家而言，我们的"富"还远未实现。正如党的十九大报告所指出的："我国仍处于并将长期处于社会主义初级阶段的基本国情没有变，我国是世界上最大发展中国家的国际地位没有变。"所以，在社会主义核心价值观中，"富强"被赫然摆在了第一位。这也明确昭示我们："富强还未实现，同志仍需努力！"

而对于个人而言，即或真的富了，也要记住两点：第一，如果没有国家的强大，特别是军事力量的强大，个人的所谓"富"便只能是幻灯泡影、水月镜花；第二，就是老子说的："金玉满堂，莫之能守；富贵而骄，自遗其咎。"（就算家里金玉堆满堂，你也守不住；但如果因为富贵就跋扈骄横，那么接下来给你自己带来的就必定是灾难与毁灭！——《老子》第九章）换成孔子说的就是："富有四海，守之以谦。"（《孔子家语·三恕》）

38. 什么是"强"

《说文》说："强，弓有力也。"在古代，弓不仅有力，而且能"以近穷远"，所以与戈一样，不仅是军队最强有力的武器之一，而且也是武装、强大力量或军队的象征。以此可知，所谓"强"，从国家层面来看，则必然要以最先进最强大的武装力量集中表现出来。在今天，我国军队的所谓"弓"，主要指火箭；所谓"箭头"，则主要指原子弹、氢弹等先进武器。

1964年10月16日15时，一朵巨大的蘑菇云在我国西部沙漠冲天而上、腾空而起，标志着我国第一颗原子弹爆炸成功。可是，这还不够。这种情况曾被外国媒体讥为"有弹无枪"。直到1966年，我国第一枚导弹成功发射，我们才真正实现了"枪弹合体""有枪有弹"。于是，这便成了现代中国走向强大的最重要的标志性事件。

通过上述介绍，可知"强"虽然与"富"有一定的关系，但并不是完全的正相关；"强"比"富"更重要。

下面关于"强"字初文的构形分析，或也能说明这一点。

"强"字最初写作"彊"。左边是一个"弓"字，右边则为一个"畺"字。一般认为是形声字，即在此字之中，其意主要体现在"弓"字上，而"畺"除了表声，则没有其他意义。

我们今天所用的"强"字，是个假借字，其本意只是一种名叫"蚚"

的吃米的虫，又叫米象。但因为借而不还，所以原来真正的"彊"字反而被逐渐废弃。

"弓"字最初写作"弓"，就是一把弓的形象。《说文》："弓，以近穷远。象形。"可知弓就是一种能"以近穷远"，即把箭或某物从近处发射到远处的一种武器或工具。

但事实上，"强·彊"亦可会意，即其意义也有部分源于"畺"。

"畺"的初文，与今之楷书几乎没什么不同。如仔细推究，它就是广大连绵的旷野或田地。《说文》说："田，陈也。树谷曰田。"田既是旷野、山野，同时也是土地、田地。两个"田"字连在一起所组成的"畺"，即寓含土地宽广、物产丰饶、人口众多。李斯说："地广者粟多，国大者人众。"（李斯《谏逐客书》）便表达了这样的思想。"弓"加"畺"为"强·彊"，意味着强不仅需要强大武力，而且也需要宽广的土地、丰饶的物产、众多的人口。所以，"强"也能代表富。《史记·廉颇蔺相如列传》说："秦贪，负其强，以空言求璧，偿城恐不可得。"其中的"强"，便不仅是武装力量强大，而且也是富的表现。因为秦国自穆公以来至秦始皇，二十多个君主，经常成为各诸侯国的领袖，其"强"不仅是军队武装力量强大，更是领土不断扩张、人口不断增加、经济不断发展的结果。换句话说，秦灭六国，如仅靠它的军队，而没有强大的经济实力做支撑，则是不可能的。

此外，需要进一步说明的是，"强·彊"又通于"疆"，意味着其与疆土、疆界关系十分密切。没有"土"参与创制的"强·彊"字，与没有外框的"国·或"字一样，意味着如果国家强大则无需边界，而只有边陲。边陲近似边界又不同于边界，可随国家实力——主要是武装力量的消长而变化。历史上的中国，如汉、唐、元、明，以及清代前期，便是这种没有边界只有边陲的强国。当代世界，真正的超级强国只有美国。对此，我们一定要有冷静客观的认识。它的十多个航母舰队常年穿行于全世界的所有海洋之中，二战以来，所谓"虽远必诛"，对于它来说从来就不是一句空话。不仅如此，它的所谓"弓"射出的"箭"也是最远的，不仅把人送上了月球，而且把探测器送到了太阳系的最边缘。

孙膑说："甲坚兵利，不得以为强。"（《银雀山汉墓竹简·孙膑兵法·客主人分》）这启示我们：

其一，"强"，对于国家而言主要表现为甲坚兵利，但又不单如此，而是由诸多因素或力量综合构成。

其二，一个国家即或有强大的武装力量，也不能随意发动战争、侵凌别国、称王称霸，不然就不是所谓 "长生久视之道"。比如春秋末年的吴国，正是因为 "骤战骤胜"，不断发动对外战争，并且连续取得胜利，反而很快走向了灭亡。

相关链接：

魏武侯之居中山也，问于李克曰："吴之所以亡者何也？"李克对曰："骤战而骤胜。"武侯曰："骤战而骤胜，国家之福也，其独以亡，何故？"对曰："骤战则民罢，骤胜则主骄。以骄主使罢民，然而国不亡者，天下少矣。骄则恣，恣则极物；罢则怨，怨则极虑。上下俱极，吴之亡犹晚。此夫差之所以自殁于干隧也。"（《吕氏春秋·适威》）

再比如美国，二战以来，它的海外军事基地便由过于的 2000 多个收缩到今天的 300 多个，这也是其战略思想不断变化调整的结果。这种调整与收缩，也正是其继续保持强大的重要原因之一。

其三，就个人而言，所谓 "强" 主要不是指炫耀武力、展示肌肉，更重要的是指智力、能力、实力、影响力等。如孔子虽然力能举 "国门之关"，即能随意举起沉重的国都城门的门闩，但却从来羞于以此示人。（"孔子之劲，举国门之关，而不肯以力闻。"——《吕氏春秋·慎大》）事实上，因为救助他人，他的父亲叔梁纥在五十五岁时就曾这样干过。

其四，人即或真的十分强大，亦须常怀谦卑、谨慎、恐惧之心，即如孔子所言，即或是 "勇力振世" 也需要 "守之以怯"。

相关链接：

聪明睿智，守之以愚；功被天下，守之以让；勇力振世，守之以怯；富有四海，守之以谦。（《孔子家语·三恕》）

就当代世界而言，一个国家的强弱仍然主要以其武装力量的强弱表现出来；武装力量的强弱，关键在于科学技术的支撑；科技力量的强弱，关键则在于兴教育、重人才、重科研。美国之所以"强"，关键即在于它齐聚了这个世界上众多的顶尖人才。例如，世界上仅 400 多位诺贝尔奖获得者，就有 300 多位居住在美国。我国正在走向强大，当然与对于人才的重视有关。但如要超越美国，则需要有更多的顶尖人才。所以，如何吸引这些顶尖人才来中国，则是我们当前急需解决的问题。

深入考察，我们会发现，"富"与"强"虽然关系紧密，且有相同旨趣，但并不是完全正相关。近代中国及当代中东石油富国的历史与现实，便是明显的例证。我们曾经贫穷，但却并不弱小；我们曾经相对富裕，却是待宰羔羊。即或我们现在真的富了，也并不等于我们真的强了。事实上，我们现在的软硬实力在总体上还落后于人很远。我们的国家还未完全统一，还有各种所谓"独"势力的大量存在，等等，这皆是我们国家还不足够强大所造成的。所以，千万不要让已经达到的所谓"富强"冲昏了头脑，还要在"强"字上下大功夫、做实文章。

再者，现在有不少人把"富强"二字随意解释为国富民强，这显然是经不起追问的。从汉字学以及历史、现实等多个维度来看，它过去主要指向富国强兵，今天则主要指向国强民富。

我们把"富强"二字作为社会主义核心价值观的首要价值，既强调了它在国家发展中的基础性地位，反映了当代中国执政党及全体中国人民对于实现中国梦的迫切愿望与要求，也说明了它不仅是一种国家的"大德"，而且也是每一个中国人所理应奋力追求的"大德"或"大道"。

39. 什么是"民"

清朝乾清宫皇帝宝座后面的屏风上有"惟天聪明"四个大字，一般人可能会把这个"天"理解为上帝，可是这是经不起追问的。这个"天"，就是民，就是天下百姓。天下百姓有多聪明，我们的"天"就有多聪明，这种思想最早源于《尚书》。

《尚书》说："天视自我民视，天听自我民听。"（《尚书·泰誓》）"天聪明，自我民聪明。天明威，自我民明威。"（《虞书·皋陶谟》）民就是"天"。民意就是天意，"民威"就是"天威"。

"民"字最初写作"⺕"。它是一个象意或会意字，像一根锥子从下往上直直地插入一只眼睛的形象。此字源于商周时的金文。一般认为，商周之时，如果战俘中有温顺驯服的，且愿意用锥子刺瞎左眼，就可留下做奴隶，反之则杀死。以此可知，我国最初的"民"，地位极端低下，是被刺瞎了左眼的奴隶。

在最初的汉字书写中，单个的眼睛一般写作"目·⺕"，就是一个躺着的"目"字。它既是"民·⺕"的主干部分，也是"直·⺕"或"德·⺕"的核心。更令人惊奇的是，"民·⺕"不仅是刺瞎了左眼的奴隶，同时也是个"直"字，一个倒过来的"直"。其竖线部分还与"德·⺕"中的"直·⺕"或单独的"直·⺕"相同，皆是个"十"字。汉文字中，最古老的"十"字，就是一根竖线"╎"，或一根打了结的竖线"╎"。因此，"直"即"十目"。

由于民无处不在，眼睛无处不在，所以"直"与公平、正义也就无处不在。公平、正义的无处不在，即意味道与德无处不在。因为道、德的核心皆是"目"，所以天下有道、天下有德其实就是天下有公平、正义。孔子说："斯民也，三代之所以直道而行也。"（《论语·卫灵公》）明确告诉我们，公正可能会在上层社会中沦丧，但却永远不可能在人民当中完全消失。

也正因为民的无处不在，所以任何人的"行"便"无隐而不形"（《荀子·劝学》），"莫见乎隐，莫显乎微"（《中庸》），必定无处隐藏。即你的一切所作所为，不管如何巧言伪饰，总可以通过一系列的现象表征出来。所以子思说，"君子慎其独也"，即君子尤其需要谨慎自己独处时的分分秒秒。而"慎独"的核心，不仅是一般所谓"谨言慎行"、不违法犯罪，而且要"学而不厌"（孔子）、"好修以为常"（《离骚》）。

秦统一文字，小篆之"民"写作"民"。其构形由于书写性、规范性，与意识形态相互交织的原因，发生了相应的变化：刺入眼睛的不再是锥子，而是戈。戈代表着暴力，即意味着民是国家暴力的产物，没有国家便没有民。至于以锥刺入民的眼睛，秦时在现实中已不存在。所以秦始皇统一文字之后，"民"字之"戈"，只是国家暴力对于眼睛的遮蔽。换句话讲，就是国家依靠暴力，并通过各种政策实行愚民。愚民思想源于老子："是以圣人之治，虚其心，实其腹，弱其志，强其骨；常使民无知无欲，使夫智者不敢为也。"（《老子》第三章）后来孔子继承并发扬了这种思想："民可使由之，不可使知之。"（《论语·泰伯》）他们要求统治者对待百姓，首先要保证有吃、有穿、有住，其次要让百姓遵循一定规范，知道自己应该怎么做，至于为什么这样做，则没有必要知道。到秦始皇统一六国时，"废先王之道，焚百家之言，以愚黔首"。（《过秦论》）

相关链接：

（秦）分天下以为三十六郡，郡置守、尉、监。更名"民"曰"黔首"。（《史记·秦始皇本纪》）

"黔首"就是民。因为秦自认为有水德，所以尚黑，老百姓头上都缠戴黑色的头巾。

事实上，秦时隶变过程中的"民·民"，已不再是以锥刺入眼睛的写法。这种形变，既是"民"字之意的渐变在汉字发展中的具体表现，也是百姓对于"民"字的俗写在汉字发展中的客观描绘。进一步说，民不仅无处不在，是公正的象征，而且在古文字向今文字发展的过程中，他们也直接参与了汉字的创制。

《说文》说："民，众萌也。"认为民就是没有受到过启蒙教育，或思想智慧没有得到正常开发或充分发展的大众、百姓。这种认识与《尚书》中对于"民"的认识大为不同。这正是秦汉以来，统治者皆奉行愚民政策的结果。但以"众萌"释"民"，却也确证了最初的"民·甲"字之中的竖线确有"十"之意。客观地说，所谓"众萌"群体，直到今天在我国仍大量存在。启蒙在今天仍需继续，不过，当代启蒙光靠圣人、先知或社会精英是不够的，主要还得靠"众萌"自己去努力完成。

在先秦经典中，周初史家所作《尚书》对于"民"的认识之深刻可说无以复加。三万余字的《尚书》如果除去标点，"民"字的总数占比超过百分之一。它具体要求统治者："敬授民时。"（《尚书·虞书·皋陶谟》）绝不可随意侵夺民众的时间，特别是生产活动时间。"民之所欲，天必从之。"（《尚书·周书·泰誓上》）民众的欲求，就是上天的欲求，所以统治者必须"以百姓心为心"，"为天下浑其心"（《老子》第四十九章），全心全意为人民服务。"民可近，不可下，民惟邦本，本固邦宁。"（《尚书·夏书·五子之歌》）民众是国家的根本，只可亲近，不可轻忽。没有这个根本的稳固，国家就不可能安宁平静。《尚书》如此重民爱民，可以肯定此书为周室所编，并经孔子删改。周人鉴于夏商灭亡的教训，已深刻认识到了民众的伟大力量，虽然作为单个的民可能常被轻忽，但作为整体的民，则可能完全相反。所谓"民主"，必得以重民、敬民、爱民为前提，如无此前提，就是一句空话。

《尚书》又说："德惟善政，政在养民。"（《尚书·虞书·大禹谟》）"下民其咨。"（《尚书·虞书·尧典》）"盘庚学于民，由乃在位，以常旧服，正法度。"（《尚书·商书·盘庚上》）民不仅是官所服务的对象，而且也是其最基本的思想源泉与行动指南。放在今天，让官向民学习、请教正是民主得以实现的重要途径。具体来说，它首先需要我们的官能时不时恢复到民的状态，即不仅要"学于民""咨于民"，更重要的是要不断地去亲身感受做民的困苦艰难；然后，是能把自己做民时产生的感受或遇到的问题，与国家法律、制度建设、政策实施等充分结合起来。

40. 什么是"主"

《说文》说："主，灯中火主也。"所谓"主"，就是一根能自主地发出光和热的灯芯。这种认识看似朴素，但细加体悟，却能给予我们某些伟大而崇高的启示：人，只要能发光发热，就能给别人以光明与温暖；只要能给别人以光明与温暖，便皆能为"主"。

基于上述认识，在我们的古代经典中，"主"，大多数时候所代表的意思是君主、天子。先贤们普遍认为，只有君主、天子才可能给予别人光明与温暖。而所谓"民主"则是民众的主人，同样指君主、天子。当然，有时也有指一般的所谓"主子、主人"。

据《吕氏春秋·适威》记载，周文王派人挖一个水池，施工过程中，挖出了一具死人的骸骨。主事的小吏立即报告给了周文王。文王说："把它找个地方，给好好地埋了。"这个小吏说："这只是一具无主的骸骨而已，我看没有必要吧。"文王说："拥有天下的人，就是天下的主人。拥有一国的人，就是一国的主人。如今，我是天下之主，难道不就是它的主人吗？"于是，他命令小吏备上寿衣、棺材，给这具骸骨重新找了个地方给埋葬了。天下百姓听说了这件事情之后，都高兴地说："我们的文王真是个贤明伟大的天子啊！他的恩泽既然能够施及死人的骸骨，那么对于我们这些活人就更不用说了！"

《吕氏春秋》写到这里，进一步评价说：某人得到了某个真正的宝贝，反而弄得国破家亡（如春秋时"假虞灭虢"故事中的虞国国君）；

而文王，仅得到了一具腐朽了的骸骨，反而能用它来传递出自己高远的理想、美好的诚意，所以对于伟大的圣人来说，任何事物都可能成为他实现自己伟大理想与人生目标的有力工具啊！

相关链接：

周文王使人扣池，得死人之骸。吏以闻于文王，文王曰："更葬之。"吏曰："此无主矣。"文王曰："有天下者，天下之主也；有一国者，一国之主也。今我非其主也？"遂令吏以衣棺更葬之。天下闻之曰："文王贤矣！泽及髊（音疵，肉未烂尽之尸骨）骨，又况于人乎？"或得宝以危其国，文王得朽骨以喻其意，故圣人于物也无不材。（《吕氏春秋·异用》）

关于什么是"主"，上述故事至少给予我们以下启示：

1. 要想成为真正的主或主人十分不易，不仅要有高远的理想，而且要有足够的智慧或远见。

2. 主一定要有施与他人恩泽的能力，或大或小，或多或少均可。

3. 主要深刻地懂得仁义与珍宝的不同价值。为了行仁义，不惜弃珍宝。若能仁义广施，则天下珍宝可尽得之矣。

另据《尚书》，"天惟时求民主，乃大降显休，命于成汤，刑殄有夏"以及"代夏作民主"，其中讲到的"民主"就是商代的第一任贤明的君王商汤。他与周文王相似，之所以成为民众的主人，就是因为得到了人民的广泛拥护，由此得到了上天的垂青，接受了上天赋予的光荣使命。于是，他不仅有了"刑殄有夏"、革其天命的特权，而且还可以"代夏作民主"——成为夏朝乃至整个天下的主人。

相关链接：

天惟时求民主，乃大降显休命于成汤，刑殄有夏。惟天不畀纯，乃惟以尔多方之义民不克永于多享；惟夏之恭多士大不克明保享于民，乃胥惟虐于民，至于百为，大不克开。乃惟成汤克以尔多方简，代夏作民主。（《尚书·周书·多方》）

下面"主"字的两种构形分析，不仅可以使我们得到与上述论述同样的启示，而且可能更加生动、形象。

"主"字最初写作"●"形，是一个正在发出光热的灯芯的形象。后来在汉字规范性的书写中，下面又加了一个像"王"字形状的灯座，变成了与今天的"主"字相似的模样："业"。再后来，由于意识形态的发展与汉字书写性的影响，这个灯座又演变成了"王"字。

"王"，最初写作"◆"，它与"立·◆"字只有高低之别。"立"，就是一个正面挺身而立于地平线上的人。可见，王也是人，只是比一般人形象要高大一些。换句话说，人只有通过各种努力让自己立起来，并且不断高大起来，才能成王者。比如孔子就慢慢地成了这样的王者。后来为了区别"王·◆"与"立"字，在书写过程中又在"立·◆"字上面加了一横，"王"字便写成了"王"。上面的一横还能代表天。到汉代，董仲舒为了表达自己的天人观，又刻意把"王"的三横诡称为天、地、人，所谓"三才"，于是王者便成了能贯通天、地、人"三才"的神人，或有了半神、半人的性质。如按董仲舒的意思，只有王者才可为主。不过，这种意思与"主·●"和"王·◆"的初意并不吻合。

总之，凡既能燃烧、温暖、照亮自己，亦能温暖、照亮别人的人，皆可为主。而一切有机生命体的存在，由于新陈代谢或必须与外界进行物质、能量交换，皆会以辐射的形式或多或少向外散发出光和热。所以，人人皆可为主，但能像灯一样直接散发出为别人可视或可感之光的人却甚少。我们把极少数伟大人物、著名人物喻为能发出可见光的太阳、明星或明灯等，既是想象力的作用也是其自身影响力大小的现实反映。比如释迦牟尼、基督、孔子等形象，便皆被人们想象性地赋予了某些光环。于是，一些崇拜者自然而然地便把他们视为自己的主人或主宰者。这种现象又称偶像崇拜。

把"民主"二字的构形初意，即自己能发光发热的意思引入当下，对民主制度的建设有重大启发。试想，如果每一个人既能自主地发出自己的光和热，也能充分发挥自己眼睛的作用；既能温暖、照亮自己，也能温暖、照亮别人；既能反省、鼓励自己，也能帮助、激励别人，等等，那么，这不正是马克思所期许的"每一个人自由而全面的发展，是所有人自由而全面发展的条件"吗?

相对于西方而言,当代中国的民主既源于西方,与之有某些相似,但又有所区别。相似主要表现为少数服从多数原则,区别则主要表现为民主之上还有集中二字。集中是把双刃剑:一方面可提高行政效率,树立执政党与主要领导者的权威,避免民主的某些副作用,如所谓"众萌"的集体无意识、科技的无知等;但另一方面也可能为腐败的大行其道创造良好的"墒情",而解决的办法只能是充分调动或发挥"众萌"眼睛的作用。

要充分发挥"众萌"眼睛的作用,只能通过教育。教育的根本任务是教会民众如何学习、坚持学习。教育与学习的最根本目标并不是增加什么,只是让人的天性中本该具有的分辨是非、善恶、美丑的能力得到证实或体现而已。唯有如此,所谓"民主"的实现也才有了可能。

相关链接:

且天生人也,而使其耳可以闻,不学,其闻不若聋;使其目可以见,不学,其见不若盲;使其口可以言,不学,其言不若爽;使其心可以知,不学,其知不若狂。故凡学,非能益也,达天性也。能全天之所生而勿败之,是谓善学。(《吕氏春秋·尊师》)

"民主"在社会主义核心价值观中位列第二,既反映了中国人民对于自己当家做主,以及自由、平等、公正等价值实现的强烈渴望,也反映了当代中国执政党高远的政治抱负与政治性质的人民性。当前,以习近平为核心的中国共产党领导并推行的中国民主建设,汲古融今、循道求实,或能开创一条独具特色的中国民主之路。

41. 什么是"明"

出身卑贱，相貌堂堂，孔门最著名的学生之一子张，有一次向孔子请教什么是"明"。孔子说："如果有像温水那样慢慢浸润过来的谗言，有像肌肤受到轻轻按摩抚摸那样的诬告，能在你这里戛然而止，那么你就可以算是真正的'明'和'远'了。"

相关链接：

子张问明。子曰："浸润之谮，肤受之愬，不行焉，可谓明也已矣。浸润之谮，肤受之愬，不行焉，可谓远也已矣。"（《论语·颜渊》。有人把孔子这里的"肤受之愬"解释为切肤之痛一样的诬告，显然这是经不起推敲的。因为像切肤之痛一样的诬告不仅不具隐蔽性，而且不需要所谓"明"也能深切地感觉到它的危害性。）

孔子这里所说的"明"，指的就是"贤明"，同时也是见识高远。这种贤明具体表现为胸怀宽广、意志坚定、思想深邃、见识高远、理想纯洁。揣摩孔子的意思，它的来源主要有四：第一，"学而不厌，诲人不倦"，这既是教学相长，也是知行合一。第二，"先行，而后言从之"，即做比说更重要，实践比理论更重要。第三，"多闻，择其善者而从之"，就是既能知言、知人、自知，又有强大的行动力。第四，"多见而识之"，就是既能格物致知，又能不耻下问。

其实，所谓"明"的意义可能还绝不仅此。

"明"字最初的写法有多种："㿟 㿟 ㈪ 㿟 㿟 ㈪ 明 ㈪"。但有代表性的只有三种：一是"日·☉、月·☽"相合，一是"囧·囧、月·☽"相合，一是"目·目、月·☽"相合。不管是哪种，皆能会意光明、明亮之意。

"囧·囧"是窗户。"囧、月"之"明"，表示月亮能从窗户透过来，所以"明"。

"目·目"即眼睛，"目、月"之"明"，表示眼睛能看到月亮或月光，所以"明"。

这里，我们主要讲"日、月"之"明"，今天所用的"明"字的形状与意义都是来源于此。女皇武则天所造"曌"字，所谓"日月当空而照，乾坤一片光明"，其意也源于此，认为只有这样的"明"才可能意义深远、引申自然。

《说文》说："日，实也，太阳之精不亏。"太阳永远充实浑圆、光芒四射，没有像月亮那样有盈亏的变化。这背后的意思是：所谓"明"，既能代表自强不息、高明悠久、持之以恒，又能代表文明进步、光彩绚烂、充满活力。

《说文》又说："月，阙也，太阴之精亏。"月亮属阴，常有圆缺的变化，大多不圆。这背后的意思是：所谓"明"，也有它的局限性。它有时会以阴、损或野蛮的方式推动事物发展或社会前进。这种认识似与上述所谓"明"总是代表自强不息、文明进步有矛盾，其实不然。因为"明"总是需要以"不明"为背景的，所以它从来就是这样一种矛盾的统一。文明更是如此，亦如本雅明所说："没有一座文明的丰碑，不同时也是一份野蛮的实录。"近代欧洲列强强行打开中国大门，更是无不披着文明的外衣，却以野蛮为工具。再者，就个人而言："水至清，则无鱼；人至察，则无徒。"一个人太过精明，则会人见人怕。所以老子认为，人格的最高境界应当是："方而不割，廉而不刿，直而不肆，光而不耀。"

"明"的引申意众多，这里无法一一介绍，但最需要记住的是："知人者智，自知者明。"（《老子》第三十三章）一个人的智慧需要通过知人来体现，而知人则又需要通过自知以彰显，正所谓："欲知人者，必先

自知。"(《吕氏春秋·先己》)

下面附带说说文明。

"文明"一词，早已有之。《尚书》说："古帝舜濬咨文明。"（《尚书·虞书·舜典》）"濬咨文明"，意思是深沉而有谋略，绚烂而有光彩。其中的"文明"，虽与今天说的文明意思不尽相同，但仍能古今贯通，因为"绚烂而有光彩"仍是今天文明的最重要表征。换句话说，如果你的所作所为，不能为自身或国家民族增光添彩，而且相反，那么你与文明就已背道而驰。

于是，人类为了光彩绚烂，常以多种形式文饰自身。文身是最素朴、最古老的一种，其后是以衣服或其他装饰品，最后则以语言、文字、礼乐、艺术、思想、美德乃至强力。强力的核心，是科学，是生产力。所以，文明乃人类物质与精神活动的一切积极成果或进步行为，无论何时，它总是能代表进步与力量，其本质或核心即社会生产力。换句话说，凡能让个人于共同体中，让国家于世界民族之林中巍然挺立或增光添彩的一切行为皆可谓之文明。

但是，日常生活中，不同的文化对于文明的认知却有不同的向度。如当代，公厕用蹲坑，美国人认为不文明，中国人却认为这正是文明的表现；食物掉地上，立即捡起来吃掉，美国人认为这就是文明，中国人则认为不是。

有人曾对我说文明就是礼貌，并对此坚信不疑。但这肯定是不全面的，经不起推敲的。文明的核心是生产力，礼貌的核心却是敬。礼貌中与时俱进的部分或可是文明的一部分，其余最多只能算是文化。如赵本山收徒弟，以及其他某些行业的收徒仪式，在今天仍要行跪拜之礼，这肯定已不是文明，因为它与社会主义核心价值观中的自由、民主、平等等价值背离。

社会主义核心价值观中的文明，从国家层面来说，主要应指我们民族在精神上要拒斥落后、野蛮、闭塞，坚持进步、开放。具体来说，就是我们的科技、教育、文学、艺术，生产、生活方式，审美观念、趣味，等等，皆要力争走在世界前列。从个人层面来说，则要以优美的语言、先进的思想、高超的智慧、得体的打扮"文饰"自己，让自己的形象在共同体中，乃至国际社会中更加绚烂而有光彩。它有时等同于尊严，有时就是"义"。

　　"文明"位列社会主义核心价值观之三，既反映了我们党和国家对于先进文化，特别是先进社会生产力的强烈向往与追求，也客观地反映出我国大部分地区仍处于社会主义初级阶段的落后现状。因此，为了文明的进一步发展或实现，我们还须继续学习、不懈追求。

42. 什么是"和"

　　《中庸》说："和也者，天下之达道也。""和"既是通达天地人神之间最宽阔的大道，也是实现人与人、人与自然和谐相处的最根本规律或法则。《中庸》又说："天下之达道五，所以行之者三。曰：君臣也，父子也，夫妇也，昆弟也，朋友之交也，五者，天下之达道也。"所谓"天下之达道五"，就是人伦中的五常。

　　"喜怒哀乐之未发，谓之中；发而皆中节，谓之和。中也者，天下之大本也；和也者，天下之达道也。致中和，天地位焉，万物育焉。"所谓"未发"之"中"，就是中庸；所谓"中节"之"和"，就是和谐的实现。中庸即"用中"，用今天的话来说，就是选择最基本的社会公正。没有公正就没有和谐，公正是和谐的前提，即或君臣、父子、夫妇、昆弟、朋友也无例外。反之，没有公正与和谐，天地就会"不位"，万物就会"不育"，社会就会一片混乱。

　　下面关于"和"字初文及其异体的构形分析，不仅能说明上述道理，而且可以让我们了解得更多、更形象、更具体。

　　"和"字最初写作 。一般认为，它是个象形字，像成熟禾苗之形。《说文》说："禾，嘉穀也。二月始生，八月而熟，得时之中，故谓之禾。"这里的"嘉穀（谷）"，在北方主要是指粟，在南方主要指水稻，同时又是一切粮食作物的总称。在我国，由于大部分地区属于大陆性季风气候区，水热同期，故春夏两季，即农历二至八月，极有利于各种农作物生长。"得时之中"即"得时之和",也就是指"嘉穀"的生长期恰好与季风气候区一年之中最适宜于农作物生长的水热条件相吻合。对于中国古人而言,农作物的丰收,首先是各种气候条件风云际会皆相"和合"的结果;其次才是劳动者辛勤劳动的结果。事实上,我国季风气候的水热同期并非总是"和合",常有各种水旱灾害,以天时、地利、人和而得"禾"、得粮食并不容易。粮食的难得,既意味着人赖以生存的物质资源不易得到保障,也意味着人世间的和谐不易实现。据有关记载与研究,中国历史上曾发生过的有据可查的较大规模的农民起义至少有43次,其中至少80%都与自然灾害所造成的农作物大面积歉收而引起的灾荒有关。

《说文》又说:"和,然后利。"可见,"和"总是与"利"紧密联系。这从"和"与"利"的构形皆有"禾"亦可得出。因天、地、人之"和"而得"禾"得"利",不仅使我们的生存有了最基本的物质基础,也为其他一切"和"或"利"的实现创造了条件。而世界和平、政通人和、家和万事兴则告诉我们,"和"不仅是"利",而且是一切"利"之实现的最大社会基础或最高形上根源。所以我们捍卫"和"就是捍卫"利",捍卫世界和平就是捍卫全世界人民的根本利益。

下面讲个舜帝南征的故事,或能给予我们一些关于"和"的启示。

当舜帝统治天下的时候,南方长江流域的少数民族三苗曾经不服。于是,舜就亲率大军南征,顺着湖南的湘江、沅江南下,与三苗进行了多次交战,可就是不能取胜,双方死伤惨重。面对如此情况,舜的大臣禹认为应当增加兵力继续征伐。可是舜却说:"不可以!这应该都是我的德行不厚所致。既然是我的德行不厚,却还要继续强行使用武力,那么就是我们违背了道。"于是接下来,舜内修德政,外联诸侯,吊死问孤,发展生产,整顿军备,训练士卒,并进行了几次大规模的军事演习。三年下来,征伐未行,三苗就自行归顺了。

相关链接:

当舜之时,有苗不服,禹将伐之。舜曰:"不可。上德不厚而行武,非道也。"乃修教三年,执干戚舞,有苗乃服。(《韩非子·五蠹》)

上述故事给予我们的启示是现实而深刻的：

1. 所谓"和平"，对于战争双方来说，无论强弱，都是最佳选择。对于百姓，尤其如此。老子说："兵者，不祥之器，非君子之器，不得已而用之。"（《老子》第三十一章）范蠡说："兵者，凶器也。"（《史记·越王勾践世家》）孙子说："兵者，国之大事，死生之地，存亡之道，不可不察也。"（《孙子兵法》）皆表明了这样的观点。如果说战争可能会使某些人受益，也只是指少数当权者或所谓英雄豪杰而已。

2. 所谓"和平"的获得必得以强大武力为前提或后盾。德政能帮助和平的实现，但强大武力却是德政的一个最重要组成部分。如果没有强大武力做前提或后盾，那么，所谓"德"就没有力量，甚或还算不上是真正的"德"，和平与安宁便也不可能实现。

此外，《易传》说："利者，义之和也。"（《易·乾卦》）《墨子》说："义，利也。"（《墨子·经上第四十》）人类社会的"利"或"和"的实现，又必得以"义"为前提。"义者，己之威仪也。"（《说文》）又为我们所谓"义"的实现指明了明确目标，即一个好的社会，一定要让每一个人都能实现其应有的价值与尊严。这种社会就是"天下有道"的社会，就是公平正义的社会，就能实现真正的和谐与利。

中国自改革开放以来，人均收入已翻了数十番。这些财富，就是我们所得之"利"。为什么会得如此之多的"利"呢？除了自己的努力奋斗之外，其背后便有一个"和"字在起作用，即我们拥有了一个难得的连续数十年的和平发展环境。

就国内来说，"和"的背后，主要是因为实行了一个具有决定意义的新的分配原则：各尽所能，按劳分配。这大大提高了劳动者的生产积极性，进而大大提高了社会生产效率。这个原则也体现了我们的社会比之过去有了更多的公平、公正。

但是数十年的发展，由于对于资源不对称的掠夺，以及国家政策的某些倾向性、地区发展的不平衡等，新的社会不公不仅到处存在，而且还带来了诸多不和谐的音符。于是，当下最迫切需要解决的问题之一，便是新时期最基本的社会公正问题。此问题如得不到解决，"和"或"利"便不能持续。如一旦社会完全"失和"，而陷于混乱无序状态，"利"也就可能全面崩溃，乃至消失。老子说："为之于未有，治之于未乱。"（《老子》第六十四章）要想消除"乱"的危险，就必须要有强烈的忧患意识、防御意识。做到"夫唯病病，是以不病"（《老子》第七十一章），即要以"战战兢兢，如临深渊，如履薄冰"的心态担心失败与危险，才可以最大可能地避免失败与危险。

其实，"禾"不仅是成熟禾苗之形，还可以是"人·𠂇"与"五·✕"的亲密结合。它表明"和"，首先与人的存在意识紧密相关。"人·𠂇"是"禾"的核心。没有人，便没有"和"。换句话说，没有人的自然，即或有"和"，也没有价值或意义。其次，以人为中心的"和"既是指人与自然相谐相和，也是指人与社会的相融相洽。因为"五"既是金、木、水、火、土，也是仁、义、礼、智、信（"五，五行也。"——《说文》）。故"和"既无处不在，也是传统中国的大德之一。如《周礼》："以六德教国子：中、和、祇、庸、孝、友。"（《周礼·春官·大司乐》）1929年，国民政府颁布《教育宗旨及其实施方针》，强调"忠、孝、仁、爱、信、义、和、平"，其中也有"和"。

后来，由于语言文字的发展，"禾"专门作为禾苗之"禾"，先贤另造了有"口"之"和"。《说文》"和，相应也。从口，禾声"的解读，是经不起追问的。因为"禾"不仅表声，而且有意。加"口"，既强调了人在"和合"过程中的地位与作用，也突出了"和"主要指向人与人之间关系的和谐，因为"口"也通于人。

《诗经·伐木》有"嘤其鸣矣，求其友声"的诗句，其中"求其友声"，其实就是求取"相和"的声音，简称"求和"。这种富有诗意的"求和"，不仅能求得朋友的声援，还是一种获得同情、认可与进步发展的策略。1935年8月1日，中国共产党在红军北上途中，发表了一份对时局进行了精辟分析的《八一宣言》，其便是以"宣言书"的形式巧妙地"装扮"出来的"求和书"。果不其然，就在《八一宣言》发表后不久的一年多的时间里，张学良将军发动"西安事变"，扣留蒋介石，便是对于中共"求其友声"所做的有力回应。这种回应，无论是对于国共两党，还是全体中国人民，都是最大的"利"，而且是日本侵略者最大的不利。自此之后，中国共产党不仅从严冬中走了出来，而且很快就迎来了灿烂的春天，从而为最后赢得全国革命的胜利创造了条件。

人生征途，或艰难曲折，或横逆困穷，就算是顺风顺水，"求和"有时也是必需的。因为它不仅是现实的需要，更是我们奋力前行、不可或缺的策略。

"和"字还有多种异体："龢 𥫗 𥬇 𥯤 𥯡"。这些"和"字皆有一个"龠·𥬇"，主要是强调音乐在实现社会和谐中的巨大意义或作用。《吕氏春秋》说："凡乐，天地之和，阴阳之调也。"无论是音乐还是快乐，都是天地和顺、阴阳调和的结果；反之，则不乐。《说文》说："龠，乐之竹管，三孔，以和众声也。"其实，从该字初文构形"𥬇"分析，它应当是一种竹制的编管乐器，不一定三孔，或五孔、七孔，更不一定是一管，或五管、七管，全看制作者或演奏者的喜好或需要，其主要作用就是用来协和众声的。由此可见，音乐之"乐"则是用来协和万民的。荀子说："《礼》之敬文也，《乐》之中和也。"（《荀子·劝学》）《乐》便是用来协和天下万民的最好、最现实的工具。不过，这种观点在过去某个特定的时空里，可能是现实的、有用的，但在今天这个多元化的社会则很值得怀疑。

《吕氏春秋》说："人的耳朵的特点是想听到美妙动听的声音，但如果我们内心不快乐，即或是最美妙的音乐在我们面前演奏，我们也不会愿意听；人的眼睛的特点是想看到美丽的颜色，但如果我们内心不快乐，即或是最美丽的景色摆在我们面前，我们也不会愿意去看；人的鼻子的特点是想闻到芬芳的气味，但如果我们内心不快乐，即或是最芬芳的气味浮现在我们面前，我们也不会愿意去闻；人的嘴巴的特点是想尝到美好的味道，但如果我们内心不快乐，那么即或是最美好的食物摆在我们面前，我们也不会愿意去尝。应当快乐的事情反而快乐不起来，为什么呢？这原因全在于我们的内心呐！事实上，只有当我们的内心处在一种真正的平和、快乐的境地时，其他一切所谓快乐的事才可能让我们真正地快乐。"

它明确告诉我们，"乐生于和"。如果没有一种平和、宁静、快乐的心境，那么人就一定是如丧考妣而"食旨不甘，闻乐不乐，居处不安"了（《论语·阳货》）。

相关链接：

耳之情欲声，心不乐，五音在前弗听；目之情欲色，心弗乐，五色在前弗视；鼻之情欲芬香，心弗乐，芬香在前弗嗅；口之情欲滋味，心弗乐，五味在前弗食。欲之者，耳目鼻口也；乐之弗乐者，心也。心必和平然后乐。（《吕氏春秋·适音》）

　　"和"的引申意众多，如声音相应、和谐地跟着唱或伴奏；附和；和谐、协调；恰到好处；喜悦；和顺、平和；和睦、融洽等。

　　真正和谐的实现，因涉及个人与个人、个人与共同体、共同体与共同体、人与自然、个体自己的身与心，甚或当代人与后代人的关系处理，等等，所以它必定会囊括上述诸意。

　　孔子说"君子和而不同"，言简意赅，实为我们指明了和谐实现的伟大愿景。因为这个"不同"，不仅指向事实与价值，而且亦指向现实与未来。于是，"求同存异"便不可避免。

43. 什么是"谐"

冰心先生说："美的真谛应该是和谐。这种和谐体现在人身上，就造就了人的美；表现在物上，就造就了物的美；融会在环境中，就造就了环境的美。"

如果用一个故事来描绘，那么，宋代李清照与赵明诚之间短暂的爱情故事，大概就是这种和谐美中的最美吧！

大家可能都知道李清照，可知道赵明诚的人并不多。李清照18岁那年，嫁给了21岁的赵明诚。当时的赵明诚还是国子监的一名太学生。但出身宰相家庭的他，不仅博古通今，风度翩翩，而且酷好金石书画，鉴赏水平极高，著有《金石录》。后中年而亡，所以有小部分为李清照晚年补续完成。李清照父亲李格非，进士出身，官至礼部员外郎，学识渊博，为人正直，喜好诗赋辞章。母亲是状元王拱宸的孙女，亦可谓当时名噪一时的才女。所以，李家与赵家可算是门当户对。李赵二人的爱情，因为先有一见倾心，后有父母之命，所以虽未有今之所谓自由恋爱的过程，但新婚燕尔后的诗词唱和、浓情蜜意，以及共同欣赏、研究诗词、金石、书画的爱好，自然使他们之间有着说不尽的话头与喜悦。"卖花担上，买得一枝春欲放。泪染轻匀，犹带彤霞晓露痕。怕郎猜道，奴面不如花面好。云鬓斜簪，徒要教郎比并看。"这妩媚娇憨的情态，字字句句无不浸透着满满的幸福与甜蜜。当时夫妇二人，由于没有俸禄，但却有着共同的书画、金石爱好，所以入不敷出便是常有的事。当时的大相国寺是个可容万人进行交易的大集市，里面的书画、金石市场尤为繁荣，二人经常出没于此。如果没有钱，又见到了喜爱的东西，怎么办？那就只能是典衣服、卖嫁妆了。等请到了"宝物"，回到家中，两人灯前对坐，有说有笑，展观把玩，自然是充满了无穷的浪漫与温馨。闲暇时，两人或赏花吟诗，或猜谜做游戏，或猜书比典故，更是乐趣无穷。每次比赛，李清照总是赢。每当赵明诚面红耳赤、赧颜羞愧，需要抽书查证时，李清照总是自信满满，举杯大笑，有时候会笑得面容灿烂、钗簪乱颤，手中的茶水都溅出了杯子。

看到这，我们可能会想到：这不就是所谓"风流千古"的浪漫与和谐之美吗？宋代陆游与他的表妹唐婉之间的爱情故事不也曾有这么一段吗？可惜都好景不长。

下面关于"谐"字初文的解读，虽然都是关于人与人之间的和谐相处，但近世才出的"和谐"一词最初讲的不是人与人之间的关系，而是一种常见的物理现象——谐振。有个成语叫琴瑟和谐或琴瑟和鸣，最初见于明人的诗中，其意虽然与鸾凤和鸣差不多，但其实正是这种谐振现象最具代表性的反映。

"谐"字，一般认为，最初写作"䛫"。小篆体，形声字，"言·䛬"为形，"皆·䛬"为声。但细加推究，会发现"谐"的初文其实就是"皆·䛬"，因为它有"谐"的所有意义。"䛬"下面的"曰"或"口"皆可通于"言"。而在"䛬"的基础上加"言"，其实只是对于"言"在"谐"的实现过程中所起的作用所做的进一步强调而已。

"䛬"的上面是个从字"𠈌"或比字"𠤎"，下边是个"曰"或"口"。林光义《文源》说："二人合一口，众口相同之象。从口之字，古多变从曰。"

"从·𠈌"或"比·𠤎"皆是两个亦步亦趋的人，所宣示的大意是：

1."谐"，主要指向人与人之间的关系处理。

2.所谓人与人之间"谐"关系的实现，既需要互相模仿、学习，又需要互相比较、鉴别。只有这样，人与人之间才可能保持行动上的步调一致。

3."谐"，还需要有一定的主从关系。这就像超过两个人以上的队伍往前走，总要有先有后一样。但是这种主与从不是永远不变，而是可随时改变的。

下边的"曰"或"口",主要反映的是"谐"的实践大多数时候都要通过语言的参与或指挥(当然也包括肢体语言)。如果人数众多,语言的重要性显得尤其重要。如军队中的队列训练要是没有统一的语言命令,"谐"或步调一致的实现,则是不可想象的。

秦始皇帝统一文字,李斯们把"谐"写作"𧮫"。一是汉语言文字规范化发展的需要,二是对于语言、思想在"谐"的实现过程中的重要性的进一步强调。

《说文》又说:"谐,詥也。"《六统书》说:"詥,合众意也。"《玉篇》说:"谐,和也。"皆表达了这样的思想。

"谐"除了上述"合众意、和"之意外,引申意主要还有诙谐、妥当、成功、谐振、谐调等。

由于和、谐二字本意相通,"和"又本具和谐之意,所以连缀成词,其意或以和的成功实现作解更为确切。须强调的是:"和",一定要是不同之间的"和"。就如一部大曲,其声律虽有高低宽窄之别,但却总能共同构成一部完整的和谐乐章。

遍查先秦诸典,"和谐"一词皆无所见,且单字之"谐"也很少,如《老子》《论语》便全无"谐"字,但这并不意味我们的先哲们没有用到此意。古文简洁,"和谐"往往以"和"代之。如《诗经》有"鼓瑟鼓琴,和乐且湛"的诗句,其中的"和"就是和谐的意思。司马迁《史记》中有"及其调和谐合,鸟兽尽感"的句子,其中对于和谐音乐的生动描述,第一次把此两字捏合在一起,虽明显不是一词,但调和、谐合两词的合意,则确实与和谐相同。"和谐"一词,最早或就是由调和、谐合两词"和合"而来。

和谐的内容丰富多彩,人与人、人与社会、人与自然、身体与灵魂、共同体与共同体、国家与国家、民族与民族、民族与国家、当代人与后代人、发展与环境等,无不需要和谐的实现。但值得注意的是,真正和谐的实现并不容易,原因就在于各种的不同。我们能做的不是要消除各种的不同,而是既要学会包容、避让、换位思考,更要学会不断自强、自立。而至于国家与国家之间,"和"的实现有时又不得不付之以铁血。

一般关于和谐的解读是:"中国传统文化的基本理念,集中体现了学有所教、劳有所得、病有所医、老有所养、住有所居的生动局面，是经济社会和谐稳定、持续健康发展的重要保证。"

上述认识虽然没有涉及语言、思想、行为之"和"，显得有些单薄，但字里行间也确实充满了圣人关怀众生之意。

就社会主义核心价值观而言，"和谐"既是其他价值得以实现的前提或基础，也是其他价值已经得到实现的表征。就公民个人而言，它既需要我们秉持公正、敬业、诚信、友善之心，也需要我们有坚定的自立、自尊、自强之意。其最深刻处，与自由、平等、民主等价值一样，皆指向个体自由而全面的发展。

当代，由于中国的持续和平崛起，世界已渐向和谐世界迈进。

中华民族精神或意识的觉醒，必将使中国变得更加自信，更加富强，更加兼容，更具责任意识。这种意识必能引领世界变得更加公正、更加和谐、更加幸福。

44. 什么是"自"

老子说："知人者智，自知者明。胜人者有力，自胜者强。"（《老子》第三十三章）《吕氏春秋》说："欲胜人者，必先自胜；欲论人者，必先自论；欲知人者，必先自知。"（《吕氏春秋·先己》）明确告诉我们：自知、自强、自胜、自论都很重要，其中自知是核心。人只有在有充分自知的前提下，才有可能实现所谓的知人、胜人、自胜、自论的目标。

可是，一个人要如何才能做到比较客观地自知呢？简单来说，就是"好学"。首先，古圣先贤早有论述。孔子说："好学近乎智。"（《礼记》）司马迁说："修身者，智之府也。"（《报任安书》）《吕氏春秋》说："知（智）之盛者，莫大于成身，成身莫大于学。"（《吕氏春秋·尊师》）联系起来可知，"智"，其实就是知人，就是自知，就是好学，就是修身。其次，所有的事实逻辑与经验逻辑皆指向这一点。比如说自胜，即自己的理性或意志一定要能有效地战胜或控制自己的情感，也就是"心使气则强"（《老子》第五十五章）。只有通过好学，才能分辨最基本的是非，做到自胜。再比如说自强，如何才能让自己强大起来呢？也只能是"好学"，才能学到真本事、真能力。

老子说："知人者智，自知者明。"只有能深刻地了解别人的人，才可能有智慧，才可能成为真正的智者；但如何了解别人，却只有先从了解自己开始。因为我们所有人，最基本的人性都是差不多的。（"性相近也，习相远也。"——《论语·阳货》）可是，我们了解自己吗？大多数人对于自己能力的了解，都处于一种事实上的蒙昧状态。这是因为大多数人都不好学。

下面，举个一堂书法课的教学案例，或可对此说明一二。

这堂课，我要教会20岁左右的大学生们学习写一个楷书的"福"字，即"福"。我的要求不高，不一定要把整个字写得很漂亮，只要字的空间结构大体符合要求，就算过关。具体要求如下：

1. 示字旁的首点，如从其右端作垂线，必须正好罩住横撇下的点；

2. 示字旁的首点不要与下边的横撇连接在一起，即要有一定距离；

3. 横撇之间的角，不能太大，大概在30度左右。如从横撇的横的左端作垂线，要能完全罩住下面的撇；

4. 示字旁的竖要短于撇。如从撇的下端作水平线，则竖的下端露出部分很少；

5. "福"字的右边部分，各横之间要基本等距、平行，"口"的面积要基本上等于"田"字的四分之一。"田"的中竖要直（所谓"直"，指该竖要与下边的格边或纸边垂直，或与两边的格边、纸边平行），且要基本居于整个右边部分的中轴；

6. 如从整个"福"字下部观察，"田"的右竖下端最低，示字旁之竖次之，"田"字左竖底端又次之，但皆不能相差太多；

7. "田"字左上角要与示字旁的撇下之点相粘连或相距很近；

8. 所有横画都须向右上略斜，示字旁之横撇之横斜度最显。

这些要求都是显性的。它或并不难，只要用心，把相关的几何学知识稍作迁移，便没有问题。可无论我怎么讲，怎么示范，最后写得基本符合要求的一般不会超过十分之一。

究其原因，在于大多数人皆不好学，或说无心于学。观其书写过程，大多想也不想，看也不看，拿起笔来就写。于是，他们写的都是自己心中原有的想当然的模样。

事实告诉我们，因为不好学，所以有眼睛也是看不见的，有耳朵也听不见的，有嘴巴也是不会说的，有心也是不会想的。进言之，你本来应该都知道的东西，但如果不好学，便永远都不可能真正知道。换句话讲，只有好学，才可能让你的眼睛真的看得见，让你的耳朵真的听得见，让你的嘴巴真的说得出道理，让你的心真的能够明亮智慧起来。

相关链接：

且天生人也，而使其耳可以闻，不学，其闻不若聋；使其目可以见，不学，其见不若盲；使其口可以言，不学，其言不若爽；使其心可以知，不学，其知不若狂。故凡学，非能益也，达天性也。（《吕氏春秋·尊师》）

"好学"，既能让我们更加清楚地了解自己，且变得更强大（"自知、自强"），也能让我们获得更多、更大的自由。

历史上能够"自胜"的古圣先贤，代有其人，但让人记忆深刻的却不是很多。这里简单说说苏秦苦学的故事，他或算得上是我国古代先贤中好学的典范之一吧。

据《史记》《战国策》记载，苏秦与张仪皆是鬼谷子的学生，曾从师学得纵横之术。出师之后，苏秦先到秦国谋职，以"散纵连横"之术游说秦惠王。可是，"说秦王书十上而说不行"，没有成功，以至于咸阳一游，"黄金百斤尽"，仍一无所获。不得已，只能"去秦而归"。当他蓬头垢面地回到洛阳的家中时，亲人们对他的态度却很不好：妻子在织布，坐在织机旁，站都没站起来；嫂子照样干自己的活，连饭都不愿意给他做；父母更是连话都懒得跟他说。苏秦见此情景，只能是一边发牢骚，"是皆秦之罪也"——把此行失败的罪过全部归到秦惠王身上，一边继续找书、翻书、读书。他在几十大箱的书籍中翻来翻去，最后终于找到了一册《太公阴符之谋》，于是"伏而诵之，简练加以揣摩"。读书到大半夜，实在想睡觉，可是又不敢睡，只好拿了个锥子戳大腿。戳得多了，自然"血流至足"。这就是《三字经》中"锥刺股"的故事。又经过一年的努力，苏秦最后终于"揣摩成"。先游说燕、赵，终于得到了燕王、赵王的支持。在赵国被赵王封为武安君、授相印，又赐"革车百乘、锦绣千纯、白璧百双、黄金万镒以为用"。于是，一下子神气得不得了。接下来佩六国相印，更是"天下之大、万民之众、王侯之威、谋士之权"，全都得听命于他。当他再次回到洛阳，"父母清宫除道、张乐设饮、郊迎三十里，妻侧目而视、倾耳以听，嫂四拜自跪而谢"，好不风光！这种情况，就短暂的人生而言，应该是很成功了。

苏秦的故事告诉我们：唯一能够把握与掌控的只有自己。发牢骚并没有用，我们只有在充分把握或掌控自己的前提下，才可能影响别人，受人爱戴与尊重。而这背后只能靠自己的努力，只有越努力，才可能越自由。

下面关于"自"的初文构形的解读，或也可能说明这些。

"自"字最初写作"自"。象形字，像人的鼻子。《说文》说："自，鼻也。象鼻形。"因为人在面对他人时，总是指着自己的鼻子，以借指"我、自己"。因为"借而不还"，所以后来只得另造"鼻"字指代鼻子。今天的"鼻"字，由上下两部分构成，上部的"自"仍代表鼻子，下部读"畀"，意为给予，合起来就是把鼻子给还了回来的意思。

"鼻·自"之所以能代表"我、自己"，是由其居于人的面部中心位置，且远远凸出于面部其他部分所决定的。它启示我们："我、自己"或自由的第一特征，即在于突出自我，并以自我为中心。由于鼻子的存在总是与脸紧密相连，所以从所谓"形而下"，即看得见摸得着的具体形象来看，如果鼻子的大小、高低、轮廓、位置等，与眼睛、嘴巴、耳朵、脸皮等的相互关系适当，或略高大些，就会让"我、自己"显得更加帅气、漂亮。反之，则"恶（丑陋）"。现实生活中，所谓帅气、漂亮，似乎也能让"我、自己"获得更多的肯定与自由。

"面"，由五官和周边的面皮共同构成。它既是人的重要组成部分，也是识别人的最重要依据。我们身份证上的照片就是一张正面的人脸，便是因为其无可比拟、难以替代的重要性。因此，它又可从"形而下"的脸，引申到"形而上"的所谓看不见摸不着的面子。在中国传统文化中，面子关乎人的存在与价值，与人的自由、权利、尊严、社会地位紧密联系。

"我、自己"或人的自我意识与面子，犹如鼻子与脸，"我"既是面子的核心，亦受面子所制约。换句话说，"我"越有面子或面子越大，就越自由；但反过来，其自由度不管如何，却永远不能逾越面子所应有的范围。一旦逾越，既可能是僭越，也可能是犯罪。"我"与面子的这种关系，也可以说是"我"与面子的相互肯定与和解。构成脸的器官，除了占据中心位置的鼻子之外，主要还有分布于四周的眼睛、嘴巴、耳朵。眼睛要学习看或观察，才可能看得见。"目不能两视而明"（荀子），是说看或观察要专注;"非礼勿视"(孔子),"目非是无欲见也"(荀子),是说该看的必须要好好地看,不该看的坚决不看。耳朵要学习听或倾听,才可能听得见。"耳不能两听而聪"(荀子),是说听要有所选择;"非礼勿听"(孔子),"耳非是无欲闻也"(荀子),是说该听的必须好好地听,不该听的坚决不听。嘴巴要学习说,才可能说得出道理来。"口非是无欲言也"(荀子),是说该说的要"知无不言,言无不尽"(毛泽东);不该说的,则要"不言""稀言"(老子),"缄口而不言"(贾谊)。眼睛、耳朵、嘴巴所发挥的作用越大,功用越高,"我"就越能得到社会的肯定,面子也就越大,自由度自然就越高。

"真正的自由,本质上就是相互肯定、相互和解。"而"我、自己"或面子的获得,不仅有"天命之谓性"的缘故,更重要的是"修道之谓教"的结果。所谓"天命之谓性"是指上天赐予的,每一个人都十分相近的动物性或第一人性;所谓"修道之谓教",是指后天通过教育、学习而得来的社会性或第二人性。换句话说,人只有通过"为学日益,为道日损"或"修道、好学",以及各种社会实践,才可能真正地获得他人从内心深处所尊崇的面子。

由于"我、自己"与面子、自由紧密联系,所以"自"又可引申为始、开头、根本。

韩非子说:"故法者,王之本也;刑者,爱之自也。"(《韩非子·心度》)所谓国家的法律,是国家最高统治者实行统治的根本所在;所谓刑罚,既是一切仁爱的开始,也是一切仁爱的根本。认为仁爱以刑法、法律为根本,即是认为一个人爱别人,最基本的前提是不伤害别人,因为人人都是受法律保护的。所以,伤害别人,无论是从仁爱,还是从法律的角度来考察,都等于是伤害自己。

爱自己,就是爱自由。

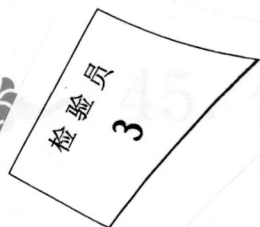

检验员 3

45 什么 么是"由"

孔子说："谁能出不由户？何莫由斯道也！"（有谁不是从自家的门口出来呢？没有人不是从这条路出来的！——《论语·雍也》）这意味着，日常生活中，人的一切行为总是受一定的规范所约束的。如果不按规范行事，就是"奇"，既不方便自己，也可能受到社会舆论的谴责或法律的制裁。这背后的意思是，道德、法律、制度等是最基本的社会行为规范，对人带有相当的强迫性质。

但孔子又说："为仁由己，而由人乎哉？"（一个人是否选择为仁，都是由他自己的主观意志决定的，与别人没有关系。难道还可能是由别人决定的吗？——《论语·颜渊》）这种认识与他的另一句名言"我欲仁，斯仁至矣"（《论语·述而》）高度一致。可是，这种认识不仅让孔子自相矛盾，而且与事实逻辑也不相符合。事实上，"人是一切社会关系的总和"（马克思），虽然"生而自由，但无往不在枷锁之中"（卢梭）。人之所以要"为仁"，不仅不能由着自己，而且必须由"斯道而出"！否则，就没有出路。

综上可知，所谓"自由"从来就是要受到规约的。所谓"从心所欲"只是目标，唯有"不逾矩"才是永远的前提。

孔子曾用"大车无輗，小车无軏"来比喻"信"对于人的重要性。但其实，以此来比喻人与自由的关系，或更加确切。

輗与軏是我国古代车辆用来连接车辕与衡轭之间的紧固部件（俗称销

子），用以把车与拉车的牲畜紧密连接在一起。如果没有它，车便不可能远行，或不能行。孔子将它比作"信"，意味人如没有"信"，就像车没有輗与軏一样，不仅不可能行之久远，而且可能寸步难行。这里的"行之久远"，其实就是自由。（"人而无信，不知其可也。大车无輗，小车无軏，其何以行之哉？"——《论语·为政》）人越诚信，就越自由。

下面关于"由"字初文的解读，或也可以说明这些。

"由"字最初写作"由"，与今天的"由"没有什么区别。会意字，下边是个"田"字，上边像一根草或其他植物初出的幼苗。《说文》说："田，陈也，树谷曰田。"又说："陈，宛丘。""宛丘"，就是连绵不断的山丘。这告诉我们，"田"不仅是能种植百谷的土地、田地，同时也是可用来田猎的田野、山野、旷野、野外。

田野的草木，既能自由自在地生长，亦受气候、土壤、水等环境因素甚或人的制约。枝芽是成就草木的原因、缘由，但长于何处，或是否成器、成材却需要一定的因缘、机缘。故"由"既是原因、缘由，亦是因缘、机缘。"由"的引申意众多，主要有途径、办法、法式、凭据、经历、行、践履、遵从、用、为、从事、欲求、想要、归属等。它们共同告诉我们，"自由"无论从形上还是形下来说，由于既受制于自然，亦受制于社会，所以永远只能是相对的。对于人或人类社会而言，它既与主体的欲求关系密切，也与主体对于规律性的认知紧密联系。所以马克思说："自由不在于幻想中摆脱自然规律而独立，而在于认识这些规律，从而能够有计划地使自然规律为一定目的服务。"（《马克思恩格斯全集》）可是，老子说：天道自然规律，从来就是没有偏私的，它能帮助的只是那些善于认识、顺应、利用它的人。（"天道无亲，常与善人。"——《老子》第七十九章）孔子说：所谓圣人，我是没有看到过的，能够看到君子就不错了；善人，我也是没有见到过的，能够见到有坚定持久的道德之心的人就不错了。（"圣人，吾不得而见之矣，得见君子者可和矣。善人，吾不得而见之矣，得见有恒者，斯可矣。"——《论语·述而》）他们都在告诉我们，能够对天道自然规律有深入认知，或能够真正地实现所谓"意志自由"的人很少。

自古及今，人类所有的奋斗都在尝试着获得更多、更大的自由。但我们每一步的前行，都付出了极大的甚或是惨重的代价。

孔子"十五志于学，三十而立，四十而不惑，五十而知天命，六十而耳顺，七十而从心所欲不逾矩"（《论语·为政》），不仅说明他的一生都在不断地追求自由，而且说明自由的实现与个人理想、意志、努力程度紧密相关。孔子十五能"志于学"，说明他自十五岁时起，便能用自己的意志控制行动。而之前不能，则说明之前的孔子没有所谓"意志自由"。于是，孔子晚年便深以为耻。

相关链接：

吾有耻也，吾有鄙也，吾有殆也。幼不能强学，老无以教之，吾耻之。去其故乡，事君而达，卒遇故人，曾无旧言，吾鄙之。与小人处者，吾殆之也。（我是有耻辱的，我是有鄙薄的，我是有怠慢的。少年时期，我没有努力学习，老了便没有更多的东西教育后辈，这是我的耻辱；离开故乡，服侍君主，曾经发达过，可是遇到幼年时期的老友，却没有话说，这是我的鄙薄；与下层百姓相处，我也曾有所怠慢。这些都是我的耻辱。——《荀子·宥坐》）

孔子"三十而立"，说明他此时已经在经济、精神或人格上获得充分的自由。据有关史料，三十岁左右的孔子，不仅有了专属于自己的学校，以及坚定的"以天下为己任"的政治理想与学术旨趣，而且也有了所谓"礼仪专家"或名师之名而"闻达于诸侯"。孔子"四十不惑"，说明他四十岁前后的学问才识，已通达无碍：对现实世界与人之精神世界的关系、知与不知、自身的欲求与社会的需要，等等，都有了深刻的认知。所以对于所遇人与事不仅能做出相对正确的事实判断，更重要的是能做出相对正确的价值判断。"五十而知天命"，说明他已明确知道自己的人生能做什么，不能做什么，但却能坚持"明知不可为而为之"，并深刻地知道这种"为"的意义所在。"六十而耳顺"是对"知天命"的进一步坚持：别人的意见，无论正确与否，都会对我有意义，但却不会改变我一直以来"以天下为己任"的"初心"。"七十而从心所欲不逾矩"，不仅是一种知与行高度统一的意志自由，更重要的是，这个"矩"是自己为自己所立。

上述自由的实现或获得的最佳途径，在老子看来便是"为学日益，为道日损"。以不断"为学"来提高对于道的认识，以不断"为道"来减少自己的缺点或不足。

"自由"一词，最早出自东汉刘玄所作《礼记注》，如"去止不敢自由"，其意即自己做主。这说明，在名教盛行的中国封建社会，只要有尊者、长者在，人的"去止"是不能由着自己的。

后来的佛教经典中，"自由"一词被广泛使用，但其意义却仅指精神上的通达无碍。

《资治通鉴》中的"自由"，意为"自己做主""由着自己""任性放肆""无法无天"，多呈贬义。黑格尔认为，在中国古代，只有皇帝一人是自由的。但这种说法并不正确，形上、形下皆是如此。不然，隋文帝杨坚就不会有"吾贵为天子，不得自由"的感叹了。

杨坚是中国历史上少有的好皇帝，这可能与他有个好的结发妻子有关。他的妻子独孤伽罗，不仅天姿国色，"柔顺恭孝，不失妇道"，而且聪慧过人，富有政治才干。因为深度参与政治，曾与杨坚被臣下尊为"二圣"。无论是杨坚当上皇帝之前，还是之后，她的献计献策都对杨坚起到了巨大的建设性作用或矫正作用。所以，杨坚不仅与她感情很好，而且对她有所依赖。

但有一点令杨坚实在受不了，那就是她妒忌心太强，不愿意他亲近其他任何女人，且在这点上表现出极端的强势：凡被杨坚临幸过的其他女人，能杀的一概毒杀；不能杀或杀不了的，就尽量设法不让杨坚与她们亲近。以此观之，她或可算是中国古代历史上最早的女权主义者，或中国历史上最早的一夫一妻制的忠诚捍卫者了。于是，杨坚不得已，只能不设后宫。但凡事皆有例外。有一次，杨坚见到尉迟迥将军年轻貌美的孙女儿，没把持住，暗地里把她给弄到了皇宫，并临幸了她。可独孤皇后耳目众多，不多会儿，便趁着杨坚上朝之机，轻而易举地把她给杀了。杨坚获得消息，气得不行，单骑冲出皇宫，长驱二十余里，直到长安附近一个山谷之中，方才停止。大臣高颍、杨素闻说，立马追到山中，拦马苦谏。最后，杨坚只能长叹一声："吾贵为天子，不得自由！"高炯只好劝说道："我们伟大的陛下，怎么可能为一个女人而抛弃天下苍生呢？"听了这话，杨坚悲愤的情绪才稍有缓解，在山中驻马徘徊了许久，直到半夜才回到宫中。

相关链接：

独孤后性妒忌，后宫莫敢进御。尉迟迥女孙，有美色，先没宫中。上于仁寿宫见而悦之，因得幸。后伺上听朝，阴杀之。上由是大怒，单骑从苑中出，不由径路，入山谷间二十余里。高颎、杨素等追及上，扣马苦谏。上太息曰："吾贵为天子，不得自由！"高颎曰："陛下岂以一妇人而轻天下！"上意少解，驻马良久，中夜方还宫。（《资治通鉴·开皇十九年》）

不能多近女色，杨坚只能把精力高度集中到治国理政上来，于是历史上便有了个政治清明的"开皇之治"。

可是天不假年，独孤皇后富贵命短，中道而殂，不到五十九岁便死了。之后，没有人管的杨坚就像一匹脱缰的野马，纵情女色，不到两年便也追随独孤皇后去了。临终之际，喟然长叹："如有独孤皇后在，朕又何至于此！"可是为时已晚。

上述故事说明，隋文帝杨坚所追求的自由，其实就是一种动物性的欲望冲动，而这却正是其没有真正自由的集中表现。换句话讲，如其有真正自由，那么就一定能用自己的意志控制自己的一切行为。

其后贯穿整个封建社会，直到民国初年，"自由"一词皆成为统治者或当权者为政之大敌。

相关链接：

在西方，按照哈贝马斯的观点，主体性的自由是由黑格尔从其现代性方案的价值规范基础上概括出来的。这种主体性原则主要包括四个方面的内涵。第一，个人主义：在现代世界中，所有独特的个体都自命不凡；第二，批判的权利：现代世界的原则要求，每个人都应认可的东西，应表明它是合理的；第三，行为自由：在现代，我们愿意对自己的所作所为负责；第四，是唯心主义哲学自身，哲学把握自我意识的理念乃是现代的事业。其所强调的"个人本位""理性原则""个人自由""自我意识或自我确认"，是现代社会一切自由思想的基础。

今天，作为政治概念的"自由"，始于中国近代启蒙思想家严复所译穆勒的《群己权界论》（又名《论自由》）。以"群己权界"来规范自由，表明自由既是对于权利的伸张，也是对于权利的限制，亦如梁启超所说："自由者，权利之表征也。"当下，无论世俗还是学界对于自由的解读，五花八门。一般认为，以法国启蒙思想家孟德斯鸠《论法的精神》的解释最为经典："一个公民的政治自由，是一种心境的平安状态。这种心境的平安状态，是从人人都认为他本身是安全的这个角度出发的。要想获得这种自由，就必须建立这样一种政府，在它的统治之下，一个公民不惧怕另外一个公民。"显然，这种自由就是权利，且与平等、公正、法治等价值紧密联系。

真正的自由的实现，是个系统工程，既需要政治上可以让人免于恐惧，经济上主体完全独立，意识形态上有独立之思想，精神上有独立之人格，而且需要意志上能够实现"欲不欲"，理性能控制自己的各种欲望，或所谓"从心所欲而不逾矩"。

"自由"位列社会主义核心价值观之五，"社会层面"之首。其虚无性与实在性高度统一，虚无性主要表现为精神性或意志性，实在性主要表现为物质性或工具性。它们皆与自由紧密联系，不可分割。进言之，这个世界，既没有绝对超越于物质之上的自由，也没有绝对超越于精神之上的自由。

46. 什么是 "平"

《吕氏春秋》说："平出于公，公出于道。"（《吕氏春秋·大乐》）公平、公正、天道、人道都是联系在一起的。天道主要指自然发展的一般规律性，其在人间的践履就是人道。人道即道德，又可简称"德"。"德"的核心即公正。公正即公平、正义。三者是辩证的互涵关系。绝对的公正、公平、正义从来没有，即或相对的也极为稀缺，就像阳光能够真正直射地面的机会或时间很少很短，或根本就不存在一样。

下面是一个关于楚平王的故事，或可给予我们一点启示。（事见《史记》《吕氏春秋》等）

春秋时期，楚平王时代有个极坏的"谗人"，也就是"奸人"，名叫费无忌。他曾与伍子胥的父亲伍奢一起当过楚平王太子建的老师。伍奢为太傅，由于文武双全、为人正派，所以深受太子喜爱；费无忌为少傅，由于巧言令色、虚伪奸猾，所以深为太子厌恶。费无忌觉得将来地位难保，就想换掉太子。于是心生一计，自告奋勇要为已经成年的太子到秦国求亲。可是等他把那位夫人弄回来，却以夫人实在太漂亮为由，偷偷地劝楚平王自己娶了。楚平王见太子夫人长得漂亮，还真的就自娶了。父子之间的隔阂，因为有了费无忌夹在中间，就是没有也有了。于是，太子被费无忌撺掇调往北方边城城父，名义上说是为了开疆拓土，但其实却成了费无忌下一步行动的棋子。伍奢与太子同往，费无忌自然留在了平王身边。接下来，诬陷太子谋反便顺理成章，因为太子有军队，更有实力不断壮大的事实。本来楚平王是不相信儿子会谋反的："他已经是我的太子，是未来的王，为什么还要谋反呢？"但奸人的诬告往往更能打动人心："不相信，您就等着吧！到时可别后悔！"楚平王先抓来伍奢讯问："太子真的要谋反吗？"伍奢回答说："您何必听信奸人的谗言，而不相信自己的骨肉呢？"可是，正是这"骨肉"二字戳痛了楚平王的神经。因为在楚平王看来，所谓"骨肉"从来就是不可信的，他自己就是用欺诈的手段杀了两位兄长而自立的。于是，他下决心要除掉太子。他下诏骗伍子胥、伍尚兄弟说："只要你们俩回来，我就赦免你们的父亲。"但没有人相信这不是一个骗局。伍奢事先就警告过楚平王说："您骗不了子胥，更杀不了他，他将来一定会成为楚国的祸害的。"接到诏命，哥哥伍尚对弟弟伍子胥说："我不去跟父亲一起死，会显得我们家人不孝；你不逃走将来为我们报仇，会让人觉得我们愚蠢。"于是，伍子胥经过一番曲折，最后只身逃到了吴国，而伍奢、伍尚果然被楚平王枉杀。太子建也只能跟着逃了。

再后来，费无忌又因嫉妒贤臣左尹郤宛而再造冤狱。他先跟令尹子常说："郤宛想请您喝酒。"隔天他又与郤宛说："令尹想到你家里来喝酒。"郤宛听了之后很惶恐，说："我一个卑贱之人，怕是有辱令尹到来。既然令尹愿意屈尊到我家来，我当然应该好好招待。可是，我应如何做才合适呢？"于是费无忌假意献计："令尹喜欢兵器，你弄些好点的兵器放到家中，等到令尹饭后走时，你主动送给他不就好了。"又隔几天，等费无忌再见到令尹子常，他却说："我差点害了令尹您。那郤宛原来别有用心，他想请您吃饭是假，其实是想借机杀了您。不信，您派人查看一下他的家就知道了。他家里到处都藏了兵器。"令尹子常大吃一惊，派人一查，果然如此。于是立马发兵攻打郤府，一下子就把郤宛一家全灭了。但接下来举国哗然，上上下下没有不埋怨令尹的。因为左尹郤宛本是贤臣，从无过错，而奸人费无极却名声很臭。最后，令尹子常醒悟过来，为平民愤，接受沈尹戍的建议，不仅杀了费无极，而且灭了他三族。

伍子胥逃到吴国后，经过多年努力，最后终于当上了吴国的将军，并与孙武一道带兵将楚国多次打败，但这时楚平王已死多年。为雪耻，伍子胥令兵士把楚平王的尸体从坟墓中挖出来，鞭尸三百（有的说是"鞭坟三百"）。俗话说："君子报仇，十年不晚。"伍子胥用十多年的时间，终于报了父兄之仇，为自己讨回了一点点公平。费无忌可算咎由自取。但当我们回首这个故事，想想那众多的无辜冤魂，对他们"公平"吗？

相关链接：

荆平王有臣曰费无忌，害太子建，欲去之。王为建取妻于秦而美，无忌劝王夺。王已夺之，而疏太子。无忌说王曰："晋之霸也，近于诸夏；而荆僻也，故不能与争。不若大城城父而置太子焉，以求北方，王收南方，是得天下也。"王说，使太子居于城父。居一年，乃恶之曰："建与连尹将以方城外反。"王曰："已为我子矣，又尚奚求？"对曰："以妻事怨，且自以为犹宋也。齐晋又辅之。将以害荆，其事已集矣。"王信之，使执连尹，太子建出奔。左尹郤宛，国人说之。无忌又欲杀之，谓令尹子常曰："郤宛欲饮令尹酒。"又谓郤宛曰："令尹欲饮酒于子之家。"郤宛曰："我贱人也，不足以辱令尹。令尹必来辱，我且何以给待之？"无忌曰："令尹好甲兵，子出而寘之门，令尹至，必观之已，因以为酬。"及飨日，惟门左右而置甲兵焉。无忌因谓令尹曰："吾几祸令尹。郤宛将杀令尹，甲在门矣。"令尹使人视之，信。遂攻郤宛，杀之。国人大怨，动胙者莫不非令尹。沈尹戍谓令尹曰："夫无忌，荆之谗人也。亡夫太子建，杀连尹奢，屏王之耳目。今令尹又用之杀众不辜，以兴大谤，患几及令尹。"令尹子常曰："是吾罪也，敢不良图？"乃杀费无忌，尽灭其族，以说其国。动而不论其义，知害人而不知人害己也，以灭其族，费无忌之谓乎！（《吕氏春秋·慎行》）

平王二年，使费无忌如秦为太子建取妇。妇好，来，未至，无忌先归，说平王曰："秦女好，可自娶，为太子更求。"平王听之，卒自娶秦女，生熊珍。更为太子娶。是时伍奢为太子太傅，无忌为少傅。无忌无宠于太子，常谗恶太子建。建时年十五矣，其母蔡女也，无宠于王，王稍益疏外建也。

六年，使太子建居城父，守边。无忌又日夜谗太子建于王曰："自无忌入秦女，太子怨，亦不能无望于王，王少自备焉。且太子居城父，擅兵，外交诸侯，且欲入矣。"平王召其傅伍奢责之。伍奢知无忌谗，乃曰："王奈何以小臣疏骨肉？"无忌曰："今不制，后悔也。"于是王遂囚伍奢。乃令司马奋扬召太子建，欲诛之。太子闻之，亡奔宋。

无忌曰:"伍奢有二子,不杀者为楚国患。盍以免其父召之,必至。"于是王使使谓奢:"能致二子则生,不能将死。"奢曰:"尚至,胥不至。"王曰:"何也?"奢曰:"尚之为人,廉,死节,慈孝而仁,闻召而免父,必至,不顾其死。胥之为人,智而好谋,勇而矜功,知来必死,必不来。然为楚国忧者必此子。"于是王使人召之,曰:"来,吾免尔父。"伍尚谓伍胥曰:"闻父免而莫奔,不孝也;父戮莫报,无谋也;度能任事,知也。子其行矣,我其归死。"伍尚遂归。伍胥弯弓属矢,出见使者,曰:"父有罪,何以召其子为?"将射,使者还走,遂出奔吴。伍奢闻之,曰:"胥亡,楚国危哉。"楚人遂杀伍奢及尚。

十年,楚太子建母在居巢,开吴。吴使公子光伐楚,遂败陈、蔡,取太子建母而去。楚恐,城郢。初,吴之边邑卑梁与楚边邑钟离小童争桑,两家交怒相攻,灭卑梁人。卑梁大夫怒,发邑兵攻钟离。楚王闻之怒,发国兵灭卑梁。吴王闻之大怒,亦发兵,使公子光因建母家攻楚,遂灭钟离、居巢。楚乃恐而城郢。

十三年,平王卒。将军子常曰:"太子珍少,且其母乃前太子建所当娶也。"欲立令尹子西。子西,平王之庶弟也,有义。子西曰:"国有常法,更立则乱,言之则致诛。"乃立太子珍,是为昭王。

昭王元年,楚众不说费无忌,以其谗亡太子建,杀伍奢子父与郤宛。宛之宗姓伯氏子嚭及子胥皆奔吴,吴兵数侵楚,楚人怨无忌甚。楚令尹子常诛无忌以说众,众乃喜。(《史记·楚世家十》)

下面说说"平"字的由来,或可以让我们对于公正、公平、正义有更加深刻的认识。

"平"最初写作"平"。象形或会意字,像天平的样子。

《淮南子》说:"衡之于左右,无私轻重,故可以为平。"(《淮南子·主术》)其中的"平"就是指天平。由于天平难称重物,所以人们在天平的基础上又发明了秤。

由于秤能起到平的作用,所以亦能叫作平。《法言》说:"一閛之中,必立之平。"(《法言·学行》)其中的"平"就是指公平秤。一个集市之中,必须由公立机关设置一个取信于民的公平秤。公平秤是国家统一度量衡、取信于民，实现买卖公平、人人平等的重要手段之一。

但细加考察，我们又会发现，"秤"虽然也以公平为本，但与天平相比较，还是有极大的差异。天平用来衡重的杠杆，从支点到两头的距离是均等的，大小、形状、质地等亦皆同一。用来衡重的砝码，与需要衡重的物体重量也是相等的，准确性高，误差很小或没有，故能"无私轻重"。秤虽然也有所谓"平"之名，但却很难实现实质的"平"。原因是，这种衡重原理必须在杠杆上用"权"。"权"俗称秤砣或秤锤。由于杠杆的作用，它在实际运用过程中，能很容易地实现所谓"四两拨千斤"。换句话说，秤与天平比较，是一定有所偏私的。偏私何处？偏私于权。这种认识，不仅从"秤"字，与"私、利"等字的构形关系中可以推导出，也可从现实生活实践中得到证实。从汉字构形来看，"秤"中有"禾"，"私、利"也有"禾"。不仅如此，"禾"也可与和谐的"和"相通。从实际情形来看，"权"的使用，会因为离支点的距离的远近不同，而形成不同的误差。这种误差又可叫权量阈值。换句话说，即或掌权者以追求客观准确、公平公正为目标，也会因为权量阈值的存在而难以实现。不过，如果掌权者对上述问题有深入认识，要实现相对的公平或和，则完全是可能的——只要不弄权，或不要太过偏私于权。一般情况下，秤之所有问题，不在于权量阈值的问题，而在于权的过大或过重。在政治实践中，掌权者之"权"本来也不大，但却因借助军队、警察、法庭、监狱等暴力或政策、制度、传统做杠杆，使权重或权力得到无限的扩张。掌权者如心怀公正，且努力学习，那么公平或平等则相对可期；如心中既没有公正，又不努力学习，且"怀贪鄙之心，行自奋之智"（贾谊《过秦论》），或只一味地以弄权为快，则不仅公平、公正、平等无期，且一定会弄得天下大乱或自取其辱。故要想让社会接近于实质的公平、公正或平等，当权者不仅要深刻地认识到所谓"权量阈值"的存在，而且要控制好权重。在具体的政治实践中，则既需要把"权"关进制度的笼子，慎用权，又要让用权的过程处于公众的监督之下，从而实现真正的公平、公正或平等。鉴于上述认识，法院、法庭常以天平而不以秤来象征或标榜公平、公正、正义、平等的无上信仰，也就很容易理解了。其背后所宣示的，正是法官在审案、断案过程中所理应遵循的只是法，而不是权的金科玉律。

　　"平"，作为一种衡量的标准，因为其引申意有均等、齐一、公正、端正、共同、和、太平、治、成、平坦、宁静、安舒、平息、媾和、和睦、平常的、普通的、免除、宽恕等，所以，平等不仅与上述诸意紧密联系，而且许多时候正是上述多种意思的共同表达。公正列于其中，不仅凸显了公正的重要性，而且也让平等有了核心或灵魂。换句话说，一切所谓"平等"的实现，必得以公正为前提或核心；如果平等以追求绝对均等、齐一为目标而违背了公正原则，那么就说明它已深陷平均主义而不能自拔，且与我们现实生活所真正需要的平等背道而驰了。

　　所以，真正的"平"，只能是以公正为前提的公平。它既通于道，也须与人类所不懈追求的未来理想目标基本吻合。

47. 什么是"等"

　　"等贵贱，均贫富。"一般认为这是一种绝对平均主义思想。最早由北宋农民起义领袖王小波、李顺提出，是近千年来中国农民或所有下层人民所一直奋力追求的一种社会理想。到近代，由洪秀全提出的所谓"天朝田亩制度""圣库制度"（"有田同耕，有饭同食，有衣同穿，无处不均匀，无人不饱暖"）继承、实践并发展了它。但窃以为这种思想应源于孔子。孔子说："丘闻有国有家者，不患寡而患不均，不患贫而患不安。盖均无贫，和无寡，安无倾。"（《论语·季氏》）这说明，在孔子看来，贫富不均会造成社会不安，继而会引发人民革命斗争，这几乎是必然的。孔子早就认识到了这一点，所以他要求统治者"为政以德"，"节用而爱人，使民以时"，让每个人都能享受到最基本的社会公正。历史上，虽然王小波、李顺以及洪秀全的社会实践完全归于失败，但孔子的认识以及农民实践失败的教训，却仍能给予我们现实的启示：

　　第一，贫与富，从来就是相比较的存在。如果一个社会，人与人之间没有巨大的贫富差异，那么秩序就一定会相对稳定、安全。反之，如果贫富差距太大，不稳定、不安全便是必然。

　　第二，当权者的所谓忧患意识，对内，应当主要放在关于贫富悬殊等利益关系的调节上。老子说："夫唯无以生为者，是贤于贵生。"（《老子》第七十五章）当权者至少要把百姓们的生存、生命权放在自己的养生长寿之上。不然，"民不畏死，奈何以死惧之"（《老子》第七十四章）

的局面就随时可能发生。

第三，所谓"绝对平均主义"肯定是不可持续的。根本原因是其不可能长久地提高大家的劳动积极性，推动生产力的发展和社会的进步。

毫无疑问，当前中国政府所面临的最大社会问题，就是要解决好贫富差距过大，与如何继续保持、提高人们的劳动积极性、创造力之间的矛盾。

下面关于"等"字初文的构形解读，既有助于解决上述问题，也能加深我们对于平等、公正的理解及其关系的认识。

"等"字最初写作"𥬞"。上边是个"竹"字，下边是个"寺"字。

"从竹"，说明"等"的意义首先源于竹。"竹"字最初写作"𥬞"，像两根并生之草，或像竹林之形。中间的两小横表示多、众多，因为竹总是丛生的。《说文》说："竹，冬生草也。"所谓"冬生"，是指竹胎生于冬，且枝叶不凋。所谓"草"，是说竹乃禾本科多年生常绿植物，亦可说是世界上最高大的草。竹中的优良品种大兰竹，其成年茎秆直径往往可达三四十厘米，中空而有节，坚韧而有力，不仅可做各种家具，而且可用作建筑材料。在众多植物中，其同类性特征十分明显，故它很容易从其他各种植物中被识别出来。竹的这种同类性特征有如人能很容易地从动物界超拔出来。它映射了一般所谓平等并不是佛家的"众生平等"，而是仅指人与人之间的人格平等。换句话说，如果没有人做前提，所谓"众生平等"便一定会与中国传统中最基本的道德人伦相背离。比如据《论语·乡党》，孔子家的马厩起火，孔子从朝中回来听说后，只问了句："伤到人没有？"根本就不问马，便表达了上述思想。进言之，如果某人爱其他任何物类胜过爱人，那么就不能算是"仁"。而无"仁"之人，在孟子看来就是禽兽。此外，孔子说的"仁者爱人"与孟子说的"仁者，人也"，也是这个意思。

相关链接：

厩焚。子退朝，曰："伤人乎？"不问马。（《论语·乡党》）

此外，竹又是"八音"之一。"八音"，即《三字经》提到的"匏、土、革，木、石、金，丝与竹"。作为中国传统乐器的一大类，竹在与其他各种乐器的合奏中，主要功能是"和"，但其特色又很容易与其他乐器区分开来。故这种"和"又可称之为"清和"或"和而不同"。孔子说："君子和而不同，小人同而不和。"（《论语·子路》）"和而不同"不仅比较准确地反映了中国传统精神对于平等的理想要求，也与当代中国对于平等的理想或认识高度吻合。进言之，平等在现实世界或政治实践中，既需要有分别，也需要有"同"。

"从寺"，说明"等"的意思亦源于"寺·𡭗"。"寺·𡭗"是"持"字的最初写法，后被寺庙的"寺"借用，所以又别造了"持"。"寺·𡭗"由上下两部分"止·𣥂"与"寸·𢗡"共同构成。"止·𣥂"既是人类、时间的足迹或"鸟兽之文"，亦能表达止、到达、至之意。

"寸·𢗡"是一只握有物或权的手。可见，"持"既是一个艰辛的过程，也是一个智慧的过程。既需要手足并用、用尽心力，也需要时间以及借助外物、外力或权力以约束。佛寺方丈在接纳新弟子时，常会向新弟子发问："尽形寿，不杀生，汝今能持否？尽形寿，不淫欲，汝今能持否？"新弟子必得回答："能持。"这说明，佛教弟子若不能全面接受佛教清规戒律的，便不能居于寺庙之中。进言之，人如不能持守相应的原则或规范，也就不能享有其相应的平等。

此外，《说文》又说："寺，廷也。有法度者也。""廷"，即"朝中官曹所止事理之处"。这说明，所谓"廷"既是法度的制定者，也是执行法度的模范。《广雅》又说："寺，官也。"自秦汉以来，"寺"，既曾是九卿所居之所的称谓，也是官舍的通称。

《说文》又说："等，齐简也。""齐简"可有两种解读：一种是以"齐"做动词，意即整理竹简，并使它齐整。这意味着即或竹简本来已经做成长短、厚薄、宽窄如一，即事物已经具有了天然的同一性，但如果没有人的主观努力使之"齐"，它仍会从原来的所谓"齐"的状态反复回到"不齐"。"不齐"的极端状态可能是某些简从书册中滑落，从而使书册变得混乱而不可阅读。它进一步寓示我们，所谓"平等"就是"生而自由，但却无往不在枷锁之中"的人，需要不断地做出主观努力才能接近的伟大目标。另一种是以"齐"做形容词，"齐简"即整齐的竹简。它意味着，只要是竹简做成的书册就已经具备了齐或平等的特征。亦如人，即只要是人便生而平等，就有天赋人权。

"等"的主要引申意有同、类、级别、阶梯、等级、辈等。又通"戥子（一种极小的秤）"的"戥"，故与秤一样，"等"也有平或衡量的意思。

"平等"作为一词，最早出于唐朝佛教经典《六祖坛经》，如："见性是功，平等是德。""佛教慈悲，冤亲平等。"至于《史记》《汉书》与先秦经典则皆无所见。但平等之意，古已有之。如《老子》："天道无亲，常与善人。""天地不仁，以万物为刍狗；圣人不仁，以百姓为刍狗。"等等，便皆寓有平等之意。只要细加揣摩，又会发现平等之所以是"德"，是因其寓含了公正。

综合上述分析，似乎可以得出这样一个结论：所谓"平等"，简单来说，就是要求我们以公正为前提，把人分成不同的等级。所谓"公正"，就是要经得起众人眼睛与智慧的审视。在经过这种审视之后，如果大家都觉得自己的心灵能够达成一种平衡状态，那么平等便得以实现。具体而言，这种心灵平衡状态的达成，一方面是主体自认为自己应享的尊严与利益没有受到侵害，另一方面也指社会共同体或他人同样有这样的认识。

比如跑步比赛之前，我们得定一个规则。这个规则是透明的，如果大家都认可，那么就是公正的。在这个公正的规则下，一比赛，人们马上就会分成不同的等级，这就是平等。现实生活中，在常规条件下，法律就是公正的象征。我们常说"在法律面前人人平等"，其实质就是"只要以公正为前提，就可以把人分成不同的等级"。有等级才会有秩序，有秩序才会有和谐，有和谐才会有进步与繁荣。

今天，一般对于"平等"的解读是："人与人之间的平等，不是指物质上的相等或平均，而是指在精神上的互相理解、互相尊重，在法律上、人格上，把对方当成和自己一样的人来看待。"所谓"人生而平等"，主要指向政治上、法律上、精神上人人皆拥有的平等的权利。所谓"人生而不平等"，则主要指向物质上、环境上、基因上、经济上等，人所拥有的数量上、质量上的各不相同。进言之，平等与不平等对于个体而言，总是同时存在的。

现实中，值得追求的平等，只能是一定时空条件下，相对的人格平等、政治平等、经济平等、法律平等、制度平等、规则平等、机遇平等、男女平等。就个体而言，平等与自由、公正一样，其实现从来就需要主体的努力探索、不懈追求。换句话说，如果你努力追寻了，平等于你或有可能；如果不努力追寻，则绝无可能。荀子说："施薪若一，火就燥也；平地若一，水就湿也。"（《荀子·劝学》）或可让我们明白：你要燃烧，就需要自己先"燥"一点；你要得到润泽，就不妨自己先"湿"一点。这种事实的背后，既反映出人的自由本质，也表征出用来实现平等的一切资源从来就是极为有限的。不过，我们现在已经可以清楚看到的是，随着生产力的进步，在不远的将来，人与人之间物质上的不平等，不仅正在逐渐缩小，而且可能完全消失。

　　"平等"位列社会主义核心价值观之六，既喻示其与公正一样，同居核心之核心，亦寓含其既难把握，又难实现。其之所以能居核心，是因其与公正互涵；其之所以难以把握，是因其总是与权利、权力相互纠缠。

48. 什么是"公"

　　老子说："公乃王（全），全乃天，天乃道，道乃久，没身不殆。"（《老子》第十六章）公正是为全德，是合规律与合目的的统一。作为统治者，必须持有它。只要能够持有它，就既能实现天下太平，又能做到远害全身。在韩非子那里，它是道德的光芒；在孔子那里，它是道德的依靠，所以它还有另外一个名字，就是"仁"。

　　《吕氏春秋》说：远古的那些先圣先王们治理天下，没有一个不是以公正为先的。天下有了公正，那么自然就太平了。所谓太平盛世的出现，就是因为有了最基本的社会公正。我们可以尝试观察一下那些伟大人物，他们之所以能得天下，根本原因就是他们实现了最基本的社会公正；而其之所以失去天下，则是因为过于偏私，抛弃了公正。换句话讲，凡是那些立于不败之地的君王，没有不是因为为人公正、处事公平而达到理想的人生目标的。

　　做君主为什么要为人公正呢？因为天下从来就不是某个人的，而是天下人的。天地阴阳和合，不可能只帮助某一类生物成长；天降甘露时雨，不可能只润泽某一种事物。作为万民之主，他就像天地自然一样，不可能只对某一个人或某一类人好。

　　鲁国的开国之君，周公的儿子伯禽，将要离开周都镐京东行，向周公请教如何才能把鲁国治理好。周公说："你只要重点帮助一下那些能力不足的人，让他们也能得到利益，至少要让他们觉得，有活下去的勇气或希望就可以了。"周公的话很朴实，就是希望儿子伯禽在鲁国的统治能实现最基本的社会公正而已。

当代中国扶贫攻坚，想让那些最落后地区的人民也能过上相对富足、有尊严的生活，就是对于中国古代最伟大的思想家们所提出的最基本的社会公正思想的遵循与实践。

相关链接：

昔先圣王之治天下也，必先公。公则天下平矣。平得于公。尝试观于上志，有得天下者众矣，其得之以公，其失之必以偏。凡主之立也，生于公。故《鸿范》曰："无偏无党，王道荡荡。无偏无颇，遵王之义。无或作好，遵王之道。无或作恶，遵王之路。"

天下，非一人之天下也，天下人之天下也。阴阳之和，不长一类；甘露时雨，不私一物；万民之主，不阿一人。伯禽将行，请所以治鲁。周公曰："利而勿利也。"荆人有遗弓者，而不肯索，曰："荆人遗之，荆人得之，又何索焉？"孔子闻之曰："去其'荆'而可矣。"老聃闻之曰："去其'人'而可矣。"故老聃则至公矣。天地大矣，生而弗子，成而弗有，万物皆被其泽，得其利，而莫知其所由始。此三皇五帝之德也。（《吕氏春秋·贵公》）

下面关于"公"字初文构形的解读，或可帮助我们加深对于"公正"的认识。

"公"字最初写作"ᨆ"，会意字。上边是个"八·ﾉﾍ"字，下边是个"私·♂"字。

"八·ﾉﾍ"原初不是数字之"八"，而是"分别"的"分"。两条相背的线条，会意朝着两个相反方向而行，以表示分开、分别、相背或相反。高鸿缙在《中国字例》中说："八之本意为分……后世借为数目字八九之八，久而不返，乃入刀为意符作分。"《说文》也说："八，别也。象分别相背之形。"

韩非子说："自环者谓之私，背私则为公。"（《五蠹》）其中提及的"背私"之"背"，即源于"公"字中的"八"。这两句话既形象地描绘出了"公""私"的最初形状，也深刻地概括了它们初形的本意。以此可知，所谓"公"，既是背私，也是分私。人的行为，或有悖于自己的私利，或把个人的私利分享给他人，皆可视为"公"。所以在一般的认识中，所谓"为公"，往往是需要损失自我的个人私利的。不过老子却不这样认为，他说："既以为人己愈有，既以与人己愈多。"（《老子》第八十一章）不仅认为"为公"不会让主体的私利受到损失，而且会让主体所付出的一切实现价值最大化。这种认识虽属远见卓识、极为深刻，但却不可能为"中智"之下的人所理解或实践。凡是愿意牺牲个人私利以为公的人，往往都是有高远理想的人。而有高远理想的人；则正是一般人所不能理解或仿效的人。

除了上述之外，"八·❜❜"字之形还有不断扩展、壮大之意。一己之私的不断扩展壮大，同时也能让亿万人之私得到不断扩展壮大，不仅是公，而且是最高尚的公或"天下为公"的另说。所谓"天下为公"，即"天下是天下人的天下，天下财富为天下人所共享"，所以公与私便完全混而为一了。

"公"字下半部分"ㅁ"是"私"的最初写法。它既是"公·♂"的一部分，也是一个相对独立的存在。韩非子说："自环者谓之私，背私则为公。"前句告诉我们，"私·♂"乃由"人·❜"字"自环"而成，后句寓含了公必得以私为前提。以此可知，"公·♂"的出现应晚于私或与之同时，私是人之存在的第一需要，以私为先乃是最基本的人性之一。

人之私至少可分为三个部分。人之所以要"自环"，首先就是为了保护自己的隐私，所以老子曾告诫孔子说："博辨广大而危及身者，发人之恶者也。"（《史记·孔子世家》）这里的"人之恶"主要就是指人的隐私。老子反对"发人之恶"，即主张保护人的隐私。《菜根谭》也说："不责人小过，不发人阴私，不念人旧恶。三者可以养德，亦可以远害全身。"其次为最基本的物质需要或利益。据马克思的观点："人们所奋斗的一切都同他们的利益相关。"（《马克思恩格斯全集》）人的存在，由于首先必须是物质的存在，然后才可能是精神的存在，所以人维护其正当的私利，同时也是维护其心中所向往的善、义与美。这种认识不仅可从"善"通于"利"得出，也可从"善"字最初写作"羊·♈"，以及

"义·義、美·羔"之初文上部亦为"羊"得出。羊，不仅是我们祖先最基本的衣食资源，而且也是善、义、美的象征。最后指人只顾及自己身边、眼前利益，局限于自己的小圈子。这种认识既有其合理性，亦有其局限性。事实上，个体的人无论是作为社会性的存在，还是动物性的存在，其生命过程中所表现出来的爱、仁义、道德、孝悌、公正，等等，都是要从自己身边的小圈子向周边扩散的。故所谓"背私"之"公·𢆶"，至少有一半与"私·厶"是重合的，它喻示我们：人既要有往远处、大处看的理想或境界，又要有顾及自己所在小圈子的私心或情怀。《论语·学而》有子说的"因不失其亲，亦可宗也"便表达了这样的思想。一个人所依靠的力量，只有在包括自己所亲近的人们的前提下，才可能成为别人欣赏、模仿、学习的榜样。

再次回到"公·𢆶"字的原初构形，不仅会发现公以私为前提，而且还能明白公一定囊括了私在内。其既可以通过背私、分私来实现，也可以通过"扩展壮大天下人之私"来实现。而所谓"无私"，从绝对意义上来说并不存在，亦如老子所说："圣人后其身而身先，外其身而身存。非以其无私邪，故能成其私。"换句话说，圣人"以百姓心为心"，"为天下浑其心"，"全心全意为人民服务"而奋不顾身，也并不意味着他就全然无私，只是说他的私与众不同。那么"圣人之私"究竟是什么呢？按老子的说法是"死而不亡"，按孔子、屈原的说法则是：人死了，却永远还有人记得他的美名。

《说文》又说："公，平分也。"把"公"释为平分，一般的认识会倾向于素朴的平均主义，但其实平分乃是公正地分。所以"公"的引申意主要有公正、平允、无私、共同、公然、公开地、公家、公众的、公事等，其中公正是核心。

据《吕氏春秋》，晋平公向其下属大夫祁黄羊咨询，说："南阳地区没有县令，你看谁来当最合适？"祁黄羊想都没想便说："解狐可以。"平公觉得有点奇怪，说："解狐不是你的杀父仇人吗？"祁黄羊回答："君上刚才问的是谁可担当这个职位，并没有问我的仇人是谁啊。"平公没话了，只能说："那好吧。"于是就真用了解狐。效果还真的很好，进而还得到了举国上下的称誉。过了段时间，晋平公又向祁黄羊咨询："现在国家没有中军尉，你看谁可担当？"祁黄羊回答说："祁午可以。"平公似乎有些诧异，说："这祁午不就是你的儿子吗？"祁黄羊回答说："君上刚才问的是谁可担当此任，并没有问我他是不是我儿子啊。"平公觉得有理，又只能说："那好吧。"于是用了祁午，效果果然又不错，得到了举国上下的称誉。孔子在听说了这件事后评论说："这个祁黄羊是真不错啊！推荐人才，外举不避仇，内举不避亲，这不就是我们都在追求的所谓公正吗？"

相关链接：

晋平公问于祁黄羊曰："南阳无令，其谁可而为之？"祁黄羊对曰："解狐可。"平公曰："解狐非子之雠邪？"对曰："君问可，非问臣之雠也。"平公曰："善。"遂用之。国人称善焉。居有间，平公又问祁黄羊曰："国无尉，其谁可而为之？"对曰："午可。"平公曰："午非子之子邪？"对曰："君问可，非问臣之子也。"平公曰："善。"又遂用之。国人称善焉。孔子闻之曰："善哉！祁黄羊之论也，外举不避仇，内举不避子。祁黄羊可谓公矣。"（《吕氏春秋·去私》）

历史上，类似的举贤荐能的例子还真不少。它们或可皆属于公正的佳话，但比起那些令人情感纠结、极端挑战人性底线的"大义灭亲"来，却似乎还差得很远。

据《吕氏春秋》，墨家有个巨子，名叫腹䵍，客居秦国，而且与秦惠王关系特别密切。有一次，他的儿子杀了人，秦惠王对他说："先生你的年龄也大了，又只有这么一个儿子，所以我已命令相关官吏免除了你儿子的死刑。现在我告诉你，是想请你听从我的意见，不要把他给杀了。"腹䵍却回答说："我们墨家也有自己的法规：'杀人者死，伤人者刑。'目的就是要坚决禁止人们私自杀人、伤人。而禁止杀人、伤人，就是为了扶持天下公平正义。大王虽然有此好意，对在下格外恩赏，但是我还是不得不行墨家之法！"于是，他拒绝了惠王的建议，并立马命人把自己的儿子给杀了。

在《吕氏春秋》看来，儿子可算是父亲的最大私利了。腹䵍竟然能舍弃如此重大的私利来行天下之大义、公义，这难道不是对于天下公义最大的伸张与匡扶吗？

相关链接：

墨者有钜子腹䵍，居秦，其子杀人，秦惠王曰："先生之年长矣，非有他子也，寡人已令吏弗诛矣，先生之以此听寡人也。"腹䵍对曰："墨者之法曰：'杀人者死，伤人者刑。'此所以禁杀伤人也。夫禁杀伤人者，天下之大义也。王虽为之赐，而令吏弗诛，腹䵍不可不行墨子之法。"不许惠王，而遂杀之。子，人之所私也。忍所私以行大义，钜子可谓公矣。（《吕氏春秋·去私》）

但可惜的是，墨家这种"大义灭亲"的思想与实践，却没有得到后世儒家以及大多数统治者的欣赏与支持。孟子曾设计了这样的情境：如果舜的父亲杀了人而要被处罚时，舜放弃自己的大位，偷偷地把父亲藏起来，以让他免除国家的刑罚。显然，这种设计是经不起思想追问的，因为它已完全背离了最基本的社会公正。所以，它对后世的影响极坏，以至于历代因为亲情而徇私枉法者，自上而下，层出不穷。

很明显，对于最基本的社会公正的践踏，不仅有悖法律的基本精神，而且就是无德。

相关链接：

桃应问曰："舜为天子，皋陶为士，瞽瞍杀人，则如之何？"孟子曰："执之而已矣。""然则舜不禁与？"曰："夫舜恶得而禁之？夫有所受之也。""然则舜如之何？"曰："舜视弃天下犹弃敝蹝也。窃负而逃，遵海滨而处，终身䜣然，乐而忘天下。"（《孟子·尽心上》）

49. 什么是"正"

老子说："祸兮福之所倚，福兮祸之所伏。孰知其极，其无正。正复为奇，善复为妖。"（《老子》第五十八章）祸事的后面往往隐藏着福利，福利的后面往往隐藏着祸事。有谁能知道它背后所隐藏的极端的真相究竟是什么呢？没有一个完美的或正确的答案。"正"，如果从另一个角度来看，就是"奇"。"善"，如果换个角度来看，就是"妖"。再联系老子："唯之与阿，相去几何？善之与恶，相去若何？"（《老子》第二十章）我们会进一步明白，所谓直接答应与曲意逢迎之间，所谓善与恶之间，其实根本就没有什么界限。事实上，这样的事例数不胜数，关键是看你站在什么样的立场。所以，老子又说："正善治。"（《老子》第八章）真正的"正"有利于天下的治理。如果它是合适的，有利于天下治理，能够给天下带来太平、繁荣，那么它就是"正"的；如果不合适，那么就是"不正"。

春秋时期，郑国有个讼师，也就是今天我们所说的律师，名叫邓析，他在从业活动中常操"两可之辞"："以非为是，以是为非，是非无度。"最后被郑国的执政大夫子产给杀了。（这是《吕氏春秋》的说法。如据《左传·定公九年》："郑驷歂杀邓析，而用其《竹刑》。"钱穆先生考证，邓析应为郑国子产之后的执政大夫姬驷歂所杀。因为定公九年，子产已死了二十一年了。）这个故事或可对是非是否真的有度，或是否需要有度的问题，提供可供参考的答案。

有一次，郑国的洧水发生水灾，一个富人不幸溺水而死，有人打捞到了他的尸体。富人的家人希望能够赎回尸体，可是捞尸的人要价太高。没办法，富人家人就来向邓析请教办法。邓析说："不用急，他卖不了别人，只能卖给你。你等着就是了。"捞尸的人果然急了，尸体很快就要腐烂了。他便也来向邓析请教怎么办，邓析还是说："不用急，他要的尸体，只能到你这里来买。你等着就是了。"

这就是邓析的"两可之辞"。用孔子的话来说，就叫作"言辩而伪"，表面上很有道理，但实际上却不对。而"言辩而伪"，就必定要为君子所杀。孔子之所以上台没几天，就杀了乱政大夫少正卯，也是因为少正卯"言辩而伪"。这事，如仅从一个律师的角度而言或并没有错；但由于它不利于问题的解决，不利于社会的和谐稳定，况且又与他个人的私利有关，所以他最后被杀便不可避免。许慎说："人用己私，是非无正。"（《说文解字·序》）如果没有个人私利在，而只站在公正的立场上考虑问题，那么是非总是相对有个度的。对于赎尸者与捞尸者之间的利益关系处理，正确的办法就是把双方都找过来，进行协商，以当时大多数人皆认可的价格进行交换就可以了。可邓析所出的点子，不仅不利于问题的解决，而且还可能造成新的混乱与矛盾，进而损害了别人甚或损害了公众的利益。当然，最后也害了自己。

以此推之，历史上众多的忠臣良将死于非命，其实也多与这种"两可之辞"有关。比如比干、苌弘的冤死，箕子、商容的穷困，周公、召公的被怀疑，范蠡、子胥的被流浪，等等，莫不如此。最有代表性的可能是岳飞。宣称忠于皇帝，却又自称"岳家军"？宣称"精忠报国"，却又不听朝廷命令？如此种种，不欲谋反又欲何为？所以"莫须有"，完全可以杀人。当年岳飞被杀后，杭州城内锣鼓喧天，鞭炮齐鸣，人们奔走相告，一片欢腾！至于被平反，那已是多少年之后的事了。这也只是新的统治者的政治需要而已。我们今天如果不透过历史的烟云站在公正的或人民的立场上，又怎么可能把这件事情说清？

相关链接：

洧水甚大，郑之富人有溺者，人得其死者。富人请赎之，其人求金甚多。以告邓析，邓析曰："安之。人必莫之卖矣。" 得死者患之，以告邓析，邓析又答之曰："安之。此必无所更买矣。"夫伤忠臣者有似于此也。夫无功不得民，则以其无功不得民伤之；有功得民，则又以其有功得民伤之。人主之无度者，无以知此，岂不悲哉？比干、苌弘以此死，箕子、商容以此穷，周公、召公以此疑，范蠡、子胥以此流，死生存亡安危，从此生矣。子产治郑，邓析务难之，与民之有狱者约：大狱一衣，小狱襦袴。民之献衣襦袴而学讼者，不可胜数。以非为是，以是为非，是非无度，而可与不可日变。所欲胜因胜，所欲罪因罪。郑国大乱，民口喧哗。子产患之，于是杀邓析而戮之，民心乃服，是非乃定，法律乃行。今世之人，多欲治其国，而莫之诛邓析之类，此所以欲治而愈乱也。（《吕氏春秋·离谓》）

下面再对"正"字初文构形进行分析，或可帮助我们对"正"有更加直观而深刻的认识。

"正"字最初有四种写法：**𤴓𤴓𤴓𤴓**。秦始皇统一文字，所有异体最后都写成"**𤴓**"，与今天的简体字"正"差不多。"正"的上部是个"一"。"一"，既能代表极简单，也能代表极复杂。说它极简单，它就是人或社会所追求的那个伟大而崇高的目标；说它极复杂，因为它就是"道"。"惟初太始，道立为一；造分天地，化成万物。"（《说文》）"一也者，万物之本也，无敌之道也。"（《淮南子·诠言》）"道无变，故曰一。"（《韩非子·扬权》）等等，皆说明了这一点。

"正"的下部为"止"，又通"之"，既是人的脚、道、自然、时间或其他生命留下的足迹或脚印，同时也是至或到达，所以它必然是一种实在性与虚无性的统一。当脚印与目标相触及，既能表示我们已经达到目标，也能表示我们因为方向正确，目标正要或能够达到。由于"止"的上述特征，所以究竟是正还是不正，达还是不达，皆具有强烈的历史性。事实上，在哲学、社会科学或国家政治、社会意识形态等诸领域中，几乎所有的事情皆可能因时间、条件、个体不同而"是非无正"，但最后又必得服从于"道"，即事物发展的最基本规律性。

《说文》又说："正，是也。""是，直也。从日，从正。"它明确告诉我们，"正"就是"是"，"是"就是"直"。什么是"直"？

"是·是"的构形告诉我们，"直"就是太阳位于人的头顶，太阳光线与直立之人之间不会形成歪斜的影子，但人的双脚却能清晰地呈现于太阳光下。这种情况，在地球上出现的概率极少。事实上，从两极到回归线之间永远不会有，回归线之间一年之中也只能出现两次，而且时间极短，从理论上来说，在任何地方都不会超过两秒。这种现象寓示我们，人类社会所追求的公正也永远是个不断变化的历史性目标，如果具有主体性的个人不能充分发挥主观能动作用，不积极主动把公正作为自己所追求的目标，那么所谓"公正"就一定与你无缘。

但是，"直·直"的构形却是以"十""目"二字呈现的，"十目所视"即经得起众人眼睛的审视。所以，无论是"正""直"还是"是"，其进一步的引申意皆为公正。再者，"直"不仅是"德·德"的核心部分，而且也是倒过来的"民·民"。所以，所谓"公正"，不仅是道德的核心，而且一定寓于人民大众之中。换言之，不是"是非无正"，而从来就是以民之"是"为"是"的。这大概也是孔子说的"斯民也，三代之所以直道而行也"（《论语·卫灵公》）的理论根据之一吧。

"公正"作为一词，在春秋战国的经典中就已多次出现，远早于自由、平等。由于其价值重要，就算其意涵有一定历史性，但历经数千年却变化甚少，始终如一。所以，公正又可称最古老的核心价值。韩非子说"所谓直者，义必公正，公心不偏党也"（《韩非子·解老第二十》）即是指此。此外，《孔子家语》《荀子》《韩非子》等亦有多处使用。公正早已寓含某些平等、自由、法治之意，而且在我国古代社会中，从来就是道德、伦理、法律的核心，即与其他价值相较，从来就具更高的现实意义与道德伦理价值。一般说来，社会公正源于人们对自由、平等、互助社会的向往，其动力就是通过建立新的社会组织，为所有的人争取平等机会，使他们摆脱愚昧、压迫和贫困，在共同生活的一切领域中自由发挥自己的个性与能力。对于公正的追求，就是对于自由、平等、法治的追求。事实上，《尚书》中的"允执厥中"，老子的"守中"，孔子的"中庸"及"报怨以直"的"直"，墨子的"中正"，韩非子的"直"，屈原的"节中""绳墨"，等等，皆含公正之意。

今天，关于"公正"的一般解读是："社会公平和正义，它以人的解放、人的自由平等权利的获得为前提，是国家和社会的根本价值理念。它要求政治、法律上的公平公正，任何阶级或集团都不能享有特权。"虽然没有直接道明公正就是社会主义核心价值观的核心，但已然表达了同样的意旨，这是由中国道路的三个最基本规定性"社会主义、和平主义、开放创新"所决定的。

汉字学对于"公正"的解读，概言之，既是"直"或公平、正义，也是"不偏党"、不偏私。其实践结果，必然是个人与共同体之愿景皆能得到尊重或实现。它既是平等的核心，亦是道德的核心，或就是道德、平等本身。它既要求主体行为经得起众人眼睛的审视，也要求主体经得起自身良心的反思以及他者智慧、思想的追问。其过程又有点类似于罗尔斯的反思平衡。而在具体生活实践中，又必得具体问题具体分析。如在政治实践中，公开透明的行政过程，控制权重、慎用权，创建一系列民主、自由、平等、法律、制度，则不可避免。其目标的达成，必得公私兼顾、眼前与长远兼顾、小与大兼顾、当代人与后代人兼顾。而其最后目标就是马克思所认为的：每个人全面自由发展与一切人全面自由发展的实现。

公正是道德的核心，所以与其他价值相较，它最为重要。进言之，没有公正的道德，即如没有眼睛的人类，就只能如蚯蚓一般，永远徘徊于黑暗之中，一旦曝于阳光之下，一定会很快失去其生命力。换言之，只要有公正在，其他一切价值便皆可依此而生，依此而存，依此而发达光明。

50. 什么是"法"

在中国，讲到法便不得不让人想到伟大的改革家、思想家商鞅，以及他在秦国所进行的变法。说他伟大，不仅是因为他的变法让秦国走向了强大，更重要的是因为他第一次提出了"法者，所以爱民也"（《商君书·更法第一》）的伟大命题。

这个命题，至少给了我们三个方面的启示：

第一，国家法律的制定，其主要目标必须是爱民的，是用来保护最广大的人民群众的根本权益的；

第二，正由于法律是用来保护最广大人民群众的根本权益的，所以它的制定与实施必须具有最基本的社会公正性；

第三，无论何种社会，最容易受到侵犯或伤害的人，总是处于社会最底层的人民大众，如果连代表最基本的社会公正的法律都不能保护他们的权益，那么这个国家政权就不具有或已经失去了它的合法性。

下面讲讲商鞅与"法"的故事，或可以让我们对于他和他的"法"有更加深入、全面的认识。

商鞅，本为卫国国君的后代，姬姓，公孙氏，所以他又有卫鞅、公孙鞅、姬鞅之称。因他在秦变法与秦的对外战争中有功，曾被封于商地，称作"商君"，又称商鞅。

商鞅年轻时曾入魏国侍奉丞相公叔痤。公叔痤深知商鞅有才，临终之际便向来看望他的魏惠王推荐。他与魏王说：卫鞅有大才，您要用他，若不能用他，就杀了他。魏王听了不以为然，以为这是公叔痤临终之际的胡言乱语。公叔痤本与商鞅交好，在一片忠心向魏王推荐之后，见魏王没有启用商鞅的意思，便只得把与魏王所讲的话对商鞅如实相告。商鞅听了亦不甚为意。后商鞅果然入秦助秦孝公变法，使秦国日益强大。

相关链接：

魏公叔痤疾，惠王往问之，曰："公叔之病，嗟！疾甚矣！将柰社稷何？"公叔对曰："臣之御庶子鞅，愿王以国听之也。为不能听，勿使出境。"王不应，出而谓左右曰："岂不悲哉？以公叔之贤，而今谓寡人必以国听鞅，悖也夫！"公叔死，公孙鞅西游秦，秦孝公听之。秦果用强，魏果用弱。非公叔痤之悖也，魏王则悖也。夫悖者之患，固以不悖为悖。（《吕氏春秋·长见》）

上述事件见于《史记·商君列传》《吕氏春秋》等文献。《吕氏春秋》认为，公叔痤有"长见"，能把商鞅以及魏秦的未来变化看得比较清楚。但窃以为，他比起年轻的商鞅还是有些差距，因为他不如商鞅更了解魏王。而魏惠王因为既不"知人"，亦不"自知"，既不信大臣之言，也不对商鞅做深入考察，所以确实是个昏庸的"悖"人。不过，这也说明了人要"知人"很难。

商鞅来到秦国，是通过一个叫景监的太监的引见才见到秦孝公的。第一次，商鞅给孝公讲的是"帝道"，孝公听着听着就睡着了。事后，孝公责怪景监："你的客人只不过是个狂悖之徒罢了，我怎么可能用这样的人呢？"景监听了，只能反过来责怪商鞅讲得不好。第二次，过了五天，商鞅又来了，这次讲的是"王道"，比上次略好点，但孝公还是没听进去，又责怪了景监。景监只得又责怪了商鞅。第三次，商鞅讲的是"霸道"，其实就是所谓"强国之道"，孝公终于听进去了。事后对景监说："你的客人不错，还可以带来给我讲讲。"之后，连续好几天，孝公终于与商鞅进行了比较深入的交流，进而完全改变了对于商鞅的态度。在听讲的过程中，孝公有好几次甚至不自觉地把身子从座席上移过来，靠向商鞅这一边。这说明商鞅讲得很有吸引力。接下来，孝公决定启用商鞅，实行变法。

相关链接：

商君者，卫之诸庶孽公子也，名鞅，姓公孙氏，其祖本姬姓也。鞅少好刑名之学，事魏相公叔痤为中庶子。公叔痤知其贤，未及进。会痤病，魏惠王亲往问病，曰："公叔病有如不可讳，将柰社稷何？"公叔曰："痤之中庶子公孙鞅，年虽少，有奇才，原王举国而听之。"王嘿然。王且去，痤屏人言曰："王即不听用鞅，必杀之，无令出境。"王许诺而去。公叔痤召鞅谢曰："今者王问可以为相者，我言若，王色不许我。我方先君后臣，因谓王即弗用鞅，当杀之。王许我。汝可疾去矣，且见禽。"鞅曰："彼王不能用君之言任臣，又安能用君之言杀臣乎？"卒不去。惠王既去，而谓左右曰："公叔病甚，悲乎，欲令寡人以国听公孙鞅也，岂不悖哉！"

公叔既死，公孙鞅闻秦孝公下令国中求贤者，将修缪公之业，东复侵地，乃遂西入秦，因孝公宠臣景监以求见孝公。孝公既见卫鞅，语事良久，孝公时时睡，弗听。罢而孝公怒景监曰："子之客妄人耳，安足用邪！"景监以让卫鞅。卫鞅曰："吾说公以帝道，其志不开悟矣。"后五日，复求见鞅。鞅复见孝公，益愈，然而未中旨。罢而孝公复让景监，景监亦让鞅。鞅曰："吾说公以王道而未入也。请复见鞅。"鞅复见孝公，孝公善之而未用也。罢而去。孝公谓景监曰："汝客善，可与语矣。"鞅曰："吾说公以霸道，其意欲用之矣。诚复见我，我知之矣。"卫鞅复见孝公。公与语，不自知跶之前于席也。语数日不厌。景监曰："子何以中吾君？吾君之驩甚也。"鞅曰："吾说君以帝王之道比三代。而君曰：'久远，吾不能待。且贤君者，各及其身显名天下，安能邑邑待数十百年以成帝王乎？'故吾以彊国之术说君，君大说之耳。然亦难以比德于殷周矣。"

孝公既用卫鞅，鞅欲变法，恐天下议己。卫鞅曰："疑行无名，疑事无功。且夫有高人之行者，固见非于世；有独知之虑者，必见敖于民。愚者闇于成事，知者见于未萌。民不可与虑始而可与乐成。论至德者不和于俗，成大功者不谋于众。是以圣人苟可以彊国，不法其故；苟可以利民，不循其礼。"孝公曰："善。"甘龙曰："不然。圣人不易民而教，知者不变法而治。因民而教，不劳而成功；缘法而治者，吏习而民安之。"卫鞅曰："龙之所言，世俗之言也。常人安于故俗，学者溺于所闻。以此两者居官守法可也，非所与论于法之外也。三代不同礼而王，五伯不同法而霸。智者作法，愚者制焉；贤者更礼，不肖者拘焉。"杜挚曰："利不百，不变法；功不十，不易器。法古无过，循礼无邪。"卫鞅曰："治世不一道，便国不法古。故汤武不循古而王，夏殷不易礼而亡。反古者不可非，而循礼者不足多。"孝公曰："善。"以卫鞅为左庶长，卒定变法之令。（《史记·商君列传》）

上述故事，至少可以说明四个问题：

第一，商鞅为达目的，可以不择手段。通过一个太监的引见来见秦君，这在古代对于所谓士君子来说可算耻辱的事。如孔子在卫国，就是因为与太监雍渠"同载"感到耻辱，而立马离开了卫国。这种不择手段，既可能说明商鞅是个卑鄙小人，亦可说明商鞅确实是个有高远理想抱负的青年才俊。说商鞅是卑鄙小人的，可用后来他使用卑鄙手段抓获魏公子卬作证。据《史记》等相关史料，商鞅得势后，曾作为秦国的主将带兵与魏国公子卬作战。其间，他用极卑鄙的欺骗手段抓了公子卬，从而赢得了战争的胜利，求得了功绩，获得了封赏，但却为秦国贵族们所疑、所耻。因为，在秦国的历史上，之前还从来没有人这么干过。说他有理想有抱负，则是因为他的行为又完全与孔子"君子之行己，期于必达于己。可以屈则屈，可以伸则伸。故屈节者，所以有待，求伸者所以及时"（《孔子家语·屈节解》）所表达的思想高度吻合。商鞅之所以"屈节"，只是为了"求伸"而已。他的一切行为，都是为了后来能够有所成就、有所作为而采取的手段或策略而已。

第二，上述过程还可说明商鞅不仅理想高远、学问广博，而且意志坚定、准备充分，成竹在胸。讲了三次，内容不重复，一次比一次精彩，这都是长期努力学习、用心积累的结果。

第三，秦孝公确实是个英明之主。第一次、第二次没听进去，第三次还愿意听，这对于一个君王来说，如果没有强烈的进取心和谦虚好学的精神，实在是不可能的。

第四，人要做到自知与知人实在不易。无论是自知还是知人，都需要主体之间有一种强烈的求知、进取的欲望，甚或适当的相处、相交的时间。如没有，便不可能自知与知人，前面所提到魏惠王之流便是如此。

关于商鞅变法的具体内容，虽多有创新，但也有诸多违背常理常情之处，其中商鞅曾两次所谓"依法"处罚太子老师的事却不得不提。太子犯了罪，动不了太子，就拿太子的老师公子虔、公孙贾出气，既说不上明智，也谈不上公正。第一次，公子虔被打了一顿，公孙贾脸上被刺了字；第二次，也就是四年之后，又把公子虔的鼻子给割了。商鞅这样做，虽然为推行新法开辟了道路，为自己树立了威严，但也为自己的死种下了祸根。

综上可知，所谓法律的"公正"或"爱民"，总是相对的，有"法外之人"。所谓"法"，若是抛开了最基本的社会公正，它有时只是当权者用来愚弄或奴役大众的工具而已。

成也萧何，败也萧何。事实上，商鞅之法虽然为秦国的强大起到了巨大作用，但也为秦国的早亡埋下了祸根。因为"仁义不施"，毕竟不是长久之计。

下面关于"法"字初文构形的分析，或可帮助我们更加深刻地认识"法"。

"法"字最初写作"灋"。左边是个"水·氵"，中间下面部分是个"去"，右边是个"廌·𢊁"。

"水·氵"，象形字，像水流动的样子。

"廌"的初文写作"𢊁"，也是个象形字，像独角犀牛之形。又名獬豸，一种传说中的神兽，能分辨是非，用它的独角一触就能去"不平"或"不直"，以实现"平"或"直"。《说文》说："廌，解廌，兽也，似山牛，一角。古者决讼，令触不直。""平"即公平、公正。这正是法所理应具有的最基本特征，所以"廌"也可通于"法"。《广雅释诂》说："廌，法也。"王念孙进一步解释说："法，刑也。平之如水，从水。""刑"即意味着法的施行往往要伴随暴力与杀戮。"平之如水"，即是说法在施行暴力与杀戮时，要像水或天平一样公平、公正。

很显然，现实中廌并不存在。古人以廌为法，主要是要赋予法以不容侵犯的神圣性。

"法"的引申意众多，主要有刑法、法律、法令、规章制度、准则、规律、方法、仿效、守法，等等。在先秦，商鞅之外，韩非子等法家对于"法"皆有全面而深刻的论述。韩非子说："明主之道，一法而不求智，固术而不慕信。故法不败，而群官无奸诈矣。"（《韩非子·五蠹》）

"以法治国，举措而已矣。法不阿贵，绳不挠曲。法之所加，智者弗能辞，勇者弗敢争。刑过不辟大臣，赏善不遗匹夫。"（《韩非子·有度第六》）其核心点皆宣示了"法"所必须具有的无与伦比的公正性。它既是国家实现爱民、利民、便民的最可靠、最可行的强大保障体系，也是统治阶级维护统治的最有力工具。

其中"一法而不求智，固术而不慕信"的思想或理念，因为建立在对于人性与社会最深刻认知的基础之上，所以在今天对我们仍有重大指导意义。如官员的选拔与行政，不必要求他们有多么高尚，而要求他们遵纪守法。

综上，法与公平、公正或道德紧密联系，并具神圣性。如果法的内容或实施过程已然与社会所普遍认可的公平、公正或道德出现强烈抵牾，则必将为人所匡正或颠覆。

51. 什么是"治"

老子说："治人、事天莫若啬。"（《老子》第五十九章）管理人民、侍奉上天，对于统治者来说，最好的办法就是一切从简——简单、简明、简朴、简要，也即"无为而治"。"无为"，不是无所作为，无所事事，而是从"无"处作为，即从最广大、最根本上去为，最后以达到"无不为"的目标。对于最高统治者而言，则主要表现为善用人与顺势而为，"昔者帝舜左禹而右皋陶，不下席而天下治"（《孔子家语·王言》）便是这种所谓"无为而治"的典型。

相关链接：

子曰："无为而治者，其舜也与？夫何为哉？恭己正南面而已矣。"（《论语·卫灵公》）

在这样的背景下，舜能做到"不出户，知天下"，"不行而知，不见而明，不为而成"（《老子》第四十七章），便是很自然的事。

传说中的"治世"，老子所描绘的叫"小国寡民"："使民复结绳而用之。甘其食、美其服、安其居、乐其俗。邻国相望，鸡犬之声相闻，民至老死不相往来。"（《老子》第八十章）说得具体点，就是让老百姓能吃得好、穿得好、住得好、玩得好；同时对他们实行愚民政策：不仅要让他们思想简单，而且要杜绝让他们思想变得复杂的途径。

孔子所描绘的叫“大同社会”：“大道之行也，天下为公，选贤与能，讲信修睦。故人不独亲其亲，不独子其子。老有所终，壮有所用，矜寡孤疾皆有所养。货恶其弃于地，不必藏于己；力恶其不出于身，不必为人。是以奸谋闭而不兴，盗窃乱贼不作。故外户而不闭，谓之大同。”（《孔子家语·礼运》）这个“大同社会”，就是从精神到物质什么都好，有点类似于共产主义。

下面再分析一下“治”字原初的构形，看看它是否还能给予我们某些新的启示。

“治”字最初写作“”。会意字，左边是个水旁，说明“治”与“法”一样，同样要以水为准，也就是以公平、正义或仁义道德为准。右上是“私·”，右下是“口·”，则简要地为我们指明了“治”的对象以及所要采取的方法或策略。

“私”的存在既是人的本质规定性，也是公存在的前提或基础。凡人皆有私，私的存在既有合理性，也有局限性。“治”把私纳入其中，意在表明人之私不仅是社会治理的主要内容，也是法治的主要内容。

“口·”当然是人之口。由于在人体中所处的独特位置与作用，所以它既能代表人、人口，也能代表语言、思想、智慧。人既是动物性的存在，也是社会性的存在。“治”把“口”纳入其中，除了要适度控制人的私欲，使之只能存在于一定的范围，使其动物性的欲望不能过度膨胀以逾越其社会性之外，还得“以人为本”，发展社会经济以保障人的全面发展、人口的适当增长、社会秩序的稳定，以及适当的进步繁荣。换句话说，人如果逾越了其社会性的界限，抛弃了仁义道德或以人为本的基本原则，而变成了既有主体性，又有思想的动物，也就成了怪物或魔鬼。无论是历史的经验，还是活生生的现实，均告诉我们，只要有一定环境条件，绝大多数人动物性的一面就会得到暴露或彰显。个人如此，国家似乎也不例外。美国监狱的虐囚丑闻，二战期间德国奥斯维辛集中营焚尸炉的青烟，它们所昭示的“平庸的恶”都能证实这一点。解决的办法，即或重新启蒙、深刻反思，也永远无法达到一劳永逸。但有一个目标却十分明确，就是要让制度规范控制好权或权力，让法能充分保障好人的自由、平等，而这也正是“治”需要达到的目标。

　　"治"的引申意众多，主要有治理、修饰、有秩序、社会安定、建造、惩处、诊疗、对抗、征服、研究，又通"辞""笞"等。它们皆是对于上述所论的有力说明。

　　综合上述关于"治"的论述及引申意，可知"治"的实现必须以遵循公正为前提；以人为本；以治理"人之私"实现社会安定、天下太平为主要目标；以语言、知、善、和、名、信等为主要工具，不仅需要"预"以防患于未然，而且须间用暴力或宗教等意识形态。其中关于"治"以处理人之私为主要目标的观点，不仅与先秦法家对于普遍人性的认识高度一致，也与休谟等自由主义者对于人性的认识相通：政治"必须把每个人都设想为无赖之徒"；"人性是幽暗的，政治活动的目的不是将人变得大公无私，而是调整人们对于利益的算计；使他们的眼前利益与长远利益相协调"。

　　"法治"作为一词使用是近代的事，但如作为"以法治国"的简称，则韩非子早已用到。汉字学视域下的法治，概括地说：首先，它的内容以及产生、实施过程，应皆以人为本，循德而行。而德又总是以公平、公正为核心，所以它既符合"道"，又可以"利万物"而去"争"。孔子说："听讼，吾犹人也。必也使无讼乎！"所以，法治的最终目标不是要把许多人关进监狱，而是要解除或平息人世间的一切纷争。其次，它必具有一定的神圣性，让人感到威严畏惧，不可侵犯。

　　当前，我们关于"法治"的一般解读是："法治是治国理政的基本方式，依法治国是社会主义民主政治的基本要求。它通过法制建设，来维护和保障公民的根本利益，是实现自由平等、公平正义的制度保障。"很显然，它与汉字学对"法治"的认知高度一致，只是增加了对于自由平等、公平正义等新概念的关注。事实上，法治不仅需要依据公平、公正而创立，而且也是自由、平等、公正、公平得以实现的工具或制度保障。

　　"法治"位列社会主义核心价值观之八，社会层面之末，"公正"之后，既意味着它与公正联系紧密，也喻示它既从属于公正，又是公正的守护神，或是公正得以实现的最有力、最现实的工具。

52. 什么是"爱"

墨子说："你爱别人，就一定会得到别人的爱；你帮助别人，就一定会得到别人的帮助；你厌恶别人，别人就一定会厌恶你；你伤害别人，别人就一定会伤害你。"孔子说：所谓"仁"，不仅要爱自己，同时也要爱别人。

相关链接：

爱人者，人必从而爱之。利人者，人必从而利之。恶人者，人必从而恶之。害人者，人必从而害之。（《墨子·兼爱》）

樊迟问仁。子曰："爱人。"（《论语·颜渊》）

如果用心追问，我们会发现，这个世界的一切道德没有不根源于爱的。没有爱，这个世界既没有君臣、父子、夫妇、兄弟、朋友，也没有所谓"仁、义、礼、智、信"。

至于爱情，我们有理由相信：古代的抱柱之信、举案齐眉是有的，今天的琴瑟和谐、海枯石烂也是有的。但同样要相信，所谓色衰爱弛，不仅有而且可能更具普遍性。

据《韩非子》，从前卫灵公曾经特别宠爱弥子瑕。当时，卫国法律规定私自驾驭国君的马车出行，论罪至少要处以刖刑，即把罪犯的脚砍掉。有次弥子瑕的母亲病了，有人抄近路连夜通知住在宫中的他，于是他便假托君命，驾驭君车从王宫急驰而出。卫灵公听说了，不但没有责罚他，反而认为他德行好，说："真是孝顺啊！为了看母亲，竟然忘了自己可能会犯罪。"又一次，弥子瑕和卫灵公一起在果园游玩，弥子瑕吃着一颗桃子，觉得特别甜，没有吃完，把剩下的半个给了卫灵公吃。灵公说："多么爱我啊！竟然忘记了自己的口味来给我吃。"再后来，等到弥子瑕年老色衰，有事得罪了灵公，灵公却说："这人本来就曾假托君命，私自驾驭过我的马车，又曾把吃剩的半个桃子给我吃。"弥子瑕之前的行为并没有因为时间而改变，但先前称贤、后来获罪，只是因为灵公的爱憎有了变化。以此可知，当一个人被君主宠爱时，才智便会显得恰当而受亲近；当被憎恶时，同样的才智却可能会得到完全相反的结果。于是，遭到遣责、疏远便不可避免了。所以，劝谏君王，绝不可以不认真观察他的态度是否已经有了变化。

相关链接：

　　昔者弥子瑕有宠于卫君。卫国之法：窃驾君车者刖。弥子瑕母病，人间往夜告弥子，弥子矫驾君车以出。君闻而贤之，曰："教哉！为母之故，亡其刖罪。"异日，与君游于果围，食桃而甘，不尽，以其半啖君。君曰："爱我哉！亡其口味以啖寡人。"及弥子色衰爱弛，得罪于君，君曰："是固尝矫驾吾车，又尝啖我以余桃。"故弥子之行未变于初也，而以前之所以见贤而后获罪者，爱憎之变也。故有爱于主，则智当而加亲；有赠于主，则智不当见罪而加疏。故谏说谈论之士，不可不察爱憎之主而后说焉。（《韩非子·说难》）

　　上述故事有如下启示：

　　第一，人与人之间的所谓"性爱"，不管是同性还是异性，首先是动物性的，是荷尔蒙作用的结果。卫灵公对于弥子瑕的爱，之所以前后大不相同，其原因即基于此。

　　第二，由于"以色事人，色衰而爱弛"具有普遍性，所以作为从属者来说，努力修行，让自己兼具智、仁、勇诸德，自然就显得特别重要了，从而也才能得到别人真正的尊重或长长久久的爱。但是，获得智、仁、勇诸德远比获得动物性的爱艰难很多，所以一般人即或认识到了它的重要性，也难以认真地付诸实践。

第三，作为上级，即或掌握绝对权力，也须努力修成社会性人格，千万不要让自己的动物性战胜社会性。卫灵公对于弥子瑕前后态度的变化，虽也有弥子瑕本身的原因，但还是应当给予卫灵公的矛盾言行以适当的谴责。弥子瑕对于母亲的“孝”，以及对于灵公的“爱”，没有理由怀疑全是假的。也正由于卫灵公的这些荒唐言行，孔子曾毫不客气地骂过：“卫灵公无道！”（《论语·卫灵公》）

第四，劝谏别人，一定要在取得别人的充分信任之后。否则，就算是真心诚意，也可能会得到完全相反的结果，甚至自取其辱。这亦如子夏所言：“对于百姓，我们要在取得他们的充分信任后，才能役使他们，如果没有取得他们的信任就役使他们，他们就会以为你在虐待他们；对于君王，我们要在取得了他的充分信任之后才能对他进谏，如果在没有取得他的信任之前就向他进谏，他就会以为你在诽谤他。”

相关链接：

君子信而后劳其民，未信，则以为厉己也；信而后谏，未信，则以为谤己也。（《论语·子张》）

下面对“爱”的初文构形进行解读，或亦可给予我们更加深刻的启示。

“爱”字最初写作“爱”，是一个会意字。上部是个“及”字，中部是个“心”字，下部还是个“及”字。它直观而具体地表明，所谓“爱”，既需要深入人的内心，又需要付诸主要以“手”参与的实际行动。

“及”之初文写作“及”。上边是一个人，下边是一只手，会意字，像一只手把一个人抓住的形象。“爱·爱”字中的两个“及”笔画有所省略，这只是汉字的书写性造成的。

“及”字有多种异体：“及得德逮及及”。不管构形如何不同，皆有以手抓住或触及人的形象。其中有双人旁的"徏徺"，因为双人旁是"行"的简化，能代表路、公共场合、规律性、道，所以又意味着这种抓住，或要在公共场合，或要符合道。如从"徺"来看，它就是"逮"。从"秉"来看，它则是"秉"。"逮"就是抓住、逮捕，"秉"就是持、拿、执。于是，爱既意味着逮捕，也意味着需要有所持。事实上，这种情况也可从两人的相爱过程及其从属性关系得出。两个人相爱，其中一个人如果想要从相爱中挣脱实难可能。《说文》"及，逮也。从又，从人"也证实了这点。"又"，是一只手。无手则不能及，无人则无爱，所以其他动物没有所谓"爱"，有的只有本能。人没有手则抓不住爱，有两手的爱，不仅会表现出手的动作，而且也能表现为技术、艺术，甚或策略。

郭沫若说："及，同逮，即逮捕之意。此为本意，后假为'暨'与'及'，而本意遂失。……用及为连词乃后起事。"（《文史论集》）即说出了"及"的前世今生。但郭老说它用作连词时"本意遂失"则是欠妥的。事实上，即或用作连词，它也保存了其原字构形的本意。

"及"之引申意主要有追上、至、到达、连累、关联、如、比得上、兼顾、接续等。

"爱·爱"有两"及"，说明真正的爱的实现必得在两人之间，否则只能算是一厢情愿。如、相像、比得上，同样是爱所不可或缺的，其中暗含了所谓容貌相似、郎才女貌、门当户对的意思。有爱自然就有关联、连累，有兼顾，司马迁说："夫人情莫不贪生恶死，顾亲戚，恋妻子。"（《报任安书》）爱当然需要接续不断，孟子说："不孝有三，无后为大。"（《孟子·离娄上》）有了爱，才可能有夫妇，有家庭，有后代，有父子兄弟，有伦理道德。反之，所谓仁、义、礼、智、信，忠、孝、慈、悌、勇，家国天下，等等一切，便皆无从谈起。

"爱"不仅具有"及"所具有的所有特征，而且因为有"心"而更具悲剧性质。比如我国台湾地区的部分居民由于日据时代的具体历史原因，而形成的自觉不自觉的所谓"皇民意识"，就是这种悲剧性的集中代表。对于这种意识的存在，我们既不能任其发展，也不能粗暴压制。不断富强起来的大陆，只要一方面加强对"台独"势力的强势遏制，另一方面加强与台湾的全面交流合作，那么实现祖国的统一大业，并彻底荡除这种完全不合时宜的意识形态，则只是时间问题。

"心"的初文写作""。象形字，像人的心脏之形，是思想、智慧、良心的象征。"心"能引申为内心、思想、心思、思虑、品行、性情、心性、人的主观意识，以及树木的尖刺、花蕊、胸等。爱具有同样的特征。

爱，必定要通达于思想、智慧，不然就可能走向反面，正如孔子所说："好仁不好学，其蔽也愚。""东郭先生与狼"故事中的东郭先生，"农夫与蛇"故事中的农夫，虽然心怀仁爱，但却因缺乏思想、智慧，被狼所吃、为蛇所害。

53. 什么是"国"

　　"国无人莫我知兮，又何怀乎故都？既莫足为美政兮，吾将从彭咸之所居。"（既然举国上下都没人了解我，我又何必去怀念故都呢？既然不能实现我心中的美政，那么我就跟随心中的偶像彭咸到水下去与他做伴吧！——《离骚》）事实上，在中国历史上，可能再没有人像屈原这样，有如此浓烈的爱国情怀了：明明是国君抛弃了他，楚国统治集团抛弃了他，甚至可以说整个楚国抛弃了他，可他还是坚定地选择为它去死！

　　屈原的这种行为可能有点异类。要知道，在他那个时代，"朝秦暮楚"十分常见。不仅著名的蹇叔、百里奚、张仪、苏秦、吴起、伍子胥如此，伟大的圣人孔子更是如此。鲁国不行，就去卫国；卫国不行，就去齐国；齐国不行，就去楚国；楚国不行，就"周游列国"！对于他们来说，志在天下、心忧天下，实现"天下有道"才是他们的最高理想。可屈原不一样，他只爱自己的楚国。虽然也曾有人劝他离开，但他不仅不离开，还要用死来表达这种强烈的爱。

　　但是，他绝不会默默无闻地像村妇村夫一样找棵歪脖子树吊死，而是一定要让大家都记住他才行。"老冉冉其将至兮，恐修名之不立！"（人老了老了，很快就会死去，这是必然，但最害怕就是自己的美名不能久久流传！——《离骚》）屈原博古通今、才华横溢、擅长诗赋，风华绝伦，再加上被逐的满腹牢骚、一腔郁闷，两者一碰撞，理想与信念，才华与热情，思想与意志，浪漫与想象互相交织——《离骚》《九歌》《九章》

《天问》相继诞生了！它们喷薄而出、风姿绰约、独步天下、光烁古今。最终自沉汨罗，于是，我们永远地记住了他。我们不仅有了楚辞、《离骚》，还有了端午节以及吃粽子的悠久历史与传统。

在屈原留给我们的众多遗产中，究竟什么最重要呢？窃以为，不是楚辞，不是《离骚》，而是矢志不渝的爱国精神。虽然楚国不久为秦所灭，但"楚虽三户，亡秦必楚"的誓言却令秦国不寒而栗、半世（一世三十年）而亡。再后来，这种精神被三湘大地的湖南人所继承，"湘人不尽死，则中国不亡"（"若道中华国果亡，除非湖南人尽死。"——杨度诗）的铮铮铁骨，更是令外国侵略者进退维谷、丢尸弃魂！它激励了无数中华儿女义无反顾、勇猛向前、视死如归！

下面看看"国"字的初文构形，它或可以给予我们更多的启发。

"国"字最初写作"或"，会意字，由"戈"与"口"两部分构成。戈是我国古代一种像戟或戊一类的兵器。《尔雅》说："戈，钩孑戟也。"认为戈是戟的一种，是因其从外向内钩拽以杀敌的用法与戟一致。戈，长柄横刃，盛行于商、周、春秋、战国时期，到明清仍有使用。徐锴进一步解释说："小枝向上则为戟，平枝则为戈。"

如图：

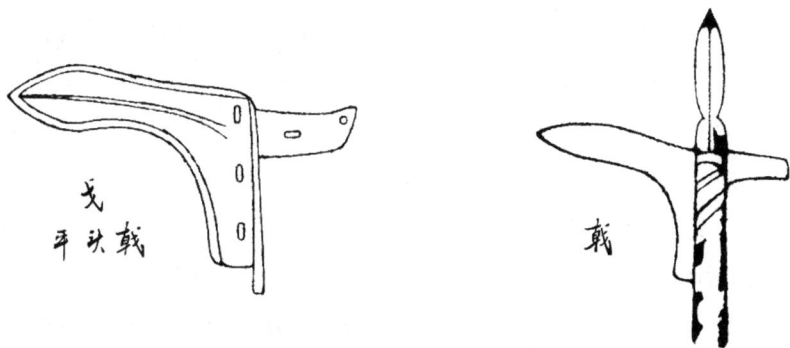

从实物来看，戈之锋为一大一小两平枝，戟则有两平一直、大小不等三枝，是矛与戈的结合体。侧枝用于钩拽，直枝用于戳。实战中，戟的性能应强于戈。《史记·项羽本纪》记载："项王大怒，乃自被甲持戟挑战。"可知项羽所惯用的武器就是戟。另据《三国志》记载，吕布所用兵器本来是矛，但在《三国演义》中却被演绎为方天画戟。此戟不仅可刺可钩，亦可侧砍，其意应在为了充分渲染吕布的神武。

"戈"的初文有多种异体："甫毛𢦏戈戋"。它与弓一样，既能代表武力、强力、暴力，又可代表军队、武装、战争等。如"化干戈为玉帛"即是化战争为和平，"偃武息戈"（《后汉书·公孙述传》）即是放弃武力、停止战争。

"国·或"中之"口"，可有多层意义：一可指国家首都，二可指一个国家的人口、人才，三可指一个国家的核心利益或核心价值，也可是上述三层意思的综合。

基于上述对"国·或"的认识，还可得出如下启示：国家是人与暴力相结合的产物；暴力既由人所创造、掌控，是人实现目标的工具，也能反过来制约人的思想与行为；"国"本来是没有固定疆界的，只有不规整的边陲，其形状、大小往往随着"戈"的长短大小而变化。换句话讲，国家的疆域总是随其武装力量的强弱消长而变化的。

"爱国"作为一词，查遍先秦诸典及《史记》《资治通鉴》，只有《战国策》有一处："周君岂能无爱国哉？"（《战国策·秦令樗里疾以车百乘入周》）。联系当时历史背景，"周君"所爱之"国"，或仅为其属地，或周都，或为"周天下"。而其他诸侯、大夫或士君子等，除去固执的屈原之外，则全无今天所谓"爱国"之观念。如孔子离开鲁国，周游列国寻求政治出路，目标就是欲实现其"天下有道""一匡天下""天下归仁"的梦想。其他诸子，如墨子、孟子、荀子、韩非子等，情形也皆相类似。这种情况既与当时诸侯国乃周之封建属国有关，也与当时"周天下"，语言文字相通，意识形态相近，诸侯、士大夫心中没有如今天之"国"的概念有关。上述爱国观或天下观，可给今天学界以重大启发：在全球化背景下，世界各民族国家，其政治、经济、文化、科技等已初具当年"周天下"的某些共性，我们的爱国观似乎也会随之发生变化。美国学者亨廷顿提出的"文明冲突"的问题或许根本就不是问题，融合、和谐必定成为世界发展的主流。

今天的"中国"与"爱国"概念的形成，既与近代中国屈辱的历史有关，也与思想启蒙有关。屈辱的近代史告诉我们：过去的"周天下"，从清末民初开始就已变成实实在在的有疆之国。此有疆之国不再是一家一姓之"国"，而是属于全体中国人民，所以"天下兴亡，匹夫有责"。

一百多年的屈辱史中，中国人民不断学习与反抗，民族精神不死，爱国英雄辈出。在抗日战争中，以付出巨大牺牲为代价而形成的可歌可泣的抗战精神，便是我们爱国精神的最集中体现。

之外，"爱·愛"的初文构形还启示我们爱国绝非个人之事。它必须"行必及心、心必通行，人人相及"。凡中华儿女，必得团结一心，从心灵深处爱自己的祖国，即或身离有疆故土，此心也不改变。

具体来说，可以归纳为下述几点：

1.作为普通公民，只要勤奋工作，诚实做人，不做违法犯罪的事，不做有损人格、国体的事，不做有损民族团结与破坏祖国统一的事，有基本正确的是非观、价值观、正义感，就是爱国。

2.作为社会精英，则应在上述基础上，有"以天下为己任"的情怀，目标高远，终生学习，能把自己的工作、研究与国家、民族的兴衰荣辱紧密结合起来，既能给当权者以思想理论上的借鉴参考、给普通公民以精神上的榜样，又能在科技文化教育中做出一番自己所独有的贡献，就是爱国。

3.作为国家干部，不仅需要上述两类人群的基本素质，而且要有更加崇高的使命感与大无畏精神。"苟利国家，生死以之。"（《晏子春秋》）"苟利国家，不求富贵。"（《孔子家语·儒行解》）"苟利国家生死以，岂因祸福避趋之。"（林则徐）便是这种爱国精神的真实写照。

"爱国"位列社会主义核心价值观之九，"个人层面"之首，昭示出最为鲜明的红色中国风采。它既是执政党对于共和国公民个人道德的最基本要求，也是对于历史，特别是中国近代历史，有了特别深刻的认知与反省后，得出的无可置疑的结论。

54. 什么是"敬"

孔子说："君子无不敬。"(《孔子家语·大婚解》)明确告诉我们，君子什么都敬。具体来说，敬天敬地敬鬼神，敬父敬母敬祖宗，敬妻敬子敬朋友，敬师敬业敬敌人，既敬君子亦敬小人，既敬一粥一饭、一草一木，亦敬一颦一笑、一言一行，如此等等。但敬则敬矣，却情各有别：或敬而爱之，或敬而亲之，或敬而远之，或敬而重之，或敬而惜之，或敬而效之。孔子又说："敬也者，敬身为大。"(《孔子家语·大婚解》)在所有的"敬"当中，又以"敬重爱惜自己"最为重要。

如何才是"敬重爱惜自己"呢？根据古人的相关论述，大概可以总结为两个主要方面：

第一，每一个人都要好好地爱护好自己的身体，不要随意伤害它。"身体发肤，受之父母，不敢毁伤，孝之始也。"(《孝经》)这是"孝"的开始，同时也是"敬"的开始。在中国古人看来，人从来就不是一个完全独立的存在。首先，人由父母所生，所以也是他们的一部分。其次，人还是祖宗留下的血脉，也是这个社会中的一员，一出生就在扮演着各种角色，按马克思说的便是："人是一切社会关系的总和。"比如你受伤住院，伤害的便不仅是你自己，给你的父母、周遭的人以及这个社会，或多或少都会造成一定物质、精神损失。所以，我们时时处处竭力避免各种伤害事故的发生，不仅是"孝"，同时也是"敬身"的表现。

第二，我们要努力成就自己。"立身行道，扬名于后世，以显父母，孝之终也。"(《孝经》)换言之，成就自己既是最大的"孝"，也是最大的"敬重爱惜自己"。由于人皆具有仁、义、礼、智、信，所以如何发展壮大它们，才是关键之关键。根据古人的论述，就是要"格物致知、诚意正心、修身齐家"，核心与基础都是"格物"，说得通俗些便是学、为学、好学。按孔子的说法则是："学而不厌，诲人不倦。"按老子的说法则是："为学日益，为道日损。"按王夫之的说法则是："知之不预，行以通之。""知行合一。"其实，他们说的都是互通的。《吕氏春秋》"圣人生于疾（力）学"也能说明这一点。事实与逻辑都说明：只有不断地学才可能让人有真本事，立身扬名，给父母、家人、社会带来光荣与自豪。历史上的伟大人物，如尧、舜、禹、周公、文王、武王等，便都是这样的敬重爱惜自己的人。对于一般人，即或不能做到立德、立功、立言，至少也要做个能够自立、自强、自尊、自爱的人，不要给父母、家人、社会带来不应该的负担或耻辱。

下面对"敬"字的初文及其异体略作分析，或可帮助我们增添新的认识。

"敬"字最初写作"𝑃"。会意或者象意字，像一个人肩上扛着礼物，双手扶膝，躬身行礼，或负荆请罪的样子。以此可知，所谓"敬"，它首先是属人的，并与礼、礼物紧密联系。

"人"字最初一般写作"𝑦"，相类似的异体还有"𝑛𝑛𝑡"。其俯首而立或五体投地的形象，即或肩上未扛有礼物，也能表达出人之为人所理应具有的敬畏、有礼或谦卑。人类在从类人猿向人进化过程中，由于对来自自然界伟大力量的不可抗拒与长时间的无知，内心深处总是充满了恐惧或敬畏。陨石撞击大地、森林发生大火如此，地震、火山等各种自然灾害的不定期暴发也是如此，更不要说人时常要直接面对的死亡了。这种恐惧心理或思想意识的发展，首先产生了人类社会最初的宗教，后来又由自然迁延至人类社会。到春秋战国时期，孔子便清醒地认识到，人如果要做好人、做君子，便必须要有所畏惧或敬畏，不仅要"畏天命"，而且要"畏大人，畏圣人之言"。（子曰："君子有三畏：畏天命，畏大人，畏圣人之言。"——《论语·季氏》）因为只有"有所畏"，才可能"有所不畏"；只有"有所不畏"，才可能"有所为"；只有"有所为"，才可能

"有所不为"。也就是，人只有"临事而惧"，才可能"好谋而成"！（子曰："暴虎冯河，死而无悔者，吾不与也。必也临事而惧，好谋而成者也！"——《论语·述而》）当代社会中的众多贪官污吏，之所以为所欲为，就是因为心中已完全失去了人之为"人·⺅"所应具有的畏惧或敬畏之心，从而"欲令智昏"，走上了不归路。

当然，圣人造字，把"人"写作"⺉⺅"，不仅可以表达出畏惧、敬畏之意，而且也能引申出仁、义、礼、智、信等其他相关德目的意思。《论语》记载，樊迟向孔子问什么是智，孔子的回答是："尽心尽力为百姓做事，既能让老百姓获得利益也能让自己获得尊严形象；礼敬鬼神，但又不过于亲近它，这样做就可称得上是智慧的了。"（樊迟问知。子曰："务民之义，敬鬼神而远之，可谓知矣。"——《论语·雍也》）孔子的这种说法，实际上是把仁、义、礼、智、信、敬等皆混而为一了。在孔子看来，"务民之义"不仅是智，而且也是仁、义、信。而所谓"鬼神"之事，人是不可能清楚地知道的，所以对其"敬而远之"，便不仅是礼，而且也是最智慧的选择。

"敬"的初文"⺉"在人的肩上加了一个礼物，一方面是文字创制本身的需要，由此"人"字与"敬"字才可能明显区分开来；另一方面，则是充分强调了礼物对于敬的重要性。换句话说，一般的人，首先皆是物质的存在，一个鞠躬或一句礼貌的话虽然也是礼，但总是不足以表达所谓"敬意"。

此外，"敬·⺉"还有个异体"⺊口"，即在原来"敬"字的左边加了一个"口"。这既是汉字职能分工、规范化发展的结果，也是为了强调人的存在及其思想、智慧、语言等在处理人与人关系上的重要性。事实上，人的身上加个礼物，不仅遮蔽了人，让人退隐到了背影之中，而且也在有形无形之中消弭了人之为人的伟大作用。如郭沫若先生就认为，"敬"的原初形象是一条狗，这无疑是极端错误的。

原初的不带"口"的"敬·⺉"形象地告诉了我们敬的方法与态度，带"口"的"敬·⺊口"则明确强调了敬的对象和原因。敬的方法需要送礼、曲体、谦卑、跪拜，态度需要恭敬、谨慎、严肃。敬的对象主要是人，同时也包括人的思想、智慧、语言；敬的原因是恐惧、敬畏，不仅要保护自身，而且要保护家人、亲人、朋友。

再后来，秦统一文字，所有"敬"的异体皆统一于小篆"敬"。其意亦随构形的变化而有所变化：右部加了个反文"攵"。反文不是"文"而是"武"，是一只拿着戈或戟之类武器的手。此手既可代表暴力，也可代表不可抗拒之强力。它喻示着人之有"敬"，并非完全出于自觉自愿，也是国家、社会或一定情势逼迫下的产物。进言之，人如果极端无礼或没有敬畏，就一定会受到来自家庭、社会或国家机器等的某种惩罚。所以，"敬"既是社会给予人的规范，也是人之为人的基本原则。

《释名》说："敬，警也。恒自肃警也。"（《释名·释言语》）这告诫我们，为人、成事、创业，不仅要有危机感，而且要能"预"，以防患于未然。

《周礼》之中，有"敬故"二字，郑玄解释为："不慢旧也。"就是对于故旧好友一定要尊敬、尊重，即或他们对你"无用"也必须如此，不然就是"不义"。陈胜当了王，便看不起旧时的耕友，所以成不了气候。孔子晚年曾对人说："吾有耻也，吾有鄙也，吾有殆也。幼不能强学，老无以教之，吾耻之。去其故乡，事君而达，卒遇故人，曾无旧言与小人处者，吾殆（此通怠）之也。"（《荀子·宥坐》）其中"卒遇故人，曾无旧言"，便是孔子晚年深以为耻的"鄙行"。此外，"敬故"还意味着对于先辈们所开创的事业、建立的功业、打下的基业等，也要加以尊重、尊敬。换句话讲，善加保护我们祖先留存下来的各种物质、非物质文化遗产，也是敬的表现之一。

《潜夫论》说："君敬法则法行，君慢法则法弛。"（《潜夫论·述赦》）无论敬法还是敬业，都需要领导者以身作则、身体力行。

"敬"乃是生命成熟的具体表现：不仅需要主体恭敬、严肃、谨慎，能"预"，具有思想性、策略性，而且也需要主体坚持不懈地付诸行动实践。

55. 什么是"业"

韩愈说："业精于勤荒于嬉。"（《进学解》）无论是学业、事业还是企业、职业，要想成功，要想出类拔萃，关键都在一个"勤"字。

可是，汉朝开国皇帝汉高祖刘邦事业上的成功，却可能颠覆我们的上述认识。据《史记·高祖本纪》记载，刘邦天生帝王之相，鼻梁高耸直上前额，额头既宽又高，有一把漂亮的胡子，左边屁股上还有七十二颗黑痣。他待人仁慈，乐善好施，心胸豁达。因为志怀高远、心胸宽阔，所以对于照顾家人以及各种生产活动则全不喜欢。等到成年，他便开始尝试做官。开始当了个泗水亭长，大概相当于今天的村主任，在他的那个小衙门中，与他所有的上下属关系好得不得了，全无尊卑上下之分。此外，他还好酒好色。

相关链接：

高祖为人，隆准而龙颜，美须髯，左股有七十二黑子。仁而爱人，喜施，意豁如也。常有大度，不事家人生产作业。及壮，试为吏，为泗水亭长，廷中吏无所不狎侮。好酒及色。（《史记·高祖本纪》）

这体现了一个人要有大业，"勤"也不一定管用，但长得好、有仁爱之心、乐善好施、胸怀大度、善与人处却是必不可少的。年轻时的刘邦，除了长得与众不同，乐善好施之外，实际上就是游手好闲、不务正业的酒色之徒罢了。在他父亲的眼中，他还不如他那个老老实实干活养家的兄弟。可是，最后他成功了。

刘邦的成功，是否真能颠覆韩愈的论断呢？

在今天，由于互联网的作用，类似于刘邦的成功的人似乎越来越多。这说明勤奋在事业、学业、企业、职业中虽作用很大，且具普遍价值，但仅仅有此却是不够的。

那么，下面关于"业"的初文的解读，能给予我们什么样的启示呢？

"业"字最初写作""，就是一块带有木头本色花纹的大木板。根据《说文》的解释（"业，大版也。所以饰悬钟鼓，捷业如锯齿……从巾"），它则是一个用来悬挂钟、鼓、磬之类乐器的木架子。一般来说，这种东西只有王侯将相之家才可能拥有。《说文》说它"从巾"却是有问题的。因为《诗经》有"巨业维枞"的句子，巨大的"业"只能是用枞树板做的，所以"业·"只有"从木"才更合情理。《易传》又说："富有之谓大业。"（《易传·系辞上》）以此可知，"业"，无论是挂钟鼓的木架，还是巨大的木板，皆是富有的象征。在古代，木之用遍及社会生活各个方面，它不仅是"五行""八音"之一（"五行"：金、木、水、火、土；"八音"：匏、土、革、木、石、金、丝、竹），而且也是"五德"之一，所以有"业·"不仅可谓富有（此"富"，不仅指物质上同时也指精神上），而且具有神圣性。

除了上述写法之外，还有一古文之"业·"。它源于东汉"鲁恭王坏孔子宅"而得的"壁中书"（"壁中书者，鲁恭王坏孔子宅而得《礼记》《尚书》《春秋》《论语》《孝经》"——《说文解字·序》），虽与前者构形大异，但意义却可相融相通。此字上为两"子"，意味子孙众多；下为两"大"与两"八"，皆有不断发展壮大之意。所以，所谓"业"必定是能让子孙后代依此便可绵延不绝，并能不断发展壮大的事业。如司马迁《报任安书》说"仆赖先人绪业"，即是指自己的史官位置是承继父业或祖业而来。后来，司马迁虽然光大了世传史官的祖业，但受宫刑而没了后，所以又说："亦何面目复上父母之丘墓乎？"（"仆以口语遇遭此祸，重为乡党戮笑，污辱先人，亦何面目复上父母之丘墓乎？虽累百世，垢弥甚耳！"——《报任安书》）以此观之，"有后"并发展壮大"后"，不仅是"大业"，而且也是最大的仁孝。所以原初的"敬业"，既有继承、尊重、礼敬祖宗基业之意，也有子孙绵延不绝、有香火奉祀祖先之意。老子说："善建者不拔，善抱者不脱，子孙以祭祀不辍。"（《老子》第五十四章）便把"业"与香火紧密联系在一起了。如把此意放在今天，凡只求自己快活，以养育后代为苦之思想，则既是不仁、不义、不孝，也是不"敬业"的极端表现。

郭璞说："业，筑墙板也。"筑墙板是古代建筑用的重要工具，由两块等宽等厚的大木板制成，一般长五六米，宽一二市尺，厚三三寸，不仅可用来建筑一般居屋，也能用来快速修筑城墙、宫室。以此可知，当"业"以实物出现时，往往又与建筑紧密相关。在孔子看来，凡以筑墙为业者，则应当受人尊敬。《论语·乡党》所云"式负版者"即表达了对于以筑墙为业者的尊重。在今天，不少官员为了建功立业，往往以大搞建筑为重为先。

"业"之引申意众多，既可以是学业、事业、功业、职业、基业，也可以是罪孽。前者不仅是人之物质性存在的基础，也是人之精神性、社会性存在的基础。而后者也是人类自己所造成的，且总是与功业并行。

《广韵》说："业，大也。"《集韵》说："业，壮也。"人因为有"业"而高大，国家因为有"业"才有凝聚力与蓬勃向上的气势或精神。所以，人必须无"业"不敬，不仅要敬自己、祖宗的"业"，而且要敬他人的"业"、国家的"业"。

今天，对于社会主义核心价值观中"敬业"的一般解读是，要求公民忠于职守，克己奉公，服务人民，服务社会。而学界所认可的敬业精神则是"人们在对职业的价值、意义与使命有高度认知基础上，形成的一种对职业的崇敬、虔诚、敬畏、热爱、专心、积极主动、开拓创新、忠于职守、勤奋努力、锲而不舍、精益求精的心理和精神状态"。显然，上述所谓"敬业"皆仅要求公民敬重自己所从事的职业，而与汉字学对于"敬业"的解读相差较大。以此，我们理应吸收传统文化中的合理部分，不仅要求工人、农民等职业人敬职业，同时也要求学生敬学业，后人敬前人的基业，教师、公务员、科技人员、军人、艺人等应把敬职业与敬事业、功业有机结合起来。而且，人有择业的自由，却没有不敬业的自由。因为，即或你个人的不敬，也极有可能酿成滔天罪孽。

历史上，孔子是敬业的典范。年轻时的孔子，位卑身微，曾当过管理仓库与畜牧业的小官"委吏"与"乘田"，但不管干什么"鄙事"，他都能干一行、敬一行，且都能干好。当"委吏"能做到"会计当"，当"乘田"能做到"牛羊茁壮长"，没有相当的敬业精神是不可能做得到的。他进一步认识到，职位卑微而喜发高论、议论上司，是为罪过；职位崇高位列国家权力中心，却不能实现国家安定、百姓富足，是为可耻。（"位卑而言高，罪也；立乎人之本朝而道不行，耻也。"——《孟子·万章下》）不在其位，不谋其政；如在其位，则必须兢兢业业以谋其政。

"敬业"位居社会主义核心价值观之十，"个人层面"之二，反映出其在新形势下的极端重要性与真正做好之不易。它不仅是公民最基本的道德要求，而且与"富强"的联系最为直接而紧密。

56. 什么是"诚"

孔子说："诚者，天之道也；诚之者，人之道也。诚者，不勉而中，不思而得，从容中道，圣人也。诚之者，择善而固执之者也。"（《中庸》）所谓至诚不欺，其实就是天道自然规律。当我们的一切行为总是想着向天道自然规律看齐，符合它、顺应它时，也就是人道了。真正的至诚不欺，既无须别人的鼓励，也无须反复忖度思量，自然而然地也就能与中庸之道吻合了。能做到这样的人，就是圣人。说得再具体点，所谓总是想着向天道自然规律看齐，其实就是要求我们总是能适当地选择心中所认可与追求的善，并坚定地捍卫它。这段话与孟子的"诚者，天之道也；思诚者，人之道也。至诚而不动者，未之有也；不诚，未有能动者也"（《孟子·离娄上》）可以互相印证。不过孟子的说法对我们做了进一步的鼓励：只要"至诚"，就一定能感天动地，就一定会有所成功。

为什么"至诚"会有如此神奇的作用呢？在古人看来，有了它，不仅能修好仁义道德，充分发挥出人的一切聪明才智或主观能动作用，而且一定能得到广大人民的坚定支持，也就理所当然地有了治国、平天下的能力了。

相关链接：

自诚明，谓之性；自明诚，谓之教。诚则明矣，明则诚矣。（《中庸》）

唯天下至诚，为能尽其性；能尽其性，则能尽人之性；能尽人之性，则能尽物之性；能尽物之性，则可以赞天地之化育；可以赞天地之化育，

则可以与天地参矣。(《中庸》)

至诚无息，不息则久。久则征，征则悠远，悠远则博厚，博厚则高明。博厚所以载物也，高明所以覆物也，悠久所以成物也。博厚配地，高明配天，悠久无疆。如此者，不见而章，不动而变，无为而成。(《中庸》)

至诚之道，可以前知：国家将兴，必有祯祥；国家将亡，必有妖孽；见乎蓍龟，动乎四体。祸福将至，善，必先知之；不善，必先知之。故至诚如神。(《中庸》)

诚信如神，夸诞逐魂。(《荀子·至士》)

君子养心莫善于诚，致诚则无它事矣。(《荀子·不苟》)

下面讲个周武王的"至诚"故事，或许能给我们增添某些启示。

公元前 1046 年，周武王带领"虎贲三千人、简车三百乘"从镐京（就是今天的西安）出发，东征商纣王。军队行至鲔水，商纣的一个使者，也是间谍，名叫胶鬲，在此等候并向武王刺探军情，武王接见了他。胶鬲说："西伯，您这是要去哪里呢？请不要骗我！"（西伯是商纣王给周文王的封号，文王死了，武王便继承了它）武王回答："不用骗你，我将要去殷都（商王朝的首都，位于今天河南安阳）。"胶鬲又说："您将要什么时候到达？"武王说："我们在甲子日之前必至殷都郊外，你据此如实报告就可以了！"胶鬲走了之后，天天下雨，日夜不停，但武王仍然命令军队快速前进，不许稍停。军师们都进谏说："士兵们都劳累生病了，请下命令休息一下吧。"武王说："我们既然已经要求胶鬲以甲子日作为最后期限报告他的主人，如果我们甲子日不到，那就会陷胶鬲于不信。如胶鬲失去他的主人的信任，就必定为他的主人所杀。我们快速行军，就是要去救胶鬲不死啊。"于是，在武王的严令督促下，周军果然在甲子日之前来到了殷都的郊外。这时商纣王早已列好军阵等候在那里了。可是，等武王军队来到殷都，两军一交战，商纣便一败涂地，最后只能以自杀了之。这就是武王的威武仁义啊！武王做的正是人民所希望的，而纣王做的却是人民所厌恶的，事先摆好阵仗又有什么用呢？正是让武王一战功成，捡了个大便宜啊！

相关链接：

武王至鲔水，殷使胶鬲候周师，武王见之。胶鬲曰："西伯将何之？无欺我也！"武王曰："不子欺，将之殷也。"胶鬲曰："曷至？"武王曰："将以甲子至殷郊，子以是报矣！"胶鬲行。天雨，日夜不休，武王疾行不辍。军师皆谏曰："卒病，请休之。"武王曰："吾已令胶鬲以甲子之期报其主矣，今甲子不至，是令胶鬲不信也。胶鬲不信也，其主必杀之。吾疾行，以救胶鬲之死也。"武王果以甲子至殷郊，殷已先陈矣。至殷，因战，大克之。此武王之义也。人为人之所欲，己为人之所恶，先陈何益？适令武王不耕而获。（《吕氏春秋·贵因》）

《吕氏春秋》所描绘的武王的"威武仁义"，究其实，就是武王"诚信不欺"所开出的胜利之花、所结下的成功之果。这种成功，不仅让武王威名光耀千古，同时也让他的后代子孙八百年享尽荣华。

下面解读一下"诚"字的构形，或还可以增添更多的启示。

"诚"字最初写作"誠"，左边是个"言"，右边是个"成"。

"言"字最初写作"言"。它与"诚"的言字旁"言"相比，构形略有不同，虽略简单，但却更加直观。下部是个"口·口"，意味着"言"一定是属人的；上部从"口"中往外伸出的部分"Y"代表舌头与口共同发出的声音，中间的竖线既是舌头本身，也是语言的通道。之所以用三角形代表语言，是因为语言的力量既坚固又锐利。"人言可畏""众口铄金""一言可以兴邦，一言可以丧邦"，皆说明语言具有强大乃至伟大的力量。按照韩非子"所谓智者，微妙之言也"（《韩非子·五蠹》）的说法，"智"或"智者"与一般人最大的区别，就是能辨析那些微妙的语言，知其所谓"微言大义"，并能从中吸取正能量。比如老子说"为学日益，为道日损"，有学者解释说："学得越多，就离道越远了。"（见腾讯视频：《李山说孔子》）这显然是无稽之谈！如果按照这样的理解，那么为学且好学的老子、孔子、荀子们，就皆是"无道"之辈了。老子的原意应当是，为学使用的是加法，为道需要用减法，而这两法又是不可分割的。为道必得以为学为前提，没有这个前提，人就不可能知道，不知道又如何能为道？

"诚"字的右边最初写作"样"。《说文》说："成，就也。从戊，从丁。""成"就是功成名就，事业有成。其字形由"戊"与"丁"两个部分构成。

"戊"字最初写作"样"，从戈。很明显，它就是冷兵器时代与戈、戟相类的一种武器。从形制上看，既能砍杀，亦能勾、刺。现在存放在中国国家博物馆的名叫"后母戊"的大方鼎，重达875公斤，上面的"戊"字就是这样写的。

"丁"，象形字，像钉子的形状，是今天带有金字旁的"钉"字的初文。文字发明之初，没有金属做的钉，所谓"钉子"都是木制的。

"成·样"，由"戊"与"丁"共同构成，意思是把武器挂在墙上的钉子上，寓示干戈已息、事功已成、大业已就。以此可知，在中国古代圣人的眼中，所谓"成就"，似乎皆与暴力或军事斗争的胜利有关。《玉篇》"成，毕也"也表达了与"就"相类的意思。从最深刻意义上说，所谓"诚信"的建立，其背后必得以暴力做支撑。换句话讲，如果没有军队、警察、监狱、法庭等国家暴力机构为诚信张目，那么良好的社会诚信的建立就只能是一句空话。

把"言"与"成"纠合于一体的"诚"，不仅是形声字，也可以会意，它明确告诉我们，主体的语言表达如能实现预期目标即可谓之"诚"。《说文》说："诚，信也。"则更进一步说明了这一点。一个人是否诚信，首先是要有诺言在先，然后要有践诺在后，不然，则无所谓诚信。上述武王之"诚"正如此说。

再比如韩信，年轻落魄时，曾受到一个漂母很长时间的接济，于是对她说："我一定会重重地报答您。"漂母却说："我是看你饿得可怜，并未想要得到什么报答。"后来韩信果然实现了自己的诺言，以千金报答漂母。但试想，如果韩信最后一无所成，他又何以千金相报？以此可知，所谓"信"的实现，一定是"其有所成功也"。

相关链接：

信钓于城下,诸母漂,有一母见信饥,饭信,竟漂数十日。信喜,谓漂母曰:"吾必有以重报母。"母怒曰:"大丈夫不能自食,吾哀王孙而进食,岂

望报乎！"……信至国，召所从食漂母，赐千金。（《史记·淮阴侯列传》）

综上可知，所谓"至诚"，既是人们成功、成才、成人的阶梯，也是客观规律发展的必然，所以子思说："至诚如神。"荀子也说："诚信如神。"（《荀子·至士》）这应当是完全经得起思想追问的。

57. 什么是"友"

"友"，俗称朋友。据《论语》孔子师生们对于"友"描述，我们大致可以知道，在他们的心中，所谓"友"大概是这个样子的：

一、相互之间能互相信任，无须使用诡计；

二、有怨恨，无须隐瞒，做不成朋友就做敌人；

三、财物可以共用，像兄弟一样；

四、朋友当中，都有共同的志向，且没有比不上自己的；

五、能互相砥砺、切磋、给予忠告，总是能给自己以助益。

一个人很难做到上述所有的关于"友"的描述。"友"也是可以分成不同种类或层次的。但在古人当中，上述理解不是全部，而且也不一定最深刻。

《吕氏春秋》的一个故事告诉我们，所谓"友"，既要有共同的志向，也要有为这个志向而奋不顾身的精神。

齐国有个名士叫北郭骚，为了供养他的母亲，整日制作捕兽的罗网，捆扎蒲垫苇席，编织麻鞋，劳作不休，但还是不能满足需要。有天，他亲自跑到齐国丞相府，对当时的丞相晏子说："我要向您讨点东西奉养我的母亲。"晏子的仆人告诉晏子说："这个人是齐国有名的贤人。由于他不愿意做天子的臣子，不愿意做诸侯的朋友，既不苟且以获得利益，也不苟且逃避祸害，所以一直很穷困。今天他来向您乞讨，实际上是钦佩您的高义，所以您必须给他。"晏子听了，马上命人赠给了他粮食、黄金，但北郭子只接受了粮食，拒绝了黄金。

过了不久，晏子被齐君猜忌，想逃往国外，在经过北郭子门前时向他告别。北郭子很庄重、恭敬，在沐浴之后才出来迎接，见到晏子说："先生您这是要去哪里呢？"晏子说："我现在已经受到齐君的猜忌，将要逃往国外。"北郭子说："您快点走吧！"晏子上了车，长叹一声说："我逃往国外难道不应该吗？看来我是太不了解今天所谓的'士'了。"于是直奔边境而去。

晏子走后，北郭子招来他的朋友，对他说："我因为佩服晏子的高义，曾向他乞讨粮食奉养母亲。我听说'对于奉养过自己父母的人，应当与他共担危难'，如今晏子受到国君猜忌，我将用自己的死来为他证明清白。"北郭子穿戴好衣冠，让他的朋友拿着宝剑、捧着一个竹匣跟在后面。走到宫门前，找到负责通禀的官吏说："晏子是名闻天下的贤人，他若出逃，齐国必定遭受侵犯。与其看到国家遭受侵犯，不如先死。我愿把我的头托付给您来为晏子证明清白。"又对他的朋友说："请把我的头盛在竹匣中，捧去托付给那个官吏。"说罢，退下几步自刎而死。他的朋友捧着盛着北郭子头的竹匣托付给了那个官吏，然后对旁观的人说："北郭子为国而死，我将为北郭子而死。"说罢，也退下几步自刎而死。

齐君听说这件事后大为震惊，马上乘着驿车亲自追赶晏子，在国都的郊外终于追上了，请求晏子回去。晏子不得已，只得返回，听说北郭子用死来替自己证明清白，很是感慨，说："我的逃亡难道不应该吗？北郭子的死更说明我越来越不了解士了。"

相关链接：

齐有北郭骚者，结罘罔，捆蒲苇，织萉屦，以养其母，犹不足，踵门见晏子曰："愿乞所以养母。"晏子之仆谓晏子曰："此齐国之贤者也。其义不臣乎天子，不友乎诸侯，于利不苟取，于害不苟免。今乞所以养母，是说夫子之义也，必与之。"晏子使人分仓粟、分府金而遗之，辞金而受粟。有间，晏子见疑于齐君，出奔，过北郭骚之门而辞。北郭骚沐浴而出，见晏子曰："夫子将焉适？"晏子曰："见疑于齐君，将出奔。"北郭子曰："夫子勉之矣。"晏子上车，太息而叹曰："婴之亡岂不宜哉？亦不知士甚矣。"晏子行。北郭子召其友而告之曰: "说晏子之义，而尝乞所以养母焉。吾闻之曰：'养及亲者，身伉其难。'今晏子见疑，吾将以身死白之。"著衣冠，令其友操剑奉笥而从，造于君庭，求复者曰："晏子，天下之贤者也，去则齐国必侵矣。必见国之侵也，不若先死。请以头托白晏子也。"因谓其友曰："盛吾头于笥中，奉以托。"退而自刎也。其友因奉以托。其友谓观者曰："北郭子为国故死，吾将为北郭子死也。"又退而自刎。齐君闻之，大骇，乘驲而自追晏子，及之国郊，请而反之。晏子不得已而反，闻北郭骚之以死白己也，曰："婴之亡岂不宜哉？亦愈不知士甚矣。"（《吕氏春秋·士节》）

下面再看看"友"的初文构形，或许能使我们有更加深入的认识。

"友"字最初写作"𠬹"，像两只朝着一个方向用力的手。如依《说文》"同志为友"的解释，会意两人因为有共同理想或志趣，所以才成为友。但实际上，也可把它视为友的一种隐喻，如《三国演义》中刘备曾对兄弟们说："朋友如手足，妻子如衣服。衣服破，尚可补，手足断，安可助？"

先贤以手为友至少意有三层。一是强调了友的重要性地位：人之有友如人之有手，人之无友犹人之无手，有手有友成事易，无手无友成事难。二是彰显了友的从属性地位：手是人身体的重要部分，但必须从属于人。换句话说，即不管友何等重要，任何时候它都不可能取代人的主体性地位。三是说明凡朋友之间，皆应如人之两手，即能精诚团结、配合于无形，劲往一处使，但偶尔也可能互相伤害。换句话说，朋友之间有时不得不弃。可就算为了保命或为了"大义"弃之，也会有损主体的形象。

一般情况下，人皆有手有友，即使没有手，虽然外形有缺憾，但如果有正常智力、意志、思想，就能得到朋友的帮助，亦可成事、成功、成人。

友的最大特征是能形成合力。"同志为友"，既可是两个人志同道合、同心并力，也可是多人或无数人的力量集合。无数的同志凝聚在一起，既可破坏一个旧世界，也可创造一个新世界。中国共产党人内部皆称同志，即表明他们皆是人人志同道合的友。

除上述初文之外，"友"还有两个异体"⿱⿰⿱⿰"，一个古文"⿱⿰"。两个异体下部的"口"或"曰"，代表语言、思想、智慧。故友之间相同的"志"，也应当是经得起语言、思想、智慧追问的。

古文之"友·⿱⿰"，上为"习"下为"百"，意为众多的人在一起学习。它主要强调的是友的形成多与青少年时期在一起玩耍或学习有关。这种"友"不一定有共同志趣，但却往往互相知根知底。

孟子说："乡田同井，出入相友，守望相助，疾病相扶持，则百姓亲睦。"（《孟子·滕文公上》）"出入相友"，就是在农业生产过程中，因为互助合作，所以能成为心气相通的朋友。（赵岐注："'出入相友'，相友耕也。"郑玄说："友，同井相合耦锄作者。"贾公彦解释说："两人耕为耦。"）这种互助合作的耕作方式的出现并长期存在，是我国农业社会生产力发展状况与意识形态形成的一个缩影。它的最大作用是，在提高耕作效率的同时，也可增进邻里感情，形成"守望相助，疾病相扶持"的睦邻友好关系。进一步考察，还发现它有一个前提性条件："乡田同井"，即这种"相友"关系的形成，既有共同地域性存在所形成的互知根底，也有共同的利益、情感，甚或性情。以此可知，"出入相友"还不像赵岐所说的那么简单，仅是"出相友耕"之事，"人"还意味着这种友在耕作之外还常在一起生活、玩乐。它给我们的启示是：由于社会变迁，像农耕时代那样的"相友"关系已很难形成；真正"相友"关系的形成，必得有相当长时间的朝夕相处与交流，其中以青少年时代的长时间相处、交流最可能让这种"相友"关系得以实现。进言之，今天的"友善"需要我们互助合作，但却不一定能形成互知根底的朋友关系。

孔子说："对我们有益的朋友有三种，有害的也有三种。与公平正直的人为友，与诚信宽厚的人为友，与见闻广博的人为友，便是对自己有益的。与擅长阿谀奉承的人为友，与善于柔情蜜意的人为友，与擅长花言巧语的人为友，便是对自己有害的。"（子曰："益者三友，损者三友。友直，友谅，友多闻，益矣。友便辟，友善柔，友便佞，损矣。"——《论语·学而》）他启示我们，由于友对人的成长、成人、成才有巨大影响力，所以我们不仅要择友而行，还得择邻而居。荀子说："蓬草因为生在苎麻之中，所以会自然挺直；白沙因为被黑色的颜料污染，所以一定黑白俱黑。兰槐之根虽香，但如被臭水所污，就会让君子远离，百姓厌恶。这不是因为它的本质不好，而是因受到污染的缘故。所以君子所居，必须选择乡邻，出行游学必须跟随就中正之士。这样做就是为了能够远离邪恶接近中正而已。"荀子所说，就是对孔子上述思想所做的深刻回应。

相关链接：

蓬生麻中，不扶而直。白沙在涅，与之俱黑。兰槐之根是为芷，其渐之滫，君子不近，庶人不服，其质非不美也，所渐者然也。故君子居必择乡，游必就士，所以防邪僻而近中正也。（《荀子·劝学》）

此外，从《论语》《史记》及相关记载来看，孔子的"友"主要是师友关系。见闻广博主要指他的老师如老子、师襄等，公平正直、诚信宽厚主要指蘧伯玉、左丘明等。蘧伯玉不仅与孔子志趣相投，而且多次帮助过他。左丘明因为好学正直，所以一直都是孔子为人为学的榜样。孔子曾用反复强调的口吻对人说："巧言令色足恭，左丘明耻之，丘亦耻之。匿怨而友其人，左丘明耻之，丘亦耻之。"（《论语·学而》）说明孔子因能与左丘明为友而深感自豪。此外，他的学生，如子路、子贡、冉求、仲弓等与他的关系可以说既是师生，也是朋友。

58. 什么是 "朋"

  "朋" 字最初写作 ""。象形或会意字，像两串用绳子串起来的贝或玉。它是远古时代的货币单位。一般五贝为一串，两串为一朋。

  由于 "贝" 本来就是钱，也有宝贵的意思，且各 "贝" 之间，既有连接关系，又有并列关系，所以便有了同道、同门、同学、朋友、朋党、勾结、同类、群、共同等各种引申意。其中同道、同门、同学、朋友等，当然是皆宝贵的；而朋党、勾结、同类、群、共同等，则多与金钱、物质利益关系密切。但大多数的时候，它们又是精神与物质兼而有之。

  有人认为朋友是无用的，即无功利之用，朋友之间只有爱与奉献，与金钱或利益无关；并认为朋友之间的爱与奉献和父母对于子女、子女对于父母之间的爱与奉献是一样的。这种认识，虽然立意高远，却是无稽之谈。这个世界虽有所谓纯粹的精神之爱，但大多数时候，它仍必须要以物质的形式表现出来，就像它本来就是物质构成的一样。我们的父母、朋友究竟是如何爱我们的呢？难道他们仅仅只是在精神上给予鼓励？他们是否会给予我们物质上的支持与帮助呢？如果在你需要得到别人物质上的帮助时，他们明明有能力帮你，但却只是嘴巴喊加油，你还认为他们对你的爱是无私的，是乐于奉献吗？精神的东西如果不能以物质的形式表现出来，永远都是空谈。要知道，为朋友而死，洒上一腔热血，也是物质的。古人说："常使胸中蔚朝气，须知世上苦人多。" 千万不要因为自己财务自由，就以为全世界的人都完全摆脱对于物质的依赖了。这种认识是一种小资情调或所谓"中产者"的清高；是一种所谓"知性"者的扭捏作态，或故作惊人语。当然，它也可以从反面确证，当代社会，所谓真正的朋友，即愿意在物质上给予对方以帮助的朋友确实越来越少了。

《易·坤卦》有"西南得朋，东北丧朋"的卦辞，一般解释为：在西南可以得到朋友的帮助，而在东北会失去朋友的帮助。这当然有一定道理。但窃以为，释为"在西南会得更多的金钱或物质利益，在东北会丧失更多的金钱或物质利益"更能经得起思想的追问。原因主要有二：一是，此卦为坤卦，所涉内容主要是"万物滋生、品物咸亨、牝马地类"；二是，真正的朋友，不管到何时何地，都是不会失去的。有人以周太王古公亶父从豳地迁到岐山脚下，即是从东北迁至西南，一方面失去了戎狄这个"朋"，另一方面，又因为迁徙反而得到了更多的周边民众的拥护为例来说明此事。其实，这种认识也是经不起推敲的。古公亶父和他的部族们，在当时无论是迁徙还是不迁徙，无论以何种态度对待戎狄，都是不能改变戎狄一直以来所抱的敌对态度的。这是由戎狄所处的地理环境与社会性质或生活状态所决定的。后来的一系列历史事实，即秦汉以来的中原政权与北方少数民族的战争，都说明了这一点。再者，周的这种早期迁徙，最重要的原因并不是为了避免戎狄的逼迫，而是为了选择一个更好的地理环境，以求得未来的发展与扩张。进言之，周的远期目标本来就是东扩。据后来的历史发展走势，周的这次迁徙确实达到了上述目标。

孔子说："有朋自远方来，不亦乐乎？"（《论语·学而》）据有关研究，此处的"朋"对于孔子来说，主要指的就是那些与孔子有共同志向的来自各诸侯国的学生们。（就当前所知的所有史料来看，从远方来拜见过孔子的人，除了他的朋友蘧伯玉的使者之外，好像没有他的学生之外的人。）孔子之所以为此感到高兴，一方面是因自己的好学、修行获得了巨大成功：能为人师、声名远播、受人尊敬、得到了社会的普遍认可；另一方面则是因为这些慕名而来的学生同时也能给他带来经济上的利益。试想，如果这些朋友都不"自行束修以上"，情况又将如何？孔子还会很高兴吗？以此可知，这种"有朋自远方来"，其背后还有"有钱从远方来"的意思；其所带来的快乐，不仅有精神上的，而且也有物质上的。这说明，圣人也是人，也需要生活，也有一般人所具有的七情六欲。

上述分析表明，"朋"字的使用，最初确实主要与经济利益有关。但台湾师范大学曾仕强教授认为，"朋"字就是两块肉，就是酒肉朋友，则是完全错误的。这既不符合事实逻辑，也不符合汉字构形的初意。事实上，酒肉虽然在朋友交往中不可或缺，但只是其中的少部分而已。至于今天的"月"字，在古文字中可以反推为"肉"的，仅限于与动物肉体有关的字，如肝、腑、腿、股等，当然也包括"肉"字本身，而像胜、朝、明、朋、月等字，则皆与肉无关。

"朋友"一词，在先秦经典中多有出现。这说明"朋友"二字大多数时候又是可以互相置换的。深入的研究表明，"友"主要指向人们精神上的志同道合，"朋"则主要指向共同的经济利益。但大多数时候，经济利益又总是与价值精神纠缠在一起的，难分难解。

如战国时期的吕不韦与秦公子嬴异人，就可视为这样的一种朋友关系。（吕不韦，卫国大商人，曾经是秦始皇嬴政的仲父；嬴异人，就是秦始皇的父亲。——《史记·吕不韦列传》）因为他们之间不仅有共同的理想、共同的经济利益，更重要的是吕不韦散尽家财、竭心尽力为提高嬴异人的人生境界所做出的种种努力，也符合古人关于朋友关系的众多论述。比如他们互相信任、共用财物、互相忠告、互相勉励等。事实上，吕不韦的政治家的远见、战略家的胆魄，以及奋不顾身的赌徒精神，不仅为落魄公子嬴异人的人生描上了浓墨重彩的一笔，也为自己谱写了一曲辉煌绚丽的人生乐章。换言之，正因为他们的互相帮助、互相信任，使他们都获得了人生的巨大成功。回顾一下战国时期秦赵之间的关系史，可以肯定，如果没有吕不韦，嬴异人便不可能由野鸡变凤凰，而必然成为秦赵之间战争的牺牲品。换言之，秦以嬴异人做人质，本身就是对他的一种无情抛弃。他最后之所以能够咸鱼翻身，成为秦国历史上的秦庄襄王，则完全依赖于吕不韦的成功运作与他们相互之间的无限信任。

以此观之，"朋"无论指向共同的经济利益还是精神上的志同道合，对于人生来说，都十分重要。缺乏"朋"的人生，不仅会过度贫困，而且会缺少快乐，更不用说成功了。

59. 什么是"乐"

孔子做了鲁国的大司寇，并代理丞相职务，面露喜悦之色。子路见了有些不解，就问孔子："我听说君子'福至不喜，祸至不惧'，今天看到老师得了高位就面露喜色，这是为什么啊？"孔子回答说："是的，是有你这样的说法。但是，你是否又听说过：'乐以贵下人'——'显贵了仍能保持本色，以谦恭待人、尽心为百姓做点好事为快乐'吗？"

细品上述子路与孔子的对话，可以得出如下启示：

第一，一般情况下，君子都要有"福至不喜，祸至不惧"的修为或心态；

第二，当官是福，同时也快乐的事，但其福与快乐不是因为身处高位可以在百姓面前要威风，而是因为有了更多机会为百姓服务。

再综合《论语》《孔子家语》等对于快乐的描述，可知人生或并不如佛教所认为的"一切皆苦"，或完全相反。换言之，人生旅途，贫也可乐，富也可乐；得亦可乐，失亦可乐；进亦可乐，退亦可乐。因为人只要有"志于道"，"志于学"，"学而不厌，诲人不倦"的君子之志，那么就一定能"发愤忘食，乐而忘忧，不知老之将至"，进而其乐无穷。

不过最初的"乐"字只能源于音乐，因为源于内心的"乐"没有具体形象，难以描摹。

相关链接：

孔子为鲁司寇，摄行相事，有喜色。仲由问曰："由闻君子祸至不惧，

福至不喜，今夫子得位而喜，何也？"孔子曰："然，有是言也。不曰'乐以贵下人'乎？"（《孔子家语·始诛》）

　　"乐"字最初写作"🦋"。上边是两束丝，下边是一个"木"字。象意字，本意为以丝、木结合而创制的有点像琵琶之类的乐器。金文写作"🦋"，在"木"字之上，"丝"字的中间加了个"白"字。"白"字本意为人的拇指，但在此也可代表琴类的发音箱。加"白"主要是为了强调人在音乐创作特别是音乐演奏过程中的主导性作用。《吕氏春秋·侈乐》"失乐之情，其乐不乐。乐不乐者，其民必怨，其生必伤"便表达了这种思想。

　　"木"不仅是木头，也是金、木、水、火、土所谓"五行"之一。按五行生克理论，木为水所生，所以亦具水之仁、义、礼、智、信诸德；木又能生火，所以不仅能温暖人性，而且能大大提高人的生存能力。"乐"之有"木"，故亦具有同样功能。

　　"丝"原初仅指桑蚕所吐之丝，后来则可代指一切像丝一样的东西。能代指一切弦乐器也是其重要义项之一。丝的最大功能不是能发声或参与音乐的演奏，而是与木一样能给人以温暖，而这就是"仁之本"。（"温良者，仁之本也。"——《孔子家语·儒行解》）"乐"之有"丝"，亦说明"乐"从属于仁。孔子认为，如果是"不仁者"，那么就一定"不可以长处乐"（《论语·里仁》）。

　　《说文》说："乐，五声八音总名。象鼓鞞（音比），木其虡（音具）也。"这种认识与上述认识有些差别：一在于它认为丝木或丝竹在中国传统文化中亦可以作为所有音乐的象征或代称；二在于它认为"乐·🦋"的上边不是"丝"而像古代军中的战鼓，而下边的"木"则像架鼓的木架子。这种认识明显与其形象不符，但仍可备一说。不管何解，以某种乐器的形象描摹来表达快乐、愉悦的情绪或代称音乐则是没有问题的。

　　据《礼记·乐记》："乐者，天地之和也。夫乐者，先王之所以饰喜也。"《吕氏春秋·大乐》："天下太平，万物安宁。皆化其上，乐乃可成。""凡乐，天地之和，阴阳之调也。""乐"乃先王所作，一般人绝无作"乐"之权位与道德。它既是天下太平、阴阳调和、万物咸宁的象征，也是用来表现人们内心喜悦情绪的主要方式。这种认识与今天人们对于"乐"的认识区别很大。《中庸》："虽有其位，苟无其德，不敢作礼乐焉；虽有其德，苟无其位，亦不敢作礼乐焉。"能够作"礼乐"的先王，必定是有美德的圣王，而其所表达的喜悦情绪，不仅是自身所具有的，而且也是与天下百姓所共有的。

《孟子·梁惠王下》："独乐乐，与人乐乐，孰乐？"曰："不若与人。"曰："与少乐乐，与众乐乐，孰乐？"曰："不若与众。"《吕氏春秋·大乐》："大乐，君臣、父子、长少之所欢欣而说也。欢欣生于平，平生于道。"《吕氏春秋·适音》："故先王之制礼乐也，非特以欢耳目、极口腹之欲也，将以教民平好恶、行理义也。"据此可知，"独乐乐"不如"众乐乐"。但"众乐乐"的实现却是有前提的，那就是"天下有道"，或社会有最基本的公正、公平，人民至少能过上最基本的温饱生活；否则，人民则不可能与当权者共乐。

读《论语》，知孔子是个音乐家。

相关链接：

子语鲁大师乐，曰："乐其可知也：始作，翕如也；从之，纯如也，皦如也，绎如也，以成。"（《论语·八佾》）

子谓韶："尽美矣，又尽善也。"谓武："尽美矣，未尽善也。"（《论语·八佾》）

子曰："吾自卫反鲁，然后乐正，雅颂各得其所。"（《论语·子罕》）

子在齐闻韶，三月不知肉味，曰："不图为乐之至于斯也。"（《论语·述而》）

（诗）三百五篇，孔子皆弦歌之。（《史记·孔子世家》）

但孔子最大的乐趣却不在音乐，而是源于好学。其次是"得天下英才而教育之"。"学而时习之，不亦说乎？有朋自远方来，不亦乐乎？"（《论语·学而》）前句指向好学，后句则指向"得天下英才而教育之"。再如"君子食无求饱，居无求安，敏于事而慎于言，就有道而正焉"说的是好学（《论语·学而》），"贫而乐，富而好礼"，"如切如磋，如琢如磨"（《论语·学而》），"发愤忘食，乐以忘忧"（《论语·述而》）仍然指向好学。"饭疏食饮水，曲肱而枕之，乐亦在其中矣。"（《论语·述而》）这其中说的不是因为"饭疏食饮水，曲肱而枕之"本身能令人有多快乐，而是因为这样可以自由自在地"从吾所好"。"从吾所好"不仅是好学，而且是乐学。

"博学而笃志，切问而近思，仁在其中矣。"（《论语·里仁》）"好学近乎智，力行近乎仁，知耻近乎勇。知斯三者，则知所以修身；知所以修身，则知所以治人；知所以治人，则知所以治天下国家矣。"（《中庸》）"不仁者不可以久处约，不可以长处乐。"（《论语·里仁》）"知、仁、勇，三者，天下之达德也；所以行之者，一也。或生而知之，或学而知之，或困而知之，及其知之，一也。或安而行之，或利而行之，或勉强而行之，及其成功，一也。"（《中庸》）这些又告诉我们，不仅好学能"乐在其中"，而且所谓智、仁、勇也一定可以从好学之中深刻地获得的，从而也就一定能有所成功。

"知之者不如好之者，好之者不如乐之者。"（《论语·雍也》）只有"乐"才能实现更高境界的"好"与"知"。换句话讲，如果一个人做某件事的过程总与痛苦相伴随，那么他便不可能在这个领域取得巨大成就。

"子在齐闻韶，三月不知肉味，曰：'不图为乐之至于斯也。'"（《论语·述而》）至美至善的音乐，不仅能给人由听觉而产生的巨大的精神美的享受，而且还可能让人产生通感：由听觉之美而产生味觉之美。

"兴于诗，立于礼，成于乐。"（《论语·泰伯》）历史上那些伟大的成功，一方面由于其能让人产生长久而深刻的愉悦，所以必定要以音乐的形式以表现出来。对于古人来说，这种行为又叫作"饰喜"。另一方面是好的音乐有教人"平好恶、行理义"的作用，即能促进社会和谐有序、长治久安。

相关链接：

昔古朱襄氏之治天下也，多风而阳气畜积，万物散解，果实不成，故士达作为五弦瑟，以来阴气，以定群生。

昔葛天氏之乐，三人操牛尾，投足以歌八阕：一曰载民，二曰玄鸟，三曰遂草木，四曰奋五谷，五曰敬天常，六曰达帝功，七曰依地德，八曰总万物之极。

昔陶唐氏之始，阴多，滞伏而湛积，水道壅塞，不行其原，民气郁阏而滞著，筋骨瑟缩不达，故作为舞以宣导之。

昔黄帝令伶伦作为律。伶伦自大夏之西，乃之阮隃之阴，取竹于嶰溪之谷，以生空窍厚钧者，断两节间，其长三寸九分而吹之，以为黄钟之宫，吹曰"舍少"。

次制十二筒，以之阮隃之下，听凤皇之鸣，以别十二律。其雄鸣为六，雌鸣亦六，以比黄钟之宫，适合；黄钟之宫皆可以生之。故曰：黄钟之宫，律吕之本。黄帝又命伶伦与荣将铸十二钟，以和五音，以施英韶。以仲春之月，乙卯之日，日在奎，始奏之，命之曰咸池。

帝颛顼生自若水，实处空桑，乃登为帝。惟天之合，正风乃行，其音若熙熙凄凄锵锵。帝颛顼好其音，乃令飞龙作，效八风之音，命之曰承云，以祭上帝。乃令鱓 [shàn] 先为乐倡。鱓乃偃寝，以其尾鼓其腹，其音英英。

帝喾命咸黑作为声歌：九招、六列、六英。有倕作为鼙 [pí]、鼓、钟、磬、吹苓、管、埙、篪 [chí]、鼗 [táo]、椎、锺。帝喾乃令人抃 [biàn]，或鼓鼙，击钟磬、吹苓、展管篪。因令凤鸟、天翟舞之。帝喾大喜，乃以康帝德。

帝尧立，乃命质为乐。质乃效山林溪谷之音以歌，乃以麋辂置缶而鼓之，乃拊石击石，以象上帝玉磬之音，以致舞百兽。瞽叟乃拌五弦之瑟，作以为十五弦之瑟。命之曰大章，以祭上帝。

舜立，命延乃拌瞽叟之所为瑟，益之八弦，以为二十三弦之瑟。帝舜乃令质修九招、六列、六英，以明帝德。

禹立，勤劳天下，日夜不懈。通大川，决壅塞，凿龙门，降通漻 [liáo] 水以导河，疏三江五湖，注之东海，以利黔首。于是命皋陶作为夏籥九成，以昭其功。

殷汤即位，夏为无道，暴虐万民，侵削诸侯，不用轨度，天下患之。汤于是率六州以讨桀罪。功名大成，黔首安宁。汤乃命伊尹作为大护，歌晨露，修九招、六列，以见其善。

周文王处岐，诸侯去殷三淫而翼文王。散宜生曰："殷可伐也。"文王弗许。周公旦乃作曰："文王在上，于昭于天。周虽旧邦，其命维新。"以绳文王之德。

武王即位，以六师伐殷。六师未至，以锐兵克之于牧野。归，乃荐俘馘[guó]割左耳以计功于京太室，乃命周公为作大武。

成王立，殷民反，王命周公践伐之。商人服象，为虐于东夷。周公遂以师逐之，至于江南。乃为三象，以嘉其德。（《吕氏春秋·古乐》）

《论语·先进》载，子曰："先进于礼乐，野人也；后进于礼乐，君子也。如用之，则吾从先进。"孔子之所以认为，"用人"如在君子与野人之间选择要用野人，原因是一般来说野人的本质比早就懂得了礼乐的君子要好。这里的"野"有"质"（"质胜文则野"——《论语·雍也》）与"敬"（"敬而不中礼谓之野"——《孔子家语·论礼》）做前提。此外，孔子的"礼云礼云，玉帛云乎哉？乐云乐云，钟鼓云乎哉"（《论语·阳货》）与"人而无礼，如礼何？人而无仁，如乐何"（《论语·八佾》）皆告诉我们，礼乐不管如何重要，都必须从属于仁义。（"君子义以为质，孙以出之，礼以行之，信以成之。"——《论语·卫灵公》）野人虽然没有全面掌握礼乐等程式或技术，但一般而言却比所谓"君子"更加仁义。比如《论语》中提到次数最多的子路，就是这样的野人。他虽然有些不懂礼或不拘礼，且常因此而被孔子训斥，但却因朴实、真实、直道而深得孔子敬重、大众喜爱。

孔子曰："益者三乐，损者三乐。乐节礼乐，乐道人之善，乐多贤友，益矣。乐骄乐，乐佚游，乐晏乐，损矣。"（《论语·季氏》）有些快乐需要发扬，有些快乐则是须尽量节制的。"齐人归女乐，季桓子受之，三日不朝。孔子行。"（《论语·微子》）能够让鲁国的"总理大臣"季桓子"三日不朝"的"女乐"，看来不仅是骄乐、宴乐、佚乐，而且还可能是淫乐。（《虞书·舜典》："罔游于逸，罔淫于乐。"）面对如此迥境，孔子只能是选择"行"。

"君子之居丧，食旨不甘，闻乐不乐，居处不安，故不为也。"（《论语·阳货》）这里又透露出了关于"乐"的多重意义：第一，在孔子那个时代，肯定还没有所谓"哀乐"，凡是音乐都是给人以愉悦感觉的。第二，一个人对于快乐的感受，一定与其内心的情绪有关。正处在极度悲伤之中的人，如听到愉快的音乐，不仅不会产生快乐，还可能产生极度的反感。第三，音乐或其他玩乐加于人心的快乐，对于一般人而言，皆不能持久。真正持久的快乐，只能是"学而不厌，诲人不倦"所给人带来的成就感，即如马斯洛所认为的自我实现需要。"有德则乐，乐则能久"（《左传·襄公二十四年》）也表达了这样的思想。

孔子之所以说："《关雎》，乐而不淫，哀而不伤。"（《论语·八佾》）其根本原因就是"思无邪"（《论语·为政》）。即它在追求人伦之乐的同时，还给主体赋予了一种强烈的道德使命感；其之所以"哀而不伤"，则是因其在"求不得苦"之中，仍能保持君子的道德或风度。

"凡音者，产乎人心者也。感于心则荡乎音，音成于外而化乎内。是故闻其声而知其风，察其风而知其志，观其志而知其德。盛衰、贤不肖、君子小人皆形于乐，不可隐匿。故曰：乐之为观也，深矣。土弊则草木不长，水烦则鱼鳖不大，世浊则礼烦而乐淫。郑卫之声、桑间之音，此乱国之所好，衰德之所说。流辟、诪越、慆滥之音出，则滔荡之气、邪慢之心感矣；感则百奸众辟从此产矣。故君子反道以修德；正德以出乐；和乐以成顺。乐和而民乡方矣。"（《吕氏春秋·音初》）上述论述道出了音与乐，以及乐与道德风俗、人心邪正的关系。一个社会如果道德淳朴、风俗雅正、积极进取，所谓"郑声""淫乐"就不会"乱雅乐"。

当代社会，音乐在社会发展中，大多数时候仍然能扮演积极光彩的角色，但却远非过去那样重要了。原因既源于科学的发展、认识的进步、价值的多元，更源于国家治理在其现代化进程中——人治逐渐为法治所取代。人的快乐之源也发生了根本性的变化，而音乐只是制造快乐、实现社会和谐的一小部分力量了。

对于从政者而言，最大、最深刻的快乐应当既不是为学也不是闻乐，而在于为官一任、造福一方。当然，能青史留名更好。而对于"以仁义为己任"的士君子或有高远理想的知识分子而言，最大的快乐则应是对于"死而不亡"的不懈追求吧。

60. 什么是"教"

《吕氏春秋》说："教也者，义之大者也；学也者，知之盛者也。义之大者，莫大于利人，利人莫大于教；知之盛者，莫大于成身，成身莫大于学。"（《吕氏春秋·尊师》）用今天的话来说就是：教育，是最高尚的"义行"。学习，是求得知识、智慧的最有效方式。在所有的智慧当中，最大的莫过于成就自己；而在所有成就自己的方法中，最有用的则莫过于学习。

在中国历史上，通过教与学，从而改变众多弟子命运，并改变自身命运、流芳千古的伟大人物，首推孔子。孔子首创私学，提倡"有教无类""因材施教""教学相长""不愤不启，不悱不发""诲人不倦"等教育理念与教学原则，对后世影响很大。据《吕氏春秋·尊师》记载，孔子的学生中，子张出身极为卑贱，颜涿聚乃是梁甫之大盗，他们因为接受了孔子的教育，最后不仅免去了被人杀戮的屈辱，得以善终，而且还得到了极好的名声与社会地位。

教与学为什么会有如此神奇的功效呢？因为它既是"修道"（"修道之谓教"——《中庸》），也是实现最基本的社会公正的最有效途径。在党的十九大报告中，习近平认为，所谓扶贫必须同扶志与扶智结合起来，便深刻地反映了这种思想。试想，如果一个人、一个家庭，既没有志气，也没有知识、技能、智慧，那么即或有政府的帮助，它的"脱贫"也只能是暂时的。所以，要想让人们永远摆脱贫困，最关键的还是教育。只有教育，才可能真正改变人的思想或命运，实现“扶志”和“扶智”的远大目标。

下面让我们看看远古圣人所造“教”字，能给予我们什么样的启示。

“教”字最初写作“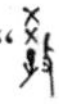”。左边是个“学·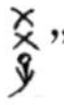”字，也可读作“教”，右边是个反文“”。由于构形的独特性，所以它既可算是一个形声字，亦可算是一个会意字。其整体意义则直截了当地告诉我们：教的本身就寓含了学。教育、教学的目标就是要教会学生如何学。以此言之，学既是教的最重要目标，也是教的核心内容。

“学”又可分为两个部分：上部是一个“爻·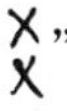”，下部是一个“子·”。

两个“”是一个“爻”字。“爻”，既可代表极简单，也可代表极复杂。

极简单，意味着它就是两个“”，即“效”，老师画一个“”，学生跟着画一个“”。《广雅》说：“爻，效也。”《说文》说：“教，效也。上施而下效也。”皆表达了这种意思。《老子》第四十二章说：“人之所教，我亦教之。”其中的教就是效、仿效的意思。教与爻皆通于“效”，意味着教育、教学、学习必须从模仿、仿效开始。所以“教”，既是老师教学生如何学，也是学生对老师的直接模仿。

极复杂，是因为其中一个“”就是一个“五”。两个“”，便是两个“五”。《说文》又说：“五，五行也。”五行既可代表自然、物质世界、自然科学、形而下、“金、木、水、火、土”，也可代表社会科学、道德哲学、形而上，或思想意识形态中的“仁·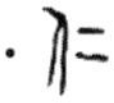、义·、礼·、智·、信·”。此外，《说文》又说：“爻，交也。”“交”，本意是指占卜过程中的卦爻所呈现的纵横交错的状况，引申意可代表事物之间的普遍联系；《广雅》又说：“爻，效也，效天下之所动者也。”“天下之所动”，代表无穷无尽的变化。综上，我们会发现“学·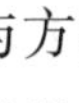”字，既为我们规约了教育、教学、学习的内容，也为我们指明了目标与方法。教学的内容，既涉及自然科学、物质世界、形而下，也涉及社会科学、道德哲学、形而上。教学的方法，以仿效老师始，以学会自学终。学会自学，则意味着学习必定是人的终生事业（“学至乎没而后止也。”——《荀子·劝学》）。教学的目标，主要在于教育学生如何学，并能深刻地懂得

联系与变化，懂得了道。所以《中庸》说："修道之谓教。"教育、教学就是要教会或引导学生如何修道。修道与好学、好修、修身等高度统一。孔子说："好学近乎智。"（《礼记》）屈原说："民生皆有所乐兮，吾独好修以为常。"（《离骚》）司马迁说："修身者，智之府也。"（《报任安书》）皆表达了这样的旨趣。修道的最高境界是能让学生懂得中庸之道。就当代社会而言，中庸之道就是要求人在为人处事过程中，能以公正之心用好权。

"学·ㄓ"的下半部分是个"子·ㄓ"。"子·ㄓ"，是襁褓中的婴儿形象，除了表示男孩之外，也可指女孩，比如"鬼侯有子而好"（《战国策·赵策·鲁仲连义不帝秦》），即"鬼侯有个女儿长得很漂亮"；也可是儿女的合称，例如"身不行道，不行于妻子"（《孟子·尽心下》），如果一个人自己不能按照道义行事，就是在自己的妻子儿女面前也行不通。此外，"子"的引申意主要还有后代、后嗣，或是对有学问、有思想、有地位、有名气者的尊称，比如老子、孔子、韩非子等。也有用来尊称有名气的女子的，如西子、南子等。

相关链接：

子谓公冶长："可妻也。虽在缧绁之中，非其罪也。"以其子妻之。子谓南容："邦有道，不废；邦无道，免于刑戮。"以其兄之子妻之。（《论语·公冶长》）

"子"的原初构形告诉我们，教育的对象主要是孩子，不分男女。以此可知，孔子的所谓"有教无类"，如果不收女弟子，那么则是不符合"教"字构形的原初意义的。"子"的引申意又告诉我们，教育的目标不仅要让我们的后代成为合格的事业继承人，而且要尽可能地让他们成为智者或诸子百家。

"ㄓ"的右边是个反文"ㄠ"。它是一只手拿着一支像戈或戟一样的武器，或作惩戒用的工具，比如戒尺之类的形象。它说明教育必须通过暴力实现。事实上，古代的教育制度中，似乎皆赋予了教师以暴力惩戒学生的权力。今天，课堂的暴力惩戒教育虽然已经被抛弃，但完全放弃惩戒手段却似不可取。当前中国教育某些严重问题的存在，或多或少与我们的教育制度缺乏相应的惩戒手段有关。

秦汉之际，由于汉字的书写性，与意识形态相互交织的原因，"教"字之"学"变成了"孝"。这里，主要指汉字由比较难写的篆书变为比较容易写的隶书时所发生的形变，又称"隶变"。它是我国古文字走向今文字的一个转折。"学"变成了"孝"，说明教的主要内容与目标都发生了变化。"孝也者，仁之本也"（《论语·学而》），"夫孝者，德之本也，教之所由生也"（《孝经》），"百事孝为先"等，说明当时的教育、教学中，"孝"受到特别的重视与提倡。究其原因，既是统治者"以孝治国"之方略在意识形态中的具体体现，也是"俗儒匹夫，玩其所习，不见通学，未睹字例之条"（《说文解字·序》）对于教的认知十分片面从而遮蔽了教的最深刻意义的结果。秦汉之后的教育、教学思想因为重"孝"而不重"学"，不仅有违基本的人性，而且也彻底背离了汉字构形的初意以及先秦哲学对于教的深刻认知，从而抑制了教育的发展，特别是阻碍了开拓性人才的培育与自然科学的发展。

综上，汉字之所以有"一字一太极"之说，又可称"中国智慧的形状"，就是因为汉字的创制不仅以象形为基础，而且融进了伏羲《易》八卦、神农结绳等符号与思想，吸收了部分民间书写或造字的成果，同时也受到了社会意识形态的局限或深刻影响。

61. 什么是"学"

孔子说："好学近乎智。"（《礼记》）司马迁说："修身者，智之府也。"（《报任安书》）《吕氏春秋》说："知之盛者，莫大于成身，成身莫大于学。"（《吕氏春秋·尊师》）孟子说："智也者，知也。"（《孟子·尽心下》）可知无论是"知"还是"智"，无论是成功还是成人，都必须得以好学为前提。

历史上那些有成就的著名人物，无论是学者、思想家还是政治家、军事家，无一例外，都是好学者。

孔子的一生，就是最为典型的好学的一生："发愤忘食，乐而忘忧，不知老之将至。""学而不厌，诲人不倦。""吾非生而知之者，好古，敏而求之者也。""十室之邑，有忠信如丘者焉，不如丘之好学也。"等等，都是他有些自得地对于自己好学的精彩描述。他的好学，不仅改变了自己的命运、改变了他的许多学生的命运，而且也深刻地改变了整个中国社会的意识形态——人们对于好学与"成功""成人""为政"的关系等，开始有了更加深刻而全面的认识。《吕氏春秋》坚定地断言："圣人生于疾学。"其实，这就是对孔子一生行为实践所做的最为精当的概括与总结。

"学"字最初写作""，又有异体""、小篆""。

"学·"，上部是一个"爻·"，下部是一个"子·"；同时也是教的一部分，故又可说它从属于教。

"学"的异体"⿱爻人"，下部是个"人"字。这告诉我们：学习不仅是孩子的事，同时也是所有人的事。没有年龄之分，没有阶段之分，没有男女之分。荀子说："学至乎没而后止也。"（《荀子·劝学》）进一步提醒我们，学习是一辈子的事，只有死了才可以停止。

"学"的异体"⿰爻攵"是在"⿱爻子"的基础上加了个反文"攵"。这种构形，一方面说明学可以通于教；另一方面则说明学并非完全出于主体自觉自愿，既是暴力的产物，也是人的社会性压迫的结果。

"学"的小篆"⿱爻子"，上部两侧多了两只手，中部的宝盖为房子。两只手强调了效、模仿或手把手地教在学习过程中的重要性。房子代表学习有了一定的组织形式，且必须在一定空间中进行。这种组织者最初为国家或政府。这又说明真正的教育是从有国家开始的。

之外，古人对于"学"还有许多精彩的论述。

荀子在《劝学》中，第一句话便是："学，不可以已。"学习，是永远不能停止的。很简单的一句话，但一般人却无法做到。原因是这背后既有个"恒"字，也有个"勤"字。"勤"与"恒"的背后又有一个"志"字。一个人不勤奋，不能持之以恒，是因为没有高远的志向，没有高远志向便不可能有深邃的智慧（"志不强者智不达"——《墨子·修身》）。老子说："为学日益，为道日损。"孔子说："学而不厌，诲人不倦。"皆表达了相类的思想。为什么"恒"会有如此大的功用呢？因为"恒"能使"亡而为有，虚而为盈，约而为泰"（《论语·述而》），是通向圣人的最佳途径。子夏说："有始有卒者，其惟圣人乎？"（《论语·子张》）只有圣人才可能做得到不忘初心，有始有终，坚持不懈，死而后已。孔子就是这样的有恒者。

子夏说："尊敬贤人胜过美色，奉侍父母能竭心尽力，奉侍君主能奋不顾身，与朋友结交能言而有信。这种人，就算他自己说没有学过，我也认为他是好好地学过的。"（"贤贤易色，事父母能竭其力，事君能致其身，与朋友交言而有信。虽曰未学，吾必谓之学矣。"——《论语·学而》）可见，学并不局限于读书，凡一切社会实践、科学实践、教育实践等皆可谓之学。

"学然后知不足，教然后知困。"（《礼记·学记》）一个人只有通过不断地学，才可能清楚地知道自己有哪些不足；只有通过不断地教别人，才可能深刻地明白自己的困惑在哪里。"知人者智，自知者明。"（《老子》第三十三章）一个人是否智慧，主要可通过知人与否表现出来；但如何知人，主要通过自知才能获得。如何实现自知呢？唯有学！换言之，一个人如不好学，就不可能自知：有眼睛也可能是瞎的，有耳朵也可能是聋的，有嘴巴也可能不会说话，有脑袋也可能不会思考。不能自知就不能知人，不能知人就是无智。

62. 什么是"胜"

　　"胜"字最初写作"![字]"。它由"舟、火、共、力"四个部分构成，与今天的简体字"胜"大不相同。今天的所谓"胜"字，已完全抛弃了原初的"![字]"字的构形基因。

　　"胜·![字]"，左边是个"舟"字。舟是人类能够战胜或征服水，即江河湖海的最有力的工具或象征，所以舟是人的力量向水的延伸。"舟"的初文写作"![字]"，像独木小船之形。据《论语》："羿善射，奡荡舟，俱不得其死然。禹稷躬稼而有天下。"（《论语·宪问》）可知我国传说时代或更早就有了舟的发明。人类发明了舟船，不仅扩大了食物范围，开阔了视野，积累了经验，而且提高了智力，增强了战胜自然的能力与信心。

　　右上部分为"火"。"火"字最初写作"![字]"，像火苗燃烧之形。它是人类能够战胜或征服陆地，即征服森林、猛兽和获取食物等的最有力工具或象征。中国人发明并掌控了火，一般认为始于传说中的燧人氏"钻燧取火"。自此即有了比舟更大的力量，它是人类文明前行的一个伟大飞跃。其意义甚或远超后来的纸张、印刷术、火药、电脑的发明。

　　右边的中间部分是"共·![字]"。"共"是两只相向而合的手，既是人类对于联合、群的力量的深入认知在文字创造中的体现，也是人类共同体已经建立的重要标志。"共"亦通拱、恭、供等，在表现了人能"群、联合"的同时，也表达了其对于水、火等自然伟力的敬畏与崇拜。

右下部分为"力"。"力"字最初写作""，金文写作""，小篆写作""。很明显，它是一种曲柄铲之类的劳动工具，有人认为它就是耒。因为曲而有臂，所以能用力，且能用巧力。后来，它便成了一切力的象征：既是脑力（心力）、人力、自然之力，也是群力、强力、势力、权力等，或是上述各种力的有机结合。老子说："胜人者有力。"（《老子》第三十三章）没有力，不仅不能胜人，而且什么都胜不了。

可见，"胜"的实现是一个系统工程，绝非主体单方面的事，既得依赖于人力亦得依赖于自然之力，既得依赖于自身也得求助于别人，既是人与人和谐的实现，也是人与自然和谐的实现。其最后目标是借助自然之伟力让人能够长长久久地存在下去。

《说文》说："胜，任也。"这说明"任"不仅是"能举之，能克之"，更重要的是"能承担、禁得起、相当、相称"。秦国灭六国、并天下，是"举之、克之"的实现，但因不能"任"而快速灭亡以至于"绝宗废祀，亡国灭种"，所以也就算不上是真正的胜。如何才能实现"任"？必须"行义以达其道"。能"任"，就是"能承担、禁得起、相当、相称"，就是"义"的实现、"和"的实现、"利"的实现。无论是对于自然还是社会，又都是最基本的公正的实现。现代史上，中国共产党打败了国民党，这还不能算是真正的胜。真正的胜，是让百姓们过上幸福安宁的好日子，实现国家长治久安、民族振兴。

老子说："自胜者强。"（《老子》第三十三章）"心使气则强。"（《老子》第五十五章）一个人真正的有力或强大，关键是能"自胜"，能"心使气"。"心使气"，就是理性、理智能够控制情感或意气。事实上，人只有在理智的情况下，才可能对事物做出正确的判断，利用好自己掌握的一切自然或非自然的力量。

孔子说："'善人为邦百年，亦可以胜残去杀矣。'诚哉是言也。"（《论语·子路》）对于国家而言，真正的胜的取得尤其不易。它不仅需要善于治国理政的公正廉洁之士，而且即或有如此之士也需要漫长的时间。而实际上，人类对于自然、对于自我的胜，永远在路上。有时暂时看起来是胜了，但其实有可能是败了，反之亦然。以什么为标准？公正或

"义"，按荀子的说法便是"义胜利"。（"义胜利者为治世，利克义者为乱世。"——《荀子·大略》）主体只有树立了"义"的形象，得到了广大人民群众的拥护，才可能实现真正的胜。说到底，胜必定是合规律与合目的高度统一。

63. 什么是 "利"

老子说："有之以为利。"（《老子》第十一章）所谓"利"，只有在确实为自己所拥有的情况下才叫"利"。如果不是为我所绝对拥有或支配，那么便算不得是我的"利"。《吕氏春秋》为了说明这个问题，举了个很有意思的例子。倕，是我国传说中最巧的匠人，他的手可说是巧得不得了，但是我们却不会去爱惜他的手指，而只会爱惜自己的手指。这是由于我的手指只属于我自己所有，而有利于我自己的缘故。同样，我们不爱惜昆仑山上的美玉、长江汉江里的明珠，却爱惜自己的一小块并不完美的小玉、小珠，这也是由于它属于我自己所有，而有利于我自己的缘故。生命则更是如此。因为我的生命属于我所有，而且给我带来的利益也是极大的。所以，就它的贵贱而论，即使贵为天子，也不足以同它相比；就它的轻重而论，即使富有天下，也不能同它交换；就它的安危而论，一旦失去它，就不可能再次拥有。正是由于上述三个方面的原因，有道之人对于自己生命的保护便特别地小心谨慎。

相关链接

倕，至巧也。人不爱倕之指，而爱己之指，有之利故也。人不爱昆山之玉、江汉之珠，而爱己之一苍璧小玑，有之利故也。今吾生之为我有，而利我亦大矣。论其贵贱，爵为天子，不足以比焉；论其轻重，富有天下，不可以易之；论其安危，一曙失之，终身不复得。此三者，有道者之所慎也。（《吕

氏春秋·重己》）

上述事实与思想告诉我们，不要觊觎那些并不为我们所真正拥有的东西。因为"利"不仅是利益，同时也是贪婪与锋利，它随时都有可能伤害我们的肉体、吞噬我们的灵魂。

"利"字最初写作"🌾"，由"禾"与"刃"（亦可视为"犁"）两部分构成。

"禾"字最初写作"🌾"，同时也是"和·🌾"之初文。

如作象形，它像成熟禾苗之形。《说文》云："和，然后利。"《广雅》："利，和也。"事实上，世界和平、政通人和、家和万事兴等一切之"利"，无不皆因"和"而得。

如作会意，此"禾"亦可视为"🌾"与"✕"（"五"之初文）的结合。它启示我们："🌾"是"和·🌾"的核心，即"和"首先是属人的。没有人或没有人之社会、共同体，便没有"和"，即或有也没有价值或意义。其次，"和"既是指人与自然——"金、木、水、火、土"的皆相"和合"（《说文》云："五，五行也。"段玉裁注："五行，水火木金土，相克相生，阴阳交午也。"），亦是指人与社会——"仁、义、礼、智、信（圣）"的皆相"和合"（《竹简·五行》）。故"和"无处不在，也是中国之传统大德之一。

"刃"字最初写作"🗡"。指事或会意字，《说文》说："刃，刀坚也。"意指刃乃刀剑等工具或武器的最坚硬、最锋利处。南朝梁范缜《神灭论》云："神之与质，犹利之于刃也。"刃又乃刀剑等工具或武器的核心或灵魂。再者，由于锋利的刀剑皆有刃，且须磨、可杀人，所以刃又可通于刀、剑、磨、杀。事实上，人的思想也需要磨，也可杀人。不经反复磨砺的思想不可能锋利；思想杀人，无须见血，且可诛心。

以"🌾"加"🗡"谓之"利·🌾"。"利"之有"刃"，既意味"禾、利"的获得需有"刀、刃、磨"的参与，亦意味"和、利"的实现，许多时候还需要思想、暴力的参与或保护。不仅收割粮食需要"🗡"，维护国家利益、世界和平更需要"🗡"。所以，"利"是把双刃剑，有时它像漂亮华贵的"义字之袍"下布满的虱子。孔子说："君子喻于义，小人喻于利。"是说君子深刻地懂得"义"与"利"之关系，但小人却不懂，故而走向贪，以致不能自拔。

老子说："有之以为利，无之以为用。"（《老子》第十一章）认为主体所拥有的一切都是"利"。看得见的、看不见的，形上的、形下的等等，只要有用的皆是。但要真正实现有用则必须"无之"，这又不是一般人能够深刻认知的。"既以为人己愈有，既以与人己愈多。"（《老子》第八十一章）即非一般人所能解所能行也，故此境界唯圣人能之。

《易·乾卦·文言》："利者，义之和也。"即言各主体（阴阳、自然与人、人与社会等）必须在皆相和合，各安其位、各得其利、各处所宜的前提下，"利"才可能得到真正实现。对于中国传统文化中的士君子个人而言，其最高境界的利益，不是房子不是土地，更不是金银财宝，而是"死而不亡"之美名、修名。对于今天的中国来说，就是社会主义核心价值观的全面实现。

64. 什么是"宁"

诸葛亮说："非宁静无以致远。"（《诫子书》）一个人要想"致远"，首先需要宁，有宁才能静。什么才是宁呢？它至少意味着最基本的物质条件。即或如"凿壁借光""悬梁刺股"，虽然条件艰苦，但仍有壁可凿，有梁可悬。

下面关于"宁"字初文的解读，或能给予我们更加深刻的启示。

"宁"最初写作"宁"，同时也是"贮"的初文。仔细观察，它应是某种用来储存物资的工具。可见，"宁"一定与物资储备有关。"宁"字上下的两根直线是两颗钉子，中间的框是个储物的柜子之类的东西。钉子的作用是把它悬挂或固定在墙上。

"宁"的金文写作"宁"，不仅造字理据得到彰显，而且意义较前字有了更大的拓展。上边的"宀"为房子；房子下面为"心·♡"；"心"之下为一盛装食物的器皿"皿"；最下为"丁·↑·｜"（即钉子）。

房子是实现或得到安宁的最重要物质基础。老子说："不失其所者久。"（《老子》第三十三章）其"所"就是房子。一个人，一个社会，只有大家都有房子住，不流离失所，才可能有持久坚定的道德之心。孟子说"民，若无恒产，则无恒心。苟无恒心，放辟邪侈，无不为已"（《孟子·梁惠王上》），做了同样的说明。可知，安居工程对于人民来说有多么重要。

"心·"居于"宁"的核心位置。它告诉我们：心的安宁似乎比物质的丰富更加重要。不过，这种认识在古人看来唯有士君子能够做到。"一箪食，一瓢饮，在陋巷，人不堪其忧"（《论语·雍也》），而颜回却能"不改其乐"即表达了这种意思。

"皿·"居于"心"之下。它代表有吃的。俗语说："饥寒起盗心。"除了房子之外，如果没有最基本的物质资源以维持生存，对于一般人来说，"宁"的实现亦不可能。

"丁··"，不仅代表有物资储藏、储备，而且也代表干戈已息、和平已成。"丁"字最初写作""""。象形字，像个钉子的样子。最初以木制作，所以没有金字旁。钉子钉在墙上，既用来悬挂、储存各种物资，亦用来悬挂各种不再使用的武器。

"宁"的另一金文异体为""。上部与""同，下部为"用"。"用"本为桶，桶因能装水而谓之有用。水在中国传统文化中是仁、义、礼、智、信的象征。人类社会之有"宁"或能"宁"，其最核心原因又在于人心皆有仁、义、礼、智、信。小篆之"宁"为""，与金文同。

《尚书·五子之歌》说："民为邦本，本固邦宁。"邦之所以能宁，其最基本条件是：百姓不仅身有居有所、有吃有穿，而且心有道德仁义。

综上可知，"宁"的实现，不仅要有最基本的物质条件做支撑，而且亦指向坚定的道德之心。它是实现静的前提或基础。

65. 什么是"静"

诸葛亮说:"静以修身,俭以养德。""才须学也,学须静也。"所谓"静"其实就是修身,具体表现为学或好学。人身处闹市,如仍能学得进去,便是"静"。

孔子的一生,从政时间很短,其实也并不成功,如他自己所言:"文莫吾犹人也,恭行君子,则吾未之有得。"(我的道德文章可能没有比不上别人的,但在具体的政治实践中,却并未取得显著的成就。——《论语·述而》)此话虽有点自谦的意思,但更多的是一种客观的自我评价。

既然孔子的政治实践并不成功,那他为什么会对中国社会产生如此巨大的影响呢?原因就在于他的"修身""好学"。他的"修身""好学"不仅让他实现了"祖述尧舜,宪章文武"的重大人生目标,而且为中国知识分子开辟了一条光辉而现实的"成人"之路。这条路在孟子那里不仅被遵循与欣赏,而且得到了具体化:人的社会地位,有"天爵""人爵"之分。"天爵"指向道德修为,人皆可修,永无止境。"人爵"指向现实中的官爵,但由于资源稀少,所以一般人皆难以染指。理想中,"天爵"与"人爵"应当相匹配,但现实却往往相反。修得"天爵"的没有"人爵",有了"人爵"的却丢了"天爵"。但评价一个人的成功与否,最后又必得以"天爵"为准。所以,孟子告诉我们,没有"人爵"没关系,只要努力修行获得"天爵"就可以了。孔子之所以能成为圣人,并不是他在现实中当了多大的官,而是他修成了最高的"天爵"。我们每一个人,只要把"天爵"修高了，就没有必要终日蝇营狗苟，也就有了足够的信心与勇气笑傲王侯了。

"静"正是人们获得"天爵"的主要或唯一途径。

"静"字最初写作"𦳃 𦳃"。前者是甲骨文，后者是金文，虽然构形略有不同，但其意却无别。

"静·𦳃"，既可分为两部分，亦可分为三部分。两部分：左为"青"，右为"争"。三部分：左上为"生"，中为"日（或月。有人认为'从丹'，费解）"，右为"争"。

"青"，东方的颜色，青春、爱情、蓬勃向上的象征。"青青子衿，悠悠我心。"（《诗经·子衿》）"青青"，青春的富有生命力的颜色。"青鸟不传云外信，丁香空结雨中愁。"（五代李璟《摊破浣溪沙·手卷真珠上玉钩》）"青鸟"，爱情之鸟也。

"生"字最初写作"𡳈"，草木、农作物初生之形，生命、活力、生长、发展、繁殖、有德的象征。"道生一，一生二，二生三，三生万物。"（《老子》第四十二章）《易传》："生生谓之大德。"天、地、水土，皆有生生大德。

"日"字最初写作"⊙ 日"，是恒久、有力、有德的象征。其形为方是书写性所造成。《诗经》云："如日之升，如月之恒。"

"争"字最初写作"𠂔"。上为一只手，下为一只手，两手共同争抢一根象征维持平衡与相对静止的力量的权杖或其他工具。"争"是生命存在的正常状态。"凡有血气，皆有争心。"（《国语·周语》）凡有生命而需要生存下去的一切东西，都须"争"。植物需要争夺阳光、空气、水。动物需要争夺食物、配偶、领地。人需要争夺维持生命存在与尊严的一切，首先是最基本的衣食资源、配偶、住房等，其次是财富的占有、自由、平等、公正、名誉、名位、名声、健康等。即或选择死，也是对于命运的抗争。由于人既是动物性的存在，又是社会性的存在，所以当其动物性的欲望在得到满足后，便往往会以"不争"为"争"。"不争之争"即"静"，只有静下心来好好学习，才可能实现"争"的目标。所以老子说："以其不争，故天下莫能与之争。"（《老子》第二十二章）"不争"是一种圣人境界，一般人无法达到，所以无力与之争。要达此境界，不仅需知言、知人、知贤、知道、知行合一，而且需拥有绝对的权力。

诸葛亮在《诫子书》中说："非宁静无以致远。"后世喜此语者甚众，常以"宁静致远"出之，书之于宣纸，悬之于书房、客厅，但真明此语之意者甚寡。其实诸葛先生早已于后文之中说明此意，只是一般人并未深明而已。"静以修身"告诉我们，静就是修身。"才须学也，学须静也。非学无以广才，非志无以成学"告诉我们，修身主要表现为学、好学。人为什么要学？因为有志。志在何方？在远方。远方有多远？"君子疾没世而名不称焉！"（《论语·卫灵公》）"死而不亡"！（《老子》第三十三章）故"志远"或"远志"，不是空间的远，而是时间上的永恒或不朽。何以实现？修身。"为学日益，为道日损"以实现格物、致知、诚意、正心、齐家、治国、平天下，或立德、立功、立言。最不济者，也须以立艺求之。

66. 什么是"私"

马克思说："把人与社会连接起来的唯一纽带是天然必然性，是需要和私人利益。"（《马克思恩格斯全集》）私是公存在的前提或基础，没有私也就没有公。人与人之所以要联系起来组成一个又一个的共同体，简单来说，就是因为只有这样才会让每一个人活得更好。这种认识不仅是现实逻辑的生动描绘，而且也是历史逻辑发展的必然。当然，它与中国古圣先贤的认识也是高度一致的。

有一次，鲁哀公问孔子的学生有若："今年收成不好，百姓已发生饥荒，国家运行经费不足，难以维持，怎么办呢？"有若回答说："那就减少税收，只收取十分之一就可以了。"哀公不解，说："我十分之二我还不够用，怎么还要减少到十分之一呢？"有若回答说："如果百姓足用了，那么君上怎么可能不足用呢？如果百姓们都费用不足，那么君上所需又让谁来满足呢？"

相关链接：

哀公问于有若曰："年饥，用不足，如之何？"有若对曰："盍彻乎？"曰："二，吾犹不足，如之何其彻也？"对曰："百姓足，君孰与不足，百姓不足，君孰与足？"（《论语·颜渊》）

上述所论深刻地反映了公与私之间互涵性的辩证关系，看似悖论，实则不然。为君主的一定要把百姓看成是与自己休戚与共的共同体。税收太高，不仅会引起百姓的极端反感，而且会严重影响他们的生产积极性。百姓生产积极性不高，社会整体财富增加就缓慢，甚或缩水，那么十分之二就会少于或远远少于十分之一。反之则能提高国家税收，赢得百姓拥戴。这既是个很简单的数学问题，也是一个高深的政策策略问题。三百元的十分之一，当然远大于一百元的十分之二。我们如果增加了私人收入，同时也就增加国家收入。自 2006 年 1 月始，中国废除农业税，表面上好像是国家税收减少了，但实际上却是大大增加了。因为它提高了农民的生产积极性，从而提高了农产品的商品率，而商品是一概要收税的。

下面看看"私"字的原初构形能给予我们什么样的启示。

"私"字最初写作"👌"。它既是"👌"的一部分，也是一个相对独立的存在。公必以私为前提——无私即无公。人的存在必有私——以私为先乃最基本之人性。以此角度言之，"人不为己，天诛地灭"。从绝对意义上说，亦并无不妥，即人之为己乃天道使然；"天诛地灭"既是天道灭己，亦为己之"灭己"。所以孔子、荀子进一步的申说便是："古之学者为己，今之学者为人。"（《论语·宪问》《荀子·劝学》）"君子之学也以美其身，小人之学者以为禽犊。"（《荀子·劝学》）人之一切行为皆有其私，既有私利，更有私义。其私义，主要是要让自己的形象于共同体或历史长河之中愈来愈高大。但《墨子》："义，利也。"《易·乾卦·文言》："利者，义之和也。"唐陆贽："示人以义，犹患其私。"又警示我们，"义"有如华美的生命之袍，其背后总是爬满了虱子。

就一般认知而言，公与私相较，公的境界自然显得高远。但因为私乃公之基础，所以人不可能全然无私。老子说："圣人后其身而身先，外其身而身存。非以其无私邪，故能成其私。"（《老子》第七章）便深刻地表达了人皆有私，圣人也不例外的思想。圣人"以百姓心为心"，"为天下浑其心"，或"全心全意为人民服务"，其私究竟是什么？用一个字表达——"名"，用两个字——"名誉"，用四个字——"死而不亡"。化用孔子的话便是"虽然死了，也能留下美名传天下"。

此外，马克思论断："人们所奋斗的一切，都同他们的利益相关。""每个社会的经济关系首先是通过利益表现出来。""国家是属于统治阶级的各个个人借以实现其共同利益的形式。"（《马克思恩格斯全集》）等等，似乎也能给予我们有益的启示。

67. 什么是"安"

　　杜甫《茅屋为秋风所破歌》（"八月秋高风怒号，卷我屋上三重茅。茅飞渡江洒江郊，高者挂罥长林梢，下者飘转沉塘坳。南村群童欺我老无力，忍能对面为盗贼。公然抱茅入竹去。唇焦口燥呼不得，归来倚杖自叹息。俄顷风定云墨色，秋天漠漠向昏黑。布衾多年冷似铁，娇儿恶卧踏里裂。床头屋漏无干处，雨脚如麻未断绝。自经丧乱少睡眠，长夜沾湿何由彻！安得广厦千万间，大庇天下寒士俱欢颜，风雨不动安如山。呜呼！何时眼前突兀见此屋，吾庐独破受冻死亦足！"）以极其酸楚、深切、悲凉的情感表达了人们对于实现安宁的最基本的物质资源——房子的渴望与企求。另如，老子："不失其所者久。"（《老子》第三十三章）孟子："民，若无恒产，则无恒心。苟无恒心，放辟邪侈，无不为已。"（《孟子·梁惠王上》）深刻地告诉我们，无论是个人还是社会，房子不仅与所谓"安宁"关系紧密，而且直接影响着人们的道德取向与情感认同。

　　今天的中国，绝大部分地区的人们已经不再生活在"床头屋漏无干处"的境地了，这是一个伟大的进步。对于笔者而言，"床头屋漏无干处"的迥境是亲身经历过的。那种酸楚与无奈，虽然沉积于童年记忆深处，倘若偶然忆起，却仍然真真切切、历历在目。可喜的是，杜甫草堂已不再是当年的杜甫草堂了！"安得广厦千万间，大庇天下寒士俱欢颜，风雨不动安如山"的梦幻仙境，早已变成现实的美丽人间了。

　　下面看看"安"字原初的构形能够给予我们什么样的启示。

"安"字最初写作"⊕"。上面的"宀·⌂"代表房子；下面的"女·♀"是一个双脚跪地、双手被缚的人，既是女人，亦通于"奴"。

房子既是"家·⊕、室·⊕"的象征，也是富的前提。没有房子就没有家、室，就没有安宁、安定，至于富就更不用说了。孔子说："安无倾。"（《论语·季氏》）一个国家只有实现了"安"，才可能避免被倾覆的危险。

"安"以房子为前提，旨在强调房子或物质资源对于人的无比重要性。因为人的存在，首先是物质性的存在，然后才是精神性的存在。所以，无论是马克思还是中国的古圣先贤，他们对于人的关怀，首先想到就是解决最基本的物质需要问题。老子说："夫唯无以生为者，是贤于贵生。"对于当权者而言，解决好老百姓的最基本的物质需要远比他们自己的所谓养生长寿重要。唯有如此，家才可能安，社会才可能安，国才可能安。

房子与女人加在一起便是"安"，意有两层：第一，女人因为有了房子而"安"；第二，女人是实现"安"的重要部分。以此可知，女人喜欢房子，乃其母性或天性使然。我们无须嘲笑、讥讽所谓"女人是物质性的动物"。最基本的物质基础，不仅是生存所必须，能给人特别是女人以安全感，而且也是生儿育女、发展、壮大、繁荣的前提。

可见，男人之"安"既需要有女人，也需要有房子。"男以女为室，女以男为家。"男人如没有房子，不可能真正拥有女人，不可能真正拥有家室，就不可能"安"。男人不安，天下不安。

子曰："视其所以，观其所由，察其所安。人焉廋哉？"（《论语·为政》）"察其所安"比之于"视其所以，观其所由"是更为深刻的"知人"之法，具体就是察其因何而安，即什么样的现实或事件结果才是主体所心安理得或乐于接受的。一个人如果安于现状，或只是一味地追求奢华的生活方式，那便没有高远的精神追求。换句话讲，一个以天下为己任的人，一个夙夜在公的人，是不可能有更多的精神或心思去追求所谓奢华生活方式的。

据《论语·阳货》，宰我问孔子："给父母服丧三年，这也太长了！君子有三年时间不习礼仪，礼仪必将废弃；三年不习音乐，音乐就必将崩坏。陈谷既然吃完了，新谷又已收获，取火用的燧木又已用过了一个轮回，我认为，丧期有一年也就足够了。"孔子说："服丧一年，就吃稻米饭，穿锦缎衣服，你能心安吗？"宰我说："能安。"孔子说："既然你心能安，就照你自己说的去做吧！我认为，君子服丧，即使吃着美味也不会觉甜美，听音乐也不觉得快乐，住着舒适的房子也不觉得舒适，所以不过这种生活。现在你认为过这种生活心安，那就去做吧！"宰我出去后，孔子说："宰我真是不仁啊！儿女出生三年，才能离开父母的怀抱。三年的丧期，是天下通行的。宰我难道没有得到父母的三年之爱吗？"

相关链接：

宰我问："三年之丧，斯已久矣。君子三年不为礼，礼必坏；三年不为乐，乐必崩。旧俗既没，新谷既升，钻燧改火，期可已矣。"子曰："食夫稻，衣夫锦，于女安乎？"曰："安。""女安则为之。夫君子之居丧，食旨不甘，闻乐不乐，居处不安，故不为也。今女安，则为之！"宰我出，子曰："予之不仁也！子生三年，然后免于父母之怀，夫三年之丧，天下之通丧也。予也有三年之爱于其父母乎？"（《论语·阳货》）

宰我与孔子讨论"三年之丧"。宰我认为"三年之丧"太久，孔子认为合情合理。其关键点在"安"与"不安"。宰我认为一年即能"安"，孔子认为不能，并骂宰我"不仁"。今天我们虽然不能判断古人的是与非，但漫长的历史事实却早已明白告诉我们："三年之丧"肯定是行不通的。因为如此漫长的守丧过程，完全脱离了生产生活实际。它不既符合人性，亦不符合规律，故它只是上层社会的一种道德游戏而已。对于下层百姓而言，是一定行不通的，所以今天它被彻底抛弃也就不可避免。以此可知，"安"必须是一种精神与物质的高度统一。

就一般人性与规律而言，男人之"安"必得有房子与女人；女人之"安"或没有男人亦可，但如没有房子则不能；至于国家之"安"，不仅依赖于上述之"安"，而且需要强大的武装力量。

68. 什么是"恒"

据《论语·述而》，孔子说："我是看不见圣人了，能够看到君子就算不错了。"又说："我是看不见善人了，能够看到有恒者就不错了。能把失去的找回来，把空虚变为充盈，把简约变成骄傲，很难，但这就是有恒者所能做到的。"

相关链接：

子曰："圣人吾不得而见之矣！得见君子者，斯可矣。"子曰："善人吾不得而见之矣！得见有恒者，斯可矣。亡而为有，虚而为盈，约而为泰，难乎有恒矣。"（《论语·述而》）

孔子一方面认为所谓"圣人、善人"，一般是看不到的。不仅"圣人、善人"看不到（这里的"善人"不是一般所谓"善良的人"，而是指善于认识自然、人类社会规律性并能加以妥善利用的人），就是"有恒者"也是很少能看得到的。根据《论语》及有关记载，孔子认为所谓"有恒者"，在他那个时代，除了他自己还有他的学生颜回之外，就基本上没有了。另一方面则为我们首次呈现出了"恒"的伟大意义——它能让一个空虚的生命逐渐变得充盈、自信、坚强、淡定，从而便有了所谓价值或意义。这种非同寻常的素质正是人成为"圣人""善人"的前提。孔子之所以能成为"圣人"，就是因为"有恒"，既有"学而不厌，诲人不倦"的恒心、毅力，又有坚定的道德之心。

其实，孔子的孙子子思在《中庸》（"故至诚无息，不息则久。久则征，征则悠远，悠远则博厚，博厚则高明。博厚所以载物也，高明所以覆物也，悠久所以成物也。博厚配地，高明配天，悠久无疆。如此者，不见而章，不动而变，无为而成"）中讲到的"至诚无息"，以及他自己在《孔子家语·大婚解》（公曰："君子何贵乎天道也？"孔子曰："贵其不已也。如日月东西相从而不已也，是天道也；不闭而能久，是天道也；无为而物成，是天道也；已成而明之，是天道也。"）中提到的"不已"，说到底，也是"恒"或"有恒"的意思。以此可知，所谓"恒"或"有恒"，就像日月运行一样，既能给人以光明，有"生生之大德"，又能循环往复、永不止息。所谓"久"，只有"恒"才可能"久"；所谓"远"，只有"恒"才可能"远"。

"恒"字的最初构形及其后来的发展变化亦能说明这一点。

"恒"字最初写作"〖〗"，如一弯月亮悬于天地之间。月亮与太阳一样，周而复始、年复一年，在天地间不间断地运行，不仅有"生生之大德"，而且是恒久不变或时空上连绵不断的象征。《诗经》云："如月之升，如日之恒。"既客观地描述了这种平常无奇的自然现象，也深切表达了对这种伟大现象所隐含的积极意义的由衷赞美。

"恒"字大篆写作"〖〗"。左边加了个"心"，意味"恒"开始由自然走向了人间，即与人的主观意识或意志紧密地联系在一起。其意不仅指向人的恒心、毅力、坚定意志，而且指向坚定持久的道德之心。孔子、孟子对于"恒"的重要性都做了深刻的论述，并认为它是人获得成功，社会获得进步繁荣的前提。

子曰："南人有言曰：'人而无恒，不可以作巫医。'善夫！""不恒其德，或承之羞。"子曰："不占而已矣。"（《论语·子路》）上述的"南人"之言，一般理解为："一个人如果没有恒心毅力，就不能做既能与鬼神沟通又能治病救人的巫医。"这里的"恒"不仅指向毅力，更重要的是指向坚定持久的道德之心。后面的"不恒其德，或承之羞"也进一步印证了这种认识：一个人如果没有坚定持久的道德之心，那么不管他是做巫医还是做别的，能给自己或别人带来的只能是羞耻或耻辱。孔子的

"不占而已矣"提示我们，他不是反对占卜本身，而是警告我们：一般的巫医由于没有坚定持久的道德之心，其认识也就不可能对我们的人生有真正的正确指引。所以，他希望我们"不占"。这些认识不仅是对于子夏"博学而笃志，切问而近思，仁在其中矣"（《论语·子张》）的深刻解读，而且也是对于日、月之恒既能为人或世界带来光明、正能量、力量，又能带来诚信、信仰等道德的颂扬。

孟子说："若民，若无恒产，则无恒心。苟无恒心，放辟邪侈，无不为已。"（《孟子·梁惠王上》）其"恒心"指向的便是坚定的道德之心，同时指向毅力。

"恒"字的小篆体写作"恒"。其"月"字讹化成了"舟"字，虽然赋予好事者某些想象，但其构形意却令人费解。月虽有似舟之形，但所谓"坚定持久"之意则被消解于无形了。

隶化之"恒"右边中间部分把"舟"换成了"日"，是原初以"月"为"恒·⎧⎫"的回归。可是由于小篆"恒·恒"——"荡舟"之意的混入，使我们无数人的心成了不系之舟，于是真正的"有恒者"日渐稀少。但是，国家的振兴、学术的繁荣、科技的进步、社会良序的实现，等等，无不需要"有恒者"砥柱中流、德贯乾坤。

69. 什么是"身"

　　孟子说："身不行道，不行于妻子。使人不以道，不能行于妻子。"（《孟子·尽心下》）这告诉我们，"身教重于言教"。如果一个人不能按道义行事，就是在自己的妻子儿女面前也行不通；如果使唤别人却不遵循道义，那么就是驱使自己的妻子儿女也会行不通。在这里，"身"指我们每个人自己。由于每一个人皆有"身"，所有的"身"又都是相似的，所以每一个人的行为实践都会对别人产生影响。首先影响的是自己的妻子儿女、至爱亲朋，然后再向周边扩散。由此，我们的一切言行便不得不谨慎。

　　孔子说："立身有义矣，而孝为本。"（《孔子家语》）一个人"立身"，必定要以其最光辉的一面展现于世人面前，展现于共同体之中，展现于历史长河之中。那么，这个最光辉的一面又具体何指呢？就是"义"，或叫"己之威仪"。而让"己之威仪"得以实现的最基本、最重要的东西又是什么呢？是"孝"！这种说法，可能有人一下子并不能完全认同，由此要对"孝"的内容进行系统性的认识。"孝"不仅表现为敬养父母，更根本、更重要的是能成就自己、立身扬名。（"立身行道，扬名于后世，以显父母，孝之终也。"——《孝经》）

　　"身"字最初的构形或也能给予我们同样的启示。

　　"身"字最初写作"{图}"，与异体"{图}"略异。金文写作"{图}"，小篆写作"{图}"。仔细观察，它们皆是一个挺着大肚子侧身而立的人。其原意为女人有了身孕，故"有身"即"有孕"。由于其腹中所怀之物在此字构形中多以"点"表示，所以怀孕又有"怀丹"或"怀玉"之说。而怀才与怀孕有某些类似，即遮掩不住，会逐渐凸显出来，所以怀才亦可称"怀玉"。老子说："圣人披褐怀玉。"（《老子》第七十章）即指圣人一定怀有非同一般的道德与才华。

金文之"身·𨐅"与小篆之"身·𨐅"下面皆多了一笔，与"人·𠆢"一样，皆是圣人所赋予人的一种想象性的锁链或约束。（当然，这个"一"也可谓之"道"。此𨐅与𠆢亦可谓"得道之身""得道之人"。）这告诉我们，人也好，身也罢，从来就不是所谓"独立"的存在，而是一定要受到家庭、社会、共同体或道德、法律、意识形态等的制约。

由于"身·𨐅"本为"人·𠆢"形，所以既可通于人，又可引申为自己、亲身、亲自之意。

《吕氏春秋》告诉我们，教育是人的极高、极大的义行；学习，是人的极高智慧的表现。所有义行之中，没有比能给别人带来利益更大的了；而能给别人带来最大利益的，则是教育。最高的智慧莫过于成就自己，而成就自己的最现实途径则是学习。如果能够成就自己，那么，做儿子的不用使唤就孝顺了，做臣下的不用命令就忠诚了，做君主的不用勉强就公正了，其中处于最高权势地位的人就可以成为天下人的榜样了。所以，子贡问孔子说："后代将用什么话称道您呢？"孔子说："我哪里值得称道呢？如果一定要说的话，那就是喜好学习而不满足，勤于教诲而不疲倦，大概仅此而已！"

天子进入明堂祭祀先代圣人，与曾经做过自己老师的人并排站立，不把他们当臣子看待。这样做就是要显示对于学习和老师的尊崇、尊重。

相关链接：

教也者，义之大者也；学也者，知之盛者也。义之大者，莫大于利人，利人莫大于教；知之盛者，莫大于成身，成身莫大于学。身成则为人子弗使而孝矣，为人臣弗令而忠矣，为人君弗强而平矣，有大势可以为天下正矣。故子贡问孔子曰："后世将何以称夫子？"孔子曰："吾何足以称哉？勿已者，则好学而不厌，好教而不倦，其惟此邪！"

天子入太学（庙），祭先圣，则齿尝为师者弗臣，所以见敬学与尊师也。

（《吕氏春秋·尊师》）

上述所谓"成身"，即成就自身，或曰"成人"。如何"成人"？学！如何学？先效仿老师，然后学会自学。

怎样才算是"成人"？按孔子的说法则是：看到利益马上会想到它是否有损自己的威仪，遇到危险则敢于临危受命、奋不顾身，处在重要位置则从来不会忘记自己曾经的初心，这样的人就可以算是"成人"了。（"见利思义，见危授命，久要不忘平生之言，亦可以为成人矣。"——《论语·宪问》）按荀子的说法则是：权势利益不能让我屈服，人多势众不能让我改变，把整个天下全部给我也不能让我稍有动摇。生，循此道而生；死，循此道而死，这就是我所认定的道德操守。有了如此操守，我就能心定气闲；有了如此心定气闲，我就自然能应对一切。这就是我所认定的"成人"。（"权利不能倾也，群众不能移也，天下不能荡也。生乎由是，死乎由是，夫是之谓德操。德操然后能定，能定然后能应，能定能应，夫是之谓成人。"——《荀子·劝学》）按孟子的说法则是：居住在天下最宽广的房子里，这个房子就是"仁"；站在天下最正确的位置上，这个房子就是"礼"；走在天下最宽广的大道上，这条大道就是"义"。得志之时，率领天下百姓走在同一条大道上；不得志时，就坚定独行。富贵不能使我迷惑放纵，贫贱不能让我改变初心，强权不能让我屈服。（"居天下之广居，立天下之正位，行天下之大道；得志，与民由之；不得志，独行其道。富贵不能淫，贫贱不能移，威武不能屈。"——《孟子·滕文公下》）在古人看来，"成人"就是实现孝的最高体现，如《吕氏春秋》："身成则为人子弗使而孝矣。"《孝经》："立身行道，扬名于后世，以显父母，孝之终也。"

司马迁说："修身者，智之府也。"（《报任安书》）人的一切智慧都源于"修身"。"修身"是什么呢？在老子看来就是"为学日益，为道日损"（《老子》第四十八章）。在孔子看来主要指"好学"，"好学近乎智"（《礼记》）。在子思看来则是格物致知、正心诚意。在诸葛亮看来，既是静亦是学（"静以修身""才须学也，学须静也"）。如果能学得进去，不断地增长自身的才干、能力或本事，成就自己，就说明你

"静"了，你是智者！

　　"身体力行"进一步告诉我们，中国人关于"身"的认识从来就是形上与形下或知与行的高度统一。老子说："上士闻道，勤而行之。"（《老子》第四十一章）能身体力行者，就是"上士"，就是"勤而行之"者。"勤而行之"者不仅深刻地懂得了道，而且寻到了发展道、完善道的最现实途径，即"行"，也就是实践！

70. 什么是 "合"

  "合"字最初写作"合"，金文、小篆皆为"合"，其构形自古到今没有变化。一般认为上部的"△"是某种器皿的盖子，下部的"口"则为某些或某种物件的口。上面的盖子能与下面的口合上即为"合"。

  《说文》云："合，合口也。"但不仅如此，它与"令·令、命·命"一样，上部"△"有如穹庐之天，既能代表无穷高远宽大，亦能代表无穷且不可抗拒之力量。此力量主要来自于上天、自然、上帝或道，亦可指来自于人间的绝对权力或权威。

  具体代表其力量的是其中的"一"。"一"即道。（《说文》："惟初太始，道立于一，造分天地，化成万物。"）道又主要指向自然、人类社会最基本的规律性或道理、事理、法则、逻辑等。规律性是人力所不可抗拒的，人只能努力认识它；但来自于人间的绝对权力或权威，如不符合自然、人类社会最基本的规律性或道理、事理、法则等，则是可以抗争的。所以，既有不可抗之命，亦有可抗之命。孔子"明知不可为而为之"的行为，就是既知命又不服从于命的表现。因此，所谓"合"，既是自然、社会发展规律性的必然要求与结果，亦需要人做出巨大的努力。

  "口"是人之口，亦可指其他一切口。它既通于人，同时也是语言、思想、智慧的象征。

  综上，所谓"合"，绝不仅仅是指一个具体之器的盖与口相合。它既指人、语言、思想、智慧与自然、道、规律、法则、道理、事理、逻辑等的"和合"，也指人与人之间的"和合"。

后来，由于汉字书写性的发展和意识形态的进步，"⋀"亦被视为人，所以"合"也就更多地走进了人与人之间而被反复着重或强调。

墨子说："信，言合于意也。"（《墨子》卷十）"信"就是主体语言的表达，既要合乎自身之意，亦须合乎听者之意、公正之意。如果是被迫或者是条件变化了，不再"合于意"，那么原来的"信"便可以被抛弃。非如此，"和合"便不可能实现。

墨子又说："父子兄弟作怨仇，皆有离散之心，不能相和合。"（《墨子·尚同》）这种情况的原因只有一个，就是父子兄弟之间既失去了共同信仰，又没有了共同利益。以此可知，人与人之间的"和合"必得有共同的物质基础或精神信仰。

《吕氏春秋》："太一出两仪，两仪出阴阳。阴阳变化，一上一下，合而成章。浑浑沌沌，离则复合，合则复离，是谓天常。"（《吕氏春秋·大乐》）可见，"合"与"离"是个相对存在。没有"离"，就没有"合"。人与人之间的"离"，许多时候会让"合"变得更富意义或诗情画意。

《吕氏春秋》又说："先王之葬，以必俭。必合，必同。何谓合？何谓同？葬于山林则合乎山林，葬于阪隰则同乎阪隰。此之谓爱人。"（《吕氏春秋·安死》）死，是人对于大自然的回归。不要以任何物质形式的东西，特别是名贵之物以随葬，既是最大的"爱人"，也是与自然世界最大的"和合"。

《史记·循吏列传》："施教导民，上下和合。"要让民能上下"和合"，还必须"教之"。不过按照孔子的意思，此话的前提是要让民先"富之"，然后才是"教之"。教民什么呢？主要是"道之以德，齐之以礼"（《论语·为政》），"敬事而信，节用而爱人，使民以时"（《论语·学而》）。

《易·乾卦·文言》："夫大人者，与天地合其德，与日月合其明，与四时合其序，与鬼神合其吉凶。"此"大人"者，实圣人也。要达此目标，没有捷径可走，必须"静以修身，俭以养德"，终身努力，不断地学习与实践是为必然。但即或如此，所谓"百事欢欣和合"仍难实现。

71. 什么是"一"

　　"一"字从一开始便写作"一"。它的存在比一般所谓"文字"的发明要早很多。因为它首先是伏羲八卦中的"阳爻"，同时又是一个阳爻"一"与一个阴爻"一一"的重合，即太极、太一或道了。中国传统文化中所谓万物的本体、本源或初始状态即为道。

　　《说文》说：宇宙诞生之初，即谓道。它是一混沌之物。一切所谓物质、能量、信息、空间、时间、声音等都混在一起，后来经过逐渐变化，才有天地万物。（"惟初太始，道立于一，造分天地，化成万物。"）《老子》说：道最初是一个看不见、摸不着、观察不到的存，又可称之为无。后来这个"无"变成了一个混沌之物，再之后一分为二或曰阴阳，不断地变化发展而成了万物。人在其中亦是不可或缺的部分。（"道生一，一生二，二生三，三生万物。"）《韩非子·扬权》说得更直接：道，无所不包，因为没有一个可以与之并列的存在，所以它又叫作"一"。（"道无双，故曰一。"）《淮南子·诠言》说：所谓"一"，是万物存在的根本。因为没有什么东西可与之并列，所以又可称之为"道"。（"一也者，万物之本也，无敌之道也。"）《列子·天端》说：所谓"一"，是宇宙万物形成之前的原初状态。在变化过程中，其清澈明亮的部分变成了天，污浊厚重的部分变成了地，混合上述二者特点又生活在其中的部分变成了人。（"一者，形变之始也。清轻者上为天，浊重者下为地，冲和气者为人。"）这些皆明确告诉我们，"一"即道，或由道之所生。"一"既是万物存在的根源，也是万物存在的保证与意义所在。

其实，上述认识与当代宇宙物理学前沿对于时空、物质的认识也是高度一致的。当代宇宙物理学认为，最初的宇宙就是一个点，一般称之为奇点或奇异点，所有的物质、能量、空间、声音、图像、信息等都由此点爆炸而来。所谓"时间"可能并不存在，它只是人对于运动所产生的一种错觉而已。

孔子对他反映有点迟钝的学生曾子说："曾参啊，你知不知道？其实我的一切作为，都是有一个道贯穿始终的。"曾子听了恭敬地回答："是的，老师，我知道的。"孔子说了此话之后就出去了，可是其他人却不明白他们在说什么。于是有弟子就问："刚才老师究竟说的是什么啊？"曾子回答说："老师其所谓一以贯之的道，不过就是忠恕二字而已。"（子曰："参乎，吾道一以贯之。"曾子曰："唯。"子出，门人问曰："何谓也？"曾子曰："夫子之道，忠恕而已矣。"——《论语·里仁》）但"夫子之道"真就是"忠恕而已矣"？窃以为未必。夫子之所谓"一以贯之"之道当为"治道"。一在于孔子一生所志之道绝非仅"忠恕"便能概括；二在于从孔子关于为人、为学、为政的一切论述中，我们都可以窥见隐藏于其背后的一条主旨，就是为了实现"天下有道"，而实现此目标的唯一方法只能是实现"天下之治"。所以孔子又说："朝闻道，夕死可矣。"其"闻"不是"听"而是"达"。它是孔子对于自己"志于道"的最高期许：只要某一天能实现所谓"天下有道"，那么就是立即死去，也没有什么可遗憾的了。（有人认为此"夕死可矣"之"死"不是真死，而是脱胎换骨、涅槃重生。仅就此语而言，亦通，但却不能贯通孔子整个思想体系。）

另外有次孔子对子贡说："端木赐啊，你以为我是因为学得很多，有很多知识，才形成自己独立的判断力的吗？"子贡回答说："是啊，难道不是吗？"孔子说："不是的。我是因为有一条道贯穿始终才这样的！"（子曰："赐也！女以予为多学而识之者与？"对曰："然。非与？"曰："非也。予一以贯之。"——《论语·卫灵公》）此处孔子"一以贯之"的仍是围绕实现"天下有道"的一整套价值观、认识论或方法论。换句话讲，一个人仅仅博学是不够的，如其没有一个正确的人生目标，或没有一个为达此目标而形成的一整套价值观、认识论或方法论，那么就不能形成对于事物的既深刻又系统的认识。不过，此处却可能让人误解，认为孔子的伟大不是因为好学，而是因为其先天就好像具有正确的判断力。事实上，一个人有点判断力，也就是说有点仁义礼智或所谓"四心"（恻隐之心、羞耻之心、是非之心、辞让之心）是不难做到的，但要想认识深刻，并能得到别人的普遍认可，却非有巨大的影响力不可。而巨大影响力的形成，不得不依赖于好学。

受此启发，我们每一个人既要给自己确立一个"一以贯之"远大目标，并围绕实现该目标确立一套正确的价值观、认识论或方法论，又要有"一以贯之"的"好学"。其实，老子所谓"慎终如始，则无败事"与习近平所谓"不忘初心，牢记使命"皆是这种"一以贯之"的另说。

72. 什么是"习"

"习"字最初写作"羿"。上"羽"下"日"，会意字。上部之"羽"，像从高空向下俯冲的双鸟；下部之"日"呈方形，乃书写性所造成。"羿"，即晴日里小鸟向大鸟学飞之景象。《说文》云："习，数飞也。"其所透露出的意义是：

第一，习与学、教一样，必须从模仿开始。第二，习，虽需要反复练习、反复实践，非一蹴而能就，但却是十分令人愉悦的事。孔子说："学而时习之，不亦乐乎？"（《论语·学而》）因为恰当的、及时的复习，以及反复实践的过程，既可以"温故"——让学过的东西得到巩固，又可以"知新"——从而产生新的认知或联系，使自己的能力从原有基础上升到一个新的台阶。孔子又说"学如不及，犹恐失之"（《论语·泰伯》），则进一步说明了这一观点。第三，习必须身体力行，绝不可找人替代。第四，习，绝非单个人之事，不仅需要向别人学习，而且需要大家一起学习，还会影响他人或后来者，从而相沿成习，形成习俗或习惯等。第五，"习"因为向着太阳而行，实为走向光明的未来，故一定会让人有所成功。子曰："性相近也，习相远也。"（《论语·阳货》）最基本的人性都是相近的，且无所谓善恶。"习"能让人离道越来越近，离恶越来越远，以至于生命之路越走越远。

有人认为此"羿"上部为两把扫帚，意为学习必须从"洒扫庭除"始。这不能说没有道理，但总是令人觉得不够深刻并不具普遍意义。

孟子曰："行之而不著焉，习矣而不察焉，终身由之而不知其道者，众也。"（对于仁义，常常遵行却不太明白其所以然，习以为常却不会反思省察，终生践覆却不了解其内部规律性，这样的人就是一般的民众。——《孟子·尽心上》）一般民众之所以不太明白其所以然，又皆能践履仁义道德，一在于他们对于社会贤达的仿效已是数千年来"相沿成习"；二在于老子、孔子所鼓吹又为统治者所奉行的愚民政策的长期影响；三在于民众对于法律、道德、礼仪制度的畏惧已成习惯、习俗。

其实，对于"习而不察"，不仅有正面意义，更有反面意义。不仅"众"如是，就是大多所谓"学者、专家"亦如是。比如司马迁于《史记·孔子世家》中说："孔子……生而首上圩顶，故因名曰丘云。字仲尼，姓孔氏。"司马贞于《史记索隐》解释"首上圩顶"云："若屋宇之反，中低而四旁高也。"于是历代学者相沿成习，即皆认为孔子长得很奇怪，头顶凹陷，脑袋竟然中间低四周高。此实乃无稽之谈！其实，所谓"圩顶"，并不是没有顶，或四周高中间低，而是头顶周围沿额头之上有一圈长得略高而已。从实地考察尼丘山来看，就是在接近山顶的周边，有一圈岩石要稍凸出些。正因为它的遮挡阻隔，从山顶往下看，会看不到山下附近的地方；从此岩石圈附近的山下往上看，会看不到山顶，如此而已。以此观之，所谓"习而不察"实乃学习与研究过程的常态，而如何避免为它所困，则是学者们需要不断反思的大课题。

相关链接：

孔子生鲁昌平乡陬邑。其先宋人也，曰孔防叔。防叔生伯夏，伯夏生叔梁纥。纥与颜氏女野合而生孔子，祷于尼丘得孔子。鲁襄公二十二年而孔子生。生而首上圩顶，故因名曰丘云，字仲尼，姓孔氏。（《史记·孔子世家》）

子夏曰："博学而笃志，切问而近思，仁在其中矣。"（《论语·子张》）"仁"总是与"好学"同行。一个人只要能深刻地懂得什么是"仁"，就一定能践履"仁"。要深刻地懂得，唯有不断地"修身、好学"。"习"不仅是"修身、好学"的重要方法，而且亦是其必由之路。

73. 什么是"出"

　　"出"字最初写作""，上为"止"——既可是脚印，也可是时间留下的痕迹，同时也可引申为"至、到达"；下为"凵"——此处原初为洞口、房门口，后来逐渐引申为人之口以及其他一切可以进出东西或像口状的事物。会意字，意为人由洞口或房门口向外走出。不断地"出"当然与到达一个又一个新的目标有关。其引申意主要有显露、离开、产生、出现、制作、做官、逾越、超出、突出部分、到、临、驱逐、拿出、释放、发出、发泄等。今有好事者臆解"出"为两重山，意则为"重"，实乃汉字楷化后的误会。而有人以"两重山"刻成印章以耀于世，则是贻笑大方了。

　　子曰："谁能出不由户？何莫由斯道也？"（《论语·雍也》）人皆须"出"，或"出外"，或"出头"，或"超出"，等等。但不管如何"出"，一般情况下，必须由"户（门）"而出。"由户而出"就是"尊道而行"，就是有德。

　　孟子曰："夫义，路也；礼，门也。惟君子能由是路，出入是门也。"（《孟子·万章下》）由于人皆行于大路、出入大门，所以人皆可为君子也。所谓"小人"者，实为君子之另一面也。

　　子曰："古者言之不出，耻躬之不逮也。"（《论语·里仁》）人之"言"皆不能随便而"出"。"名之必可言也，言之必可行也。君子于其言，无所苟而已矣。"（《论语·子路》）君子必须"言无所苟"。所以老子主张"不言、希言、贵言、言有宗、言善信",荀子主张"礼恭然可与言道之方,辞顺然后可与道之理,色从然后可与言道之致"(《荀子·劝学》)。老子、孔子、荀子之所以皆要求我们不要随便"出言",重在警告我们不要因为"行"达不到言之所指而招来不必要的耻辱,从而有损己之声名。所以孔子又说:"先行,其言而后从之。"(《论语·为政》)荀子又说:"言有招祸也,行有招辱也,君子慎其所立乎!"(《荀子·劝学》)

老子说:"不出户,知天下。不窥牖,见天道。其出弥远,其知弥少,是以圣人不行而知,不见而明,不为而成。"(《老子》第四十七章)在一定的条件下,"不出"也能实现"知、明、成"。有些人把所谓"圣人"神秘化,其实反而离老子本意远了。因为老子笔下最伟大的圣人,一方面有一个艰辛的成圣历程,既需要努力学,又需要努力行;另一方面还得掌握绝对的权力,才可以实现:"不行而知,不见而明,不为而成。"这是十分朴素的道理。因为圣人不再是一个人,而是一个巨大的团队,所以圣人想要实现的所谓"知、明、成"都可以通过他人的"行、见、为"来实现。这也可称之为"无为而无不为",即所谓圣人"无为",臣下"有为、无不为"。圣人之"无为",不仅在其能够认识、顺应自然、人类社会最基本规律性,更重要的是在于会用人。孔子最钦佩的舜的"无为而治"或"垂拱而治",前提就是舜有两个亦是圣人的贤臣——"左禹而右皋陶",所以他能做到"不下席而天下治",自然就无须"出户"了。从中还可看出,所谓"圣人",在老子或孔子的心目中大多又是"圣王"。

相关链接:

子曰:"无为而治者,其舜也与?夫何为哉?恭己正南面而已矣。"(《论语·卫灵公》)

孔子曰:"昔者帝舜左禹而右皋陶,不下席而天下治,夫如此,何上之劳乎?"(《孔子家语·王言》)

综上可知，对于人而言，"出"是绝对的。它常与道义紧密联系，不断的"出"就是不断地"行"。而"出"的最高境界却是能以"不出"即"无为"的形式，实现"不行而知，不见而明，不为而成"即"无不为"的最高目标。

74. 什么是"经"

"经"字最初写作"艸"。象形或会意字。

一说，上部像织布机上绷紧的纵向丝线，下部为"工"。凡织布之法，必以固定经线始，然后以织梭反复穿引纬线于其上。换句话讲，"经"者，布之本也，"纬"之所依附者也。"工"，既为"规矩（工字尺）"，亦为"巧饰也"（《说文》），规矩在手，既可为圆，亦可为方，"巧"亦在其中矣。以此推之，所谓"经"者，亦为道德、学术、思想、文化、传统、艺术之本也。

另说，"艸"之各线条皆为大地山脉、河川之形。或纵而成列，或横而成行，既纵横交错，又南北贯通；既有自然天成者，亦有人工穿凿者。其形既如大地之山脉河川，又如人身之经络气脉。经脉既是物象之表，又是生气、生命存在之里。人之"经"通，则学术畅矣，精神畅矣。国家社会之"经"通，则政畅矣，治畅矣，人畅矣，物畅矣。

"经"又有金文异体"經"。虽已于"艸"之左加丝，但意并无增加。其因：一为汉语言发展或所谓汉字规范化发展之需要（与"巫"相区别）；一为多数学者认为，此"艸"虽缘于"丝"，但一般人并不深知，故加"糸"以强调其属丝的特性。

荀子说："学莫便乎近其人。《礼》《乐》法而不说，《诗》《书》故而不切，《春秋》约而不速。方其人之习君子之说，则尊以遍矣，周于世矣。故曰：学莫便乎近其人。学之经，莫速乎好其人，隆礼次之。上不能好其人，下不能隆礼，安特将学杂识志，顺《诗》《书》而已耳，则末世穷年，不免为陋儒而已。将原先王，本仁义，则礼正其经纬、蹊径也。"（《荀子·劝学》）荀子所认可的经主要有《礼》《乐》《诗》《书》《春秋》等，而这只是孔子传授学生的两个"六艺"之一部分而已。（孔子所传"小六艺"为"礼、乐、射、御、书、数"，"大六艺"为《诗》《书》《易》《礼》《乐》《春秋》。孔子所教，除六艺之外，按《论语》的说法还有所谓"文、行、忠、信"，按《孔子家语》的说法，则是："先之以诗书，道之以孝悌，悦之以仁义，观之以礼乐，成之以文德。"）以此可知，对于"经"的认识与确立，有一个历史的过程。春秋时期无所谓"经"，仅有"艺"有"典"而已。"典"属于国家典章制度文献，并不一定会得到社会的普遍认识与认可。这说明，新时代的伟大学术、文学、艺术虽有可能成为后世经典，但要成为"经"却比较困难。

"经"有多种引申意，如经线（子午线）、治理、直、通过、禁受、常、脉络等。其中通"直"之说，可给予我们深刻启示。

经典之所以能成为经典，必有过人之处。窃以为其过人之处即公正。换句话讲，经典之所以能持久地打动人心，其最大的特点莫过于其中所蕴含的"一以贯之"的公正思想。就汉字构形而言，公正为"德"中之"直"；就古圣先贤之论述而言，则为老子之"守中"，屈子之"节中"（《离骚》），孔子之"中庸"（《论语》），墨子之"中正"（《墨子》），韩非子之"直、义"与"公心而不偏党也"（《韩非子》），等等，而今人则称之为公平、正义。

75. 什么是 "典"

"典"字最初写作"𠔎"，又有异体多种，但皆与"𠔎"相类。小篆写作"𠔎"。

"𠔎"，上部为"册·𠕋"，下部为"共·廾"。

"册"即古人用竹片或木片等做成的书册。《说文》云："著于竹帛谓之书。"故册仅指书写于竹、木上的书。古人继传说中的神农结绳记事之后便创造了系统文字以纪事。一般认为文字的创制源于黄帝时的史官仓颉，但其实可能更早。仓颉应当起到了一个规范化与系统化的作用。中国最早的文字虽书于竹木片或丝帛之上，但能够留存下来的则主要为甲骨文、金文或陶器符号。用竹木片做成的书册，为使之不乱，片与片之间有韦编（牛皮做的绳子）或其他绳子相连，即"册·𠕋"中绕于其中的圈圈。据马王堆汉墓出土帛书《要》记载，"夫子老而好《易》"，居则在席，行则在橐"，以至"韦编三绝"。孔子晚年研究《易经》过于勤奋，朝于斯，夕于斯，行在兹，居在兹，以至于把联结该书册的牛皮绳子都翻断了多次。

"共"通于恭、拱或供，为双手合十、恭敬呈奉、打拱行礼之形。

"典·𠔎"为人双手恭敬捧读书册，或呈奉书册以示人之形。以此可知，"典"与"经"亦有相类处，即皆可为人奉为法则、典范。

"典·𠔎"上部与"册·𠕋"无异，下为"几·冗"，一种小矮桌子。古人常以此做供奉或展读书册之用。它同样表示了对于书册的尊重。

"典·典"反映出书册的逐渐规范化，不仅竹片或木片已做得长短、厚薄均匀一致，而且有了一些其他的技术性处理，既美观又实用。

从《尚书·虞书·尧典》"昔在帝尧，聪明文思，光宅天下。将逊于位，让于虞舜，作《尧典》"所介绍的情形来看，"典"似乎比"经"的出现要早很多。从先秦经典关于"典"的用法来看，"典"一定与国家政治中心或最高统治者所实行的典章制度有关。它们虽亦有规范、法则之意，但并非一定能成为后世公认之经典。孟子曰："诸侯之地方百里；不百里，不足以守宗庙之典籍。"（《孟子·告子下》）便能充分证实这一点。换句话讲，国家宗庙的典籍并不一定就能成为传世之经典。

今之世"经、典"二字多连用，凡具有法则、规范之意者皆可称经典。古之能称"经"者极少，一般仅指儒释道某些重要著作；能称典者则众多，因为典所涉范围极广，经史子集皆可称典。

76. 什么是"是"

　　"是"字最初写作"是"，小篆写作"是"，有多种相近异体构形。上为"日"，下为"正"。

　　"日"之初文及异体主要有"○ ○ ◎ ○ □ 日"等，皆为象形，像太阳之形。但由于创造者审美趣味或书写性的原因，其形又多与太阳之形相去甚远。其中"○"与古埃及的象形字"太阳"完全相同。《说文》云："日，实也，太阳之精不亏。"太阳属阳，永远充实浑圆、光芒四射，不像月亮一样有盈亏变化。其意味着"是"即"实是"，总是与日一样，永远充实浑圆、光芒四射，能够给人以温暖的感觉。《说文》云："是，直也。""正，是也。"也能说明此意，因为"直"与"正"皆能通于公正。

　　"正"的初文主要有"正正正正"等四种。其意义均为人的目标或必须遵行的标准。其不同形状，说明在古人心里，正、正义、公正等目标或标准并不尽同：囫囵的块状结构象征目标或标准有些模糊，方形则清晰，"一"则单纯，"二"则复杂，但实际上又可相通相融。秦始皇统一文字，所有"正"字皆统一为"正"，说明"一"即能代表前述形状的所有意义。因为"一"不仅是极单纯、简单，而且也是极复杂——它就是道。如此，一方面说明了人之目标的多元或无穷；另一方面又说明要达到任何目标，都得"尊道而行"或"循道而行"。

"是"为我们生动地确立了一个关于何为"正"或"直"的直观形象：当太阳位于人的头顶，只有脚的影子能够露出，其他部分完全重合时，即为"正"或"直"。这种现象只会在地球的南北回归线之间出现，但出现的时间极短。这说明了自然或绝对权力给予我们的"正""直"或公平、正义的机会很少，为了真正地持久地拥有它，必须充分发挥自己的主观能动性，不断地去追寻、奋斗，表现出对于真理、对于公正的热爱与不懈追求。

人生中，我们的信念必须是：是其所是，非其所非，是非有正；多干实事，实事求是，遵"是"而行。

77. 什么是"吉"

　　"吉"最初写作"🔯"。会意字，上部的"🔺"是一种高大的像塔一样房子，雅称即明堂；下部为"口"，最初为洞口、穴口或家门口，后又可为人之口或言。其形与"出"的最初写法"🔯"下部之"口"一致。

　　明堂是古代最高统治者或帝王所建最隆重的建筑，主要用于诸侯朝会、发布使命、祭天、祭祖等。《木兰从军歌》："归来见天子，天子坐明堂。策勋十二转，赏赐百千强。"其所描述的天子于明堂之中策勋、赏赐木兰的情境，即是在渲染礼仪的隆重性。

　　在风水学中，由于明堂必修建于地气聚合之处，所以古人认为家门对明堂或出门即见明堂便为"吉"，认为家对明堂，其家一定会出人才，出大人才，或有利于出大人才。其真实的原因可能是：明堂的高大与神圣性或能给予人以精神上的激励。

　　"🔯"为"🔯"之异体，意近但构形理据不尽相同。上部之"🔺"实为"王"字初文。"王"之形象初为顶天立地之大人，出门见王或见大人皆为"吉"。《易·乾卦》云："见龙在田，利见大人。""飞龙在天，利见大人。"其所云"利见大人"，即见大人就是"吉无不利"的好事，因为大人往往能够给我们带来某些人生路上的帮助或指引。

　　小篆之"🔯"，上部之"士"是由"王·🔺"字的书写性变化而来，同时也是意识形态对于"士"的认识发生了变化的结果。士者，因为上为"十"下为"一"，故既能"闻一知十""推一知十"，也能"学以致道""概十为一"。或如孟子所云,既能"博学而详说之",亦能 "以反约说也"。(孟子曰:"博学而详说之,将以反说约也。"——《孟子·离娄下》)以此可知,士既源于王,又是君子或贤人。在《荀子》中"士君子"常连用。荀子说:"君子之谓吉,小人之谓凶。"(《荀子·非相》)所以出门见士君子者亦为"吉"。

"口"为人之口与言,实为思想、智慧的象征。以此可知,闻"大人之言"或"王言"亦为"吉"。因为"大人之言"或"王言"的最高境界即"圣人之言",能给予我们智慧上的指引。

《尚书·商书·咸有一德》云:"惟吉凶不僭在人,惟天降灾祥在德。"有点类于《太上感应篇》中的"祸福无门,惟人自召;善恶之报,如影随形"。它告诉我们,无论是国家还是个人,其吉凶灾祥祸福皆有因果,即皆与其德行紧密相关。所谓"祥瑞",如果不修德,则可以"诡福为祸"。如商纣之世,"雀生大鸟于城隅",占卜者认为乃大吉之事,国家必昌,但结果却完全相反。夭蘖者,因为修德,则可以"得祸为福"。如商先世有王太戊,曾出现"桑穀于朝,七日大拱"之事,占卜者认为,大不吉利,国家将亡,而结果也完全相反。它们皆警示我们:"诸恶勿作,众善奉行。"多行善、不作恶就是"吉"。

78. 什么是"祥"

"祥"字最初写作"竹羔"。它俩虽构形有别，但皆有"羊"。

"羊"字最初写作"羊"，也是"善"的初文。古人以"羊"为"善"，既与羊的温顺可爱形象有关，也与我们祖先较早地驯化了羊，发展畜牧业，为人们提供丰富的生存资源有关。羊的这种特点昭示出所谓"祥"：首先必得有一定的物质保障，即如果最基本的生存需要都不能得到满足，那么所谓"祥"也就无从谈起；其次，"祥"也需要有一定的形式美；最后，则可能与"羊知跪乳之恩"有关。这是孝的表现。"百善孝为先。"（《围炉夜话》）"夫孝，德之本也，教之所由生也。"（《孝经》）"立身有义矣，而孝为本。"（《孔子家语》）"不孝"就是"不祥"。上天给予统治者或人世间的某些所谓"预兆"，实际上也只是"祥"的一种引申。人的道德实践永远都需要来自于一种不可认知的伟大力量的警示。

"丁"为"示"之初文。其形既可理解为一个展台，也可理解为一颗钉（《说文》理解为"上天垂视"，不够圆融）。钉是用来挂东西的，故亦有积蓄、贮藏之意。它意味着，主体的行为实践向人所展示的或一直以来所积蓄的皆是"善"便为"祥"，反之则为不祥。

"彳亍"为"行·朴"的下半，即路、十字路口。其意味着"祥"之"羊"或"祥"之"兆"必须展现于公开场合，能为人所看到。

小篆之"祥"，左为"示"，强调"祥"必须把自己的"善"展示给别人看到，就像礼是为了展示给人看一样。"行善"以示人，同时也是"义"。"示人以义，犹患其私。"（陆贽）我们在行义之时，又要密切顾及社会最基本的公正原则。所以老子便深刻地提出要"与善仁"，即对于别人（包括亲朋）的仁爱的施与必须要适当，既要有智慧，又不违最基本的社会公正原则。

《尚书》云："作善降之百祥，作不善降之百殃。"（《尚书·商书·伊训》）说明"善"总是与"祥"相关，"不善"总是与"殃"相连。一个人如果一心修德为善，无论何时何地都无须关心自然、社会是否有所谓"不祥之兆"。

老子说："夫唯兵者，不祥之器。物或恶之，故有道者不处。君子居则贵左，用兵则贵右。兵者不祥之器，非君子之器，不得已而用之，恬淡为上。"（《老子》第三十一章）范蠡说："兵者，凶器也。"（《史记·越王句践世家》）战争给国家、人民、社会带来的总是灾难，是不祥的，所以战争永远是不得已的事。但为了避免战争，我们又不得不时刻准备战争，永远不忘记战争。

79. 什么是"福"

　　"福"的初文众多，构形成百上千，其中"<ruby>弄斫畐畐福</ruby>"可作代表。它们都有个酒坛子。这个像酒坛子的东西也是"酒"字或"酉"字的初文。其中"斫"的右边、"福"的左边与"祥、礼"一样，皆为"示"。"示"意味着"福"一定能给别人看到，同时又有所积蓄或储藏。关键问题是如何理解酒坛子与福的关系。

　　看到"畐"我们可能会联想到"富·富"，它的下面也有个酒坛子。"酒"是富余粮食的产物，不仅象征有吃的，而且东西吃不完。可见，福与富一样，首先指向对于物质丰富性的追求。不仅福有富、备的意思（"福者，备也。"——《礼记·祭统》）（"富者，备也。"——《说文》），而且异体之"福·富"表明"福"同样有房子。由于福既富且有备——多种备份，所以便可做进一步的扩展。韩非子云："全寿富贵之谓福。"（《韩非子·解老》）《尚书·洪范》认为，人要"五福齐全"："一曰寿，二曰富，三曰康宁，四曰好德，五曰考终命。"西汉贾谊认为福没有那么复杂："安利之谓福。"（《道德说》）荀子则说得更具现实性："福莫长于无祸。"（《荀子·劝学》）老老实实做人，踏踏实实做事，一生平安无祸就是最大的幸福。

　　老子的认识则充满哲理性："祸兮福之所倚，福兮祸之所伏。"福与祸是相互联系的存在，既没有绝对的祸，也没有绝对的福。他警告我们，不管任何时候，都要谨言慎行，"希言、贵言、不言、言善信"，且要"勤而行之"。因为"言有招祸也，行有招辱也"，所以君子要时刻注意：不发人阴私，不念人旧恶。如此，方可以远祸全身、修心养德。

孔子具体指导我们说："天下有道，危行危言；天下无道，危行言孙。"（天下政治清明，我们公正行事公正说话；天下政治混乱，我们不仅要公正行事，而且说话要更加谦虚谨慎。——《论语·宪问》）

下面孔子与鲁哀公的一段关于"祸福"关系的对话，或可以给我们以启发。

> 哀公问于孔子曰："夫国家之存亡祸福，信有天命，非唯人也？"
> 孔子对曰："存亡祸福，皆己而已，天灾地妖，不能加也。"
> 公曰："善！吾子言之，岂有其事乎？"
> 孔子曰："昔者殷王帝辛之世，有雀生大鸟于城隅焉，占之者曰：'凡以小生大，则国家必王，而名必昌。'于是帝辛介雀之德，不修国政，亢暴无极，朝臣莫救，外寇乃至，殷国以亡。此即以己逆天时，诡福反为祸者也。又其先世殷王太戊之时，道缺法圮，以致夭蘖，桑毂于朝，七日大拱，占之者曰：'桑毂野木而不合生朝，意者国亡乎？'太戊恐骇，侧身修行，思先王之政，明养民之道，三年之后，远方慕义，重译至者，十有六国。此即以己逆天时，得祸为福者也。故天灾地妖，所以儆人主者也。寤梦征怪，所以儆人臣者也。灾妖不胜善政，寤梦不胜善行。能知此者，至治之极也，唯明王达此。"
> 公曰："寡人不鄙固此，亦不得闻君子之教也。"

以此可知，人之存亡祸福，皆与其本身明道修德有关。特别是对国君而言，如果不明道修德，就一定会"诡福为祸"，反之则会"得祸为福"。

80. 什么是"志"

"志"字最初写作""。上为"止·"或"之",下为"心·"。

"止·"最初写作"",或近似于此。其主要指人的脚印,也可引申为动物、时间等留下的足迹,同时也有至、到达之意。它告诉我们"志"有以下几层含义:

首先,必须要付出切实的行动或实践才能实现。孔子说:"先行,其言而后从之。"(《论语·为政》)没有行动或实践,而只停留在心中、口头或理论上的东西,或可能被某些人称为"志",但实际上却不能算是真正的"志"。它强调"行"重于"言"。这种认识与汉字学对于道、德的认识也是高度一致的。

其次,只要是行动了,就能够达到一定的目标。最终、最理想的目标不一定都能实现,但部分目标总是可以实现的。这种实现至少可以为后来者留下某些指引。如果一无所成,便没有"行"没有"志"。孔子说:"文莫吾犹人也,躬行君子,则吾未之有得。"(《论语·述而》)既是谦虚的说法,也说明进行学术探讨不仅是"行"的一种,而且是最重要的一种。孔子自认为一生努力,虽然在"文"的方面做出了杰出的贡献,但在立功从政方面却并未有大的建树。这种自我认识显然是诚恳而客观的,既说明他确未实现自己心中的目标,也说明他襟怀坦荡、实事求是。但这种不足并未影响他成为圣人。这表明,创建一套能为众人普遍认可的或能够引领众人进行学习与道德实践的理论与行为规范，便可以称圣人。这为后来的知识分子开辟了一条自得、自处、自立、自强、自信的学术之路。孟子循此路而行而有成，便是明证。

最后，足迹是个实在性和虚无性相统一的东西。它告诉我们，"志"能否实现还需要时间的累积或沉淀，所谓"大器晚成"是也。孔子"十五志于学"（《论语·为政》），素有实现"死而不亡"之大志，从其"畏于匡"时所喊出的"文王既没，文不在兹乎？天之将丧斯文也，后死者不得与于斯文也；天之未丧斯文也，匡人其如予何"（《论语·子罕》）的惊世之语，以及"君子疾没世而名不称焉"（《论语·卫灵公》）的言论可证。事实上，孔子成为所谓"大器"，并不在生时，而是在死后。这既与其"志"高度一致，也是历史发展的必然。历史上所谓"有大志者"，许多时候都需要透过历史的烟尘才能清楚地看到。老子、孔子、孟子、屈原、司马迁等皆是如此，但在当世他们并不一定被推崇或普遍认可。他们所志之"志"的共同点皆为"死而不亡"。

"心·💠"即像花儿一样的人心，是思想、智慧的象征。墨子说："志不强者智不达。"（《墨子·修身》）荀子说："无冥冥之志者，无昭昭之明。"（《荀子·劝学》）"志"因为有心，所以总是与智慧紧密联系。换句话讲，一个人如有高远的志向，就一定会有伟大的智慧，就一定会有所成功。什么是成功？不同的人有不同的认识。圣人们的普遍认识是"致远"。"以仁义为己任""死而后已"，让自己的思想与名字能够穿越时空走向遥远的未来。

把"山"与"💠"放到一起即"志"。它告诉我们，"志"即人之心想要到达的地方。因为人皆有"行"，所以人皆有心，人各有志。但关键在于其志是否强，"志不强者智不达"。"志强"的具体表现为"有恒"或"学而不厌，诲人不倦"，有如日月之行焉。于是乎，"有志者，事竟成也"。

81. 什么是"定"

　　"定"字最初写作""。上部"∩"即房子；下部为"正"。"正"上为"一"，下为"止·"或"之"。

　　从"定·"的构形来看，"定"的实现：首先必须要有一定物质基础，主要指房子。其次是社会有公正，人心有公正，即天下有道。怎样才能实现最基本的社会公正呢？按孔子的说法是统治者能"举直错诸枉"：让公正廉洁之士居上位。按孟子的说法，如果没有相当的物质基础，那么只有坚定的有恒之士才可能做到"定"。因为他们"居天下之广居，立天下之正位，行天下之大道"（《孟子·滕文公下》），即"居"的是"仁"，"立"的是"礼"，"行"的是"义"，所以即或"居陋巷""饭疏食，屈肱而枕之"也能自得其乐。不过这种说法却是经不起推敲的。士之"居陋巷"抑或像孔子那样周游列国，寄居他人之家，也是有"居"的。这充分反映了人之存在的物质性。如果没有相对稳定的物质基础，而空谈所谓"仁、义、礼"之"居"，即或是士君子也难做到，至于普通百姓就更不用说了。

　　"知止而后有定，定而后能静，静而后能安，安而后能虑，虑而后能得。"（《大学》）人不仅是物质性的存在，同时也是精神性的存在。所以不仅需要"知止、知耻、知足"，而且需要知荣辱、知进退，只有这样才可能心有所安、虑有所得。

　　"定人之谓礼。"（《左传·僖公二十八年》）能够"定人"之

"礼"绝非我们一般所谓"疾趋卑拜"之礼仪，而主要指有安定人心作用的经济、政治、军事、外交政策等。它必须要有一定的公平正义性。

老子说："治大国如烹小鲜。"（《老子》第六十章）其背后所彰显的正是稳定对于治国、对于繁荣发展的无可比拟的重要性。邓小平说"稳定压倒一切"，其意亦在此。

佛教修道或修行三法（"戒、定、慧"）之中的"定"，是希望人们忍受一切苦难，虽然有一定积极意义，但局限性亦十分明显。在孔子看来，所谓"避世"之人，其实正是忍受不了世俗之苦难才选择逃离的。最伟大的"定"不是避世、厌世，而是不与鸟兽同群，永远纠缠于红尘之中，为之奋斗并尽力改变它。孔子的"发奋忘食，乐而忘忧，不知老之将至"告诉我们，即或纠缠于红尘之中，并非一切皆苦，也可能"其乐无穷"！

82. 什么是“成”

“成”之初文有“”等，皆像斧钺之类武器挂于钉子上。《说文》云：“成，就也。从戊，从丁。”“丁”即今之“钉”。“戊”字最初写作“”，皆“从戈”。戈在远古时代是战争、军队、强力、暴力的象征。（郭沫若《甲骨文研究·释干支》：“戊象斧钺之形，盖即戚之古文。”亦作如是观。）把斧钺挂于钉子上，即寓干戈已息、事功已就、大业已成。

“夫儒者，难与进取，可与守成。”（《史记·刘敬叔孙通列传》）“成”即成绩、成就。此处说儒者在社会动乱之际，往往羞于言兵、不敢言兵或不愿积极参与反叛性的军事斗争。这虽有某些片面性，但也有深远的历史根源、思想根源或现实根源。从历史上看，自商周以来，儒者便多以“六书”（汉字的六种造字法：指事、会意、象形、形声、转注、假借）或“六艺”（礼、乐、射、御、书、数，或《诗》《书》《易》《礼》《乐》《春秋》）为师为业，而少有谈兵者。《说文解字·序》云：“保氏教国子，以‘六书’。”其中“保氏”便是以教“六书”为业的儒者。孔子周游列国，至卫，卫灵公欲与其谈兵，孔子则以“未之学也”应之。（“卫灵公问陈于孔子。孔子对曰：‘俎豆之事则尝闻之矣；军旅之事，未之学也。’明日遂行。”——《论语·卫灵公》）其实，孔子是懂得军事的。（子曰：“善人教民七年，亦可以即戎矣。”子曰：

"以不教民战，是谓弃之。"——《论语·子路》）（《孔子家语》之中所提到的齐鲁"夹谷之会"亦实际体现出孔子的军事才能。）从思想上看，则是因为儒者崇礼："《礼》者，法之大分，类之纲纪也，故学至乎《礼》而止矣。夫是之谓道德之极。"（《荀子·劝学》）因为崇之，就必得拘之，所以不管于何种时代，儒者都是社会所不可或缺者。换句话讲，儒者在中国社会从来就是知识的传播者，社会的良心，诗、书、礼、乐文化的保存者，历史的见证者。最重要的是，他们还往往是社会诚信的代表或象征（少数"俗儒"不在此列）。于是，所谓"进取"如果最后没有儒者的参与，就不能获得合法性地位。

　　"君子成人之美，不成人之恶。"（《论语·颜渊》）"成"即成全、助人成功。君子为何要成人之美？既源于君子对于"人之美"之"信"，亦源于君子欲成己之"义"、成人之"义"。信"人之美"是因为君子对"人之美"有深刻认知。"天下皆知美之为美，斯恶已。"（《老子》）告诉我们"美"不是很容易被认知的。"君子不惑""君子知命"，就是指君子"知道""知美"。"人之美"不仅有益于人，当然也有益于社会，故君子知"人之美"则必成之。"义，己之威仪也。"（《说文》）"信近于义。"（《论语》）故君子能"成人之美"之最深刻根源还在于此行既能大大提高自己于共同体或历史中的光辉形象，也能彰显己之"信"与"义"。于是，"成人之美"就是诚信的最佳表现。

　　"成"的引申意为完成、实现、成就、成绩、成熟、茂盛、成为、变成、成全、助之成功、和解、媾和、裁决、使平均、并列、定、必定、既定的、现成的、重、层、达到一完整数量单位、似、法式、格式、可能、有能力、十分之一、通盛、通诚等。如此众多之意，皆源于其中有"信"。

　　在生活实践中，人的语言表达"诚实不欺、言而有信"，是其成事、成功、成人之重要前提。其中成人或成身最难："权利不能倾也，群众不能移也，天下不能荡也。生乎由是，死乎由是，夫是之谓德操。德操然后能定，能定然后能应，能定能应，夫是之谓成人。"（《荀子·劝学》）不仅如此，成人还难在于：盖棺之后，须经得起历史或思想的追问。所以，孔子只能是"大器晚成"——死后才能慢慢成为有"极端权力"的圣人。"知之盛者，莫大于成身，成身莫大于学。"（《吕氏春秋·尊师》）对于个人而言，最大的智慧莫过于让自己能成功、成人、成圣；而成功、成人、成圣的达到，最重要的途径只能是教与学。以此观之，当老师是所有职业中最伟大或能达到最高人生目标的职业。或有其他人也能达此目标，但也只能是通过教与学修持自身、影响他人、改变世界。

83. 什么是"天"

　　"天"字最初有多种写法："木呆木大天"。总的来看，它们皆是大人的形象。把天写成大人，看似简单而幼稚，其实复杂而深刻。它说明，古人不仅明白天人合一或天人本一，人本从自然中来、要回自然中去，而且清楚所谓"天意"就是人意或民意的形上之思。正如《尚书》："天视自我民视，天听自我民听。"（《尚书·泰誓》）"天聪明，自我民聪明。天明威，自我民明威。"（《虞书·皋陶谟》）民就是天，民意就是天意，当权者永远也不能看低了民众的伟大或力量。

　　秦统一文字，"天"字规范为上"一"下"大"。这既是汉字书写性的需要，也是意识形态发展的必然结果，因为天与人皆为道所生。在此，"一"既是道，亦能代表人头顶上的无穷虚空。老子说："道曰大，大曰逝，逝曰远，远曰反。""故道大，天大，地大，王（人）亦大。"（《老子》第二十五章）"公乃全，全乃天，天乃道。"（《老子》第十六章）"道、大、人、天"皆可以"一以贯之"。它们皆是相通的。

　　天人本一似乎消除了"主客二分"的对立。庄子："其好之也一，其弗好之也一。其一也一，其不一也一。"（《庄子·大宗师》）孔子："自其异者视之，肝胆楚越也；自其同者视之，万物皆一也。"（《庄子·德充符》引孔子的话）皆表达了同样的思想。以此推之，如从本质或自然来看，万物平等。

　　作为一种通于神格的人格，天的特征主要表现为长、虚、健、大、不仁、清、悠远、博厚、高明、悠久、无疆、无穷、诚、聪明等，都是人需要学习效仿的。

《易传·象传上·乾卦》说："天行健，君子以自强不息。"《中庸》说："至诚无息，不息则久。久则征，征则悠远，悠远则博厚，博厚则高明。博厚所以载物也，高明所以覆物也，悠久所以成物也。博厚配地，高明配天，悠久无疆。如此者，不见而章，不动而变，无为而成。"天之健，君子之自强不息、至诚不息或悠远、博厚、高明、悠久等，对于具体的个体生命实践而言，皆指向一个"恒"字。它要求我们，既要有坚定的恒心、毅力，又要有坚定的道德之心。由于"恒"能使人实现"亡而为有（已经失去的可以被追回），虚而为盈（空虚无聊可以变得充实丰富），约而为泰（平淡简约可以变为快乐安详）"，所以孔子认为一般人要做到"恒"十分艰难："难乎！有恒矣。"（《论语·述而》）

老子说："天地不仁，以万物为刍狗。圣人不仁，以百姓为刍狗。"（《老子》第五章）司马迁在评价尧时说："其仁如天，其知如神。"（《史记·五帝本纪》）孔子则认为尧："大哉！尧之为君也！巍巍乎！唯天为大，唯尧则之。"（《论语·泰伯》）皆告诉我们，圣人的学习模范主要为天。向天学习什么呢？除了"恒"之外，就是"不仁"！"不仁"就是公正，没有偏私。公正是一切道德的核心，没有公正就没有道德。

天的引申意有多种：天体、天象、自然、一切不依人的意志为转移的客观存在、自然的、天生的、时令、天气、气候、上帝、神、人伦中的至尊、人所依存依靠对象等。这种自然与人格、神格的混同，充分反映了我们祖先对于天人本一或天人合一的深刻认知。

在荀子看来，像孔子这样的人，因有伟大的德行言论而名闻天下，所以便有了"天不能死，地不能埋"（《荀子·儒效》）的最高人生境界。他有了与天一样的人格，就能直接与"天地晤对"，与神格相通。

84. 什么是"地"

    "地"最初写作"坔"，小篆写成"坔"。但窃以为它最初的形象应与"土"的初文"坔 ∧ 坔"相同。这种认识，既可由此"地·坔"为"土"与"也·坔"两字共同构成（"地，土也。"）得以说明，也可从此"土"的初文构形中窥测到。《诗经·邶风·日月》："日居月诸，照临下土。""下土"就是地或普天之下的土地，不仅在《诗经》中有八处之多，而且在《离骚》中亦有出现："夫惟圣哲以茂行兮，苟得用此下土。"

    "地·坔"字的出现首先是汉语言文学发展的需要，其次是意识形态发展的必然，即"土"加"也"不仅是为了与"土"相分别，更重要的是为了强调土的重要性与"生生之大德"。

    "土·坔 ∧ 坔"，会意或象意字，下部的"一"既能代表地面，亦能代表道；上部既是土块、石块、尘灰、水等，亦可视为山地、丘陵等。其中"坔"中之"坔"乃是"十"之初文，是抽象的多、众多之意。

    土在地球表面是一个最为广泛的存在。即或是海洋，也有土存在于洋底。一般我们肉眼所见的，多是尚未固结成岩的松软堆积物，主要为第四纪时的产物。其与岩石最大的区别是不具有刚性联结，物理状态多变，力学强度低等。其最初由岩石风化而成，是人类工程活动、经济活动的主要场所，与地壳岩石共同构成工程岩土学的主要研究对象。所以理论上，土也可包括岩石在内。在先秦经典中，土不仅是五行之一，有德，且能生金。《易·大过卦》云："枯杨生华，老妇得其土夫。无咎无誉。"（枯萎的杨树重新发芽开花，老婆子嫁了个年轻丈夫，既没有什么不吉利，亦没有什么可称道的。）这里的所谓"土夫"，之所以被认为是年轻丈夫，关键原因即在于其能"生"。据《荀子·尧曰》，子贡向孔子请教为人谦卑恭敬的奥妙，孔子就是用"土"打比方来说明的。（"子贡问于孔子曰：'赐为人下而未知也。'孔子曰：'为人下者乎？其犹土也！深扣之而得甘泉焉，树之而五谷蕃焉，草木殖焉，禽兽育焉；生则立焉，死者入焉；多其功而不息。为人下者其犹土也！'"）土不仅能"生"，能树草木五谷、养禽兽虫蛇，而且能掘深出泉，不仅能为生者所立，亦能为死者所入。这是因为它有博厚广大之德。这种德迁延及人，一在于为人要有深度、有厚度；二在于其能助人为乐、助人成功；三在于能容，不仅能容活人，而且能容死人。地因为涵括了土在内，所以也具有土一样的德。

"也"最初写作"⊕"，小篆又写作"𠃌⻊"等。形虽略异，意却尽同。《说文》云："也，女阴也。""也"就是女性外生殖器的象形。"土"能生，"也"也能生，这种皆能生的重大特点便是大地常被比作母亲的原因。

"地"因为既能生物，又能生人，所以在古代经典中与土一样具有多种德。

《易传·象传上·师卦》说："地中有水，师；君子以容民畜众。""地"因为涵有水，水又能"利万物而不争"（《老子》第八章），所以能"容民畜众"。这既是君子学习、效仿的榜样，也是"师"理应具备的品德。

《易传·象传上·谦卦》说："地中有山，谦；君子以裒多益寡，称物平施。""地"上因为有高山，所以总是可以用来弥补其他地方的低洼。它比喻一个人如能多多接受别人的意见以弥补自己的不足，那么就是谦，谦则受益。

《易传·象传上·泰卦》说："天地交，泰。"《易传·象传上·否卦》："天地不交，否。"《易传·象传上·泰卦》说："天地交，而万物通也。"《易传·象传下·归妹卦》说："天地不交，而万物不兴。"老子说："天地以合，以降甘露。"（《老子》第三十章）皆告诉我们，所谓"天地交"，其实就是指天地阴阳和谐，年成风调雨顺，能给人民带来丰富的物质资源。

《易传·象传上·坤卦》说："牝马地类，行地无疆，柔顺利贞。"地总是需要以"柔顺利贞"的面目出现。但老子却告诉我们："牝常以静胜牡。"（《老子》第六十一章）"柔弱胜刚强。"（《老子》第三十六章）柔顺正是地实现胜利的法宝。柔顺之所以能胜，根源在于它能"厚德载物"。

再者，地与天一样"不仁"。（"天地不仁，以万物为刍狗。"——《老子》第五章）"不仁"即公正不偏。这不仅是圣人所必备的品质，也是人类道德的核心。

85. 什么是 "遂"

　　"遂"字最初写作"遀"，左边双人旁，即"行"的简写，也即路；右下是"止"或"之"，既是人或其他动物留下的脚印以及时间的痕迹，也是到达、至；右上为一只塞满果实的手。

　　"行"最初写作"𢓜"，一个十字路口的形象。"行"以多种形式参与了其他许多汉字的构造。如"道、德、得、智"等字初形，都能见到其踪影。在今天的"道、遂"等字中，它已变为"之"字的点与横折；在"德、得"字中，它是双人旁；在"智"的初文"𢔍"中，它存在于此字的最右边，今文已被省略。

　　"遂"之有"行"启示我们，所谓"功成事遂"，即人生的成功：一要尊道而行；二要把解决物质需要与精神需求有机结合起来，既要把物质需要的获得放到基础性地位，又要不断地提高对于精神世界的追求；三要不断地学习、修行、实践，即需要"有恒"，既要有恒心、毅力，又要有坚定的道德之心。

　　"𠂤"为一只塞满果实的手，而且果实还逸出手所能控制的范围。这说明人生在不断努力与实践的征途中，已然获得巨大成功，且其所得已超出自身能力所能掌控的范围。但这又能给予我们什么样的启示呢？老子的回答是："功遂身退。"（《老子》第九章）"功成而弗居。"（《老子》第二章）这既是明智的抉择，也是自然、人类社会发展的必然规律性。

　　但是什么样的功业，才够得上让人退？一般认为是"大功"，可是究竟多大才能算是"大"？由于没有客观标准，不同的人有不同的答案，如建业开国、立德立言、死而不亡、一家一公司之兴荣等。但不管多大，只要对其本人而言，其事功已至人生精力、才识、经验的最高境界，那就是"大"。如其不退，他本人就有可能成为事业继续前进的阻碍。这种事例数不胜数，中外历代统治者所追求的极权制与终身制都有此弊端。老子说："功成事遂，百姓皆谓：我自然。"（《老子》第十七章）你处在那个崇高的位置，把事情办好，理所当然。如果有功，那绝不可能是你一个人的；如果有罪，那就是你一个人的。所以商汤在向上天以及他的臣民面前宣誓说"朕躬有罪，无以万方；万方有罪，罪在朕躬"（《论语·尧曰》），就深刻地指出了这一点。

退，是自然之规律。在自己人生最为辉煌，精力、才识、经验达到最高境界之时理智退出（与年龄有关，但不是绝对），让自己的事业后继有人，不阻碍年轻人的上进之路，这本身不仅是一种智慧豁达的表现，而且是其人生成功的又一次升华。邓小平同志一步一步地退，就是如此上上明智之举。他一方面做到了让自己的事业后继有人，另一方面又确实保证了自己的声望、地位与影响。

"遂"之引申意有多重：逃亡、前进、通达、成功、已成、终了、生长、长久、安定、顺从、延续、道路、于是、接着等，多与成功有关。

孔子说："成事不说，遂事不谏，既往不咎。"（《论语·八佾》）对于已经成为事实，且通过一般的所谓"损益"手段都无法改变的现实，在孔子看来，即或不符合心中的理想与期望，也应保持沉默。这种认识既可能给我们明智的指引，也可能为我们的蹉跎岁月寻找借口，所以一定要具体问题具体分析。在当时的鲁国，三桓子孙已有五代人掌握鲁国实权，既有深刻的历史原因又有复杂的现实原因，如果不通过革命根本就不能改变，所以孔子认为对此事的"不谏"是明智的。但在今天，大家对腐败麻木不仁，"不说、不谏、不咎"则是不可以的。对于腐败分子的"遂事"，即或"遁入空门""成仙成佛"，即或逃至天涯海角，也必须既往必咎。

86. 什么是"远"

"远"字最初写作"徛"。左边是"行·彳"字的简写；右上和右下为"止"或"之"；右边中间的小圆是太阳；圆的两侧仍为"行"。

路告诉我们，"远"首先指的是形而下的路的距离远。可是，路能有多远呢？"没有比脚更长的道路，没有比人更高的山峰。"从有限的经验看来，只要不断地行，不管路有多远，它都是能够到达的。《诗经》云："唐棣之华，偏其反而。岂不尔思，室是远而。"子曰："未之思也，夫何远之有？"（《论语·子罕》）孔子便深刻地指出了这一点。但若有心，路能有多远呢？于是，路之远又能指形上之道。"君子学以致道。""学至乎没而后止也。""死而后已，不亦远乎？"这才是君子、士人所认识的真正的"远"。

"止·屮"与下面的圆圈"〇"共同组成的是一个"时"。

"时"最初写作"峕"，上边亦为"止"或"之"，下边是"日"。太阳在地面留下的痕迹或在天空移动的轨迹，是为"时"。它反映了日影在地面的日变化，也反映了太阳在黄道运行的轨迹变化。以此可知，所谓"时"其实并不存在，它只是事物运动给予人的一种错觉而已。

"时"所表达的主要特点：一在于"恒"；二在于"远"。"恒"与"远"又必须通过反复才能表现出来。事实上，这个宇宙中的所有事物，其"恒"与"远"都需通过反复才能表现出来，不然就总是有限的。绕地球一圈四万公里，但如不断地反复，则其"远"即无穷。

"远·遠"有两个"行"、两个"止"、一个太阳，其主要想要表达的思想便是"恒"与反复。《诗经》云："如日之升，如月之恒。"日月之所以能给人以"恒"的感觉，关键即在于它总是在日日反复、年年反复。所以老子说：道，可"强为之名曰大。大曰逝，逝曰远，远曰反"（《老子》第二十五章）。

上述认识给予我们的启发很多：

"道"之所以称"大"，是因为"人大"或为人所赋予（"道大，天大，地大，人亦大。"——《老子》第二十五章），所以"人能弘道，非道弘人"（《论语·卫灵公》）。只有人才能认识道，才能弘扬道，才能尊道而行。但尊道而行，许多时候又不得不"以身殉道"。

只有"致道"才能"致远"。"远"，主要指的不是空间上的距离，而是时间上的跨度；往往不是当世可知，而是需要"死而不亡"。所以孔子说，君子最担心的不是衣食住行，不是富贵荣华，而是死了之后自己的名字很快便淹没在历史的长河之中，不能为后世所知。

学习、研究皆需反复。《诗经》云："如切如磋，如琢如磨。"老子说："为学日益，为道日损。"孔子说"温故而知新"，"学而时习之"，"学如不及，犹恐失之"，等等，皆指向这一点。其中的"切、磋、日益、日损、温故、时习之"等，其实就是说学习、修道、修身皆需反复、有恒。

再者，人的所谓"大"起来，皆需要通过逝去的时间给予放大。孔子在世时既未成为圣人，更不是"圣王"，但死后却随着时间的推移，形象越来越高大，且在中国封建意识形态领域中逐渐掌握了越来越大的权力。今天，这种权力虽然有所丧失，但他仍具较大影响力。

诸葛亮说："非宁静无以致远。"（《诫子书》）其"致远"就是"致道"。由于"学以致道"，"才须学也，学须静也"，所以"静"只能通过学才能表现出来。一个人是不是"静"了，关键是看他是不是学进去了，是不是通过学习实践长本事长能力了。学能够"广才"，实现立德、立功、立言，所以能够"致远"。

87. 什么是"圣"

"圣"字最初写作"𦔻"。在汉代隶书体出现之前，"圣"还有三个主要异体："𦕑、聖、𡌺"，其不同的构形既反映了造字理据的不同以及书写性在汉字发展中的作用，也反映了对于圣人认知的多元性与历史性变化。

"圣·𦔻"，上边为一只大耳朵，下边是一个人。大耳朵主要强调的是多闻或兼听在成圣或为圣过程中的重要性与作用，同时也强调圣人必须知言。人既强调了圣人也是人，同时又宣示出圣人必须知人。

首先，它说明了"闻而知之"是圣人最重要的特征之一。按孟子的说法，历史上的商汤、周文王就是"闻而知之"者，孔子亦属此列。"多闻，择其善者而从之。"（《论语·述而》）孔子从来不认为自己是"生而知之"，而是"学而知之"。如何实现"学而知之"？多闻是其最重要的路径之一。

其次，"圣·𦔻"可谓"知言"。只有"知言"之人，才可能"择其善者而从之"，才可能"勤而行之"。（"上士闻道，勤而行之。"——《老子》第四十一章）什么叫"知言"？按孟子的说法便是："诐辞知其所蔽，淫辞知其所陷，邪辞知其所离，遁辞知其所穷。"（《孟子·公孙丑上》）对于"知言"者而言，不管多么偏激、迷惑、邪恶、隐蔽的言辞，都能通过分析来知道背后的全部真相。所以韩非子说："所谓智者，微妙之言也。"（《韩非子·五蠹》）真正的智者或智慧，最重要的特点是不仅能"知言"，且能知"微妙之言"。因为"知言"又是"知人"的最重要内容或策略之一。孔子又说："不知言，无以知人也。"（《论语·尧曰》）可见，圣人必定是"知言"的大师。

最后，"圣·𦔮"可谓"知人"。老子说："知人者智，自知者明。"（《老子》第三十三章）只有"知人"之人，才可能是智者。人要达到"知人"的目标，方法主要有三：一为"自知"，这也是最为重要的。一个人只有深刻地了解自己，才可能真正深刻地了解别人。因为人"性相近也"，即最基本的人性，或称第一人性、物质性、动物性、直接性是高度一致的。二为"知言"。此点上面已述。三为"听其言而观其行"。"听其言"要能"不因人废言"，"观其行"则要"视其所以，观其所由，察其所安"（《论语·为政》），从而实现对于人的全面而深刻的了解。

"知人"是为圣人之"知（智）"之最重要部分，也是圣人的最伟大特征之一。对于掌握绝对权力的圣人而言，"知人"之目的主要在于用人，即能实现"举直错诸枉，能使枉者直"（《论语·颜渊》）。让公平正直之士居上位，不仅能实现"不令而行"，树立良好的社会风气，赢得民心归附，而且亦是"尊道贵德"的具体表现。

相关链接：

樊迟问仁。子曰："爱人。"问知。子曰："知人。"樊迟未达。子曰："举直错诸枉，能使枉者直。"樊迟退，见子夏曰："乡也吾见于夫子而问知，子曰：'举直错诸枉，能使枉者直'，何谓也？"子夏曰："富哉言乎！舜有天下，选于众，举皋陶，不仁者远矣。汤有天下，选于众，举伊尹，不仁者远矣。"（《论语·颜渊》）

"圣·𧙧"在"圣·𦔮"的基础上加了一个"口"，既囊括了"圣·𦔮"的全部意义，又新增并强调了"善言"或"言"对于圣人的重要性。"善言"或"言"背后所呈现的是圣人之智与圣人之德。

"善言"对于老子来说就是："善言，无瑕谪"。即言论极富哲理性，让人挑不出毛病。要实现"无瑕谪"的方法：一曰"不言"；二曰"正言"；三曰"美言"；四曰"言有宗"；五曰"言善信"。"不言"与"贵言""希言"基本一致，换成孔子的话便是："言未及之而言谓之躁，言及之而不言谓之隐，未见颜色而言谓之瞽。"（《论语·季氏》）换成荀子的话则是："不可言而与之言谓之傲，可与言而不言谓之隐，不观气色而言谓之瞽。"（《荀子·劝学》）。总的意思是不当说就不说，当说就一定要说，说了就要起到好的作用。"正言"即要说公正的话。对于孔子来说，"正言"就是危言："邦有道，危言危行；邦无道，危行言孙。"（《论语·宪问》）"名之必可言也，言之必可行也。君子于其言，无所苟而已矣。"（《论语·子路》）"美言"主要是为了激励别人，"言有宗"指说话一定要有所根据，"言善信"是指语言表达一定要有合适的信度，并经得起实践的检验与思想的追问。

圣人"为政以德""行不言之教"，所以既要尽可能"不言、希言、贵言"，又要尽可能以"正言""美言""言有宗""言善信"以示人。

"圣·𦔻"又要求圣人要"立言"，这是实现不朽的最重要方式。因为无论是立德、立功之事迹，还是口耳相传之言论，其最后皆得假以文字才可能传之久远。孔子说："有德者必有言，有言者不必有德。"（《论语·宪问》）圣人因为有德有功，所以一定有穿越时空的"圣言"流传。就今天来看，孔子正因为"祖述尧舜，宪章文武"所传"圣言"最多，所以其圣人的地位也就难以动摇。

这两个圣字"聖聖"在囊括了前面两个构形全部意义的前提下，又在最下方加了一横或两横，其意皆表示土（"一"横表示地面或地平线，两横中与"𦈒"相重部分即土）。

"聖聖"，主要强调圣人必须拥有绝对权力，而拥有土地是拥有绝对权力或巨大权力的象征。汉字隶化后，"圣"字下部的"人"与"土"合并，或写作"王"或写作"土"。整个"圣"字便有了"聖聖"的写法。这既是汉字书写性在汉字发展中的表现，也是意识形态发展的新认识：非"王者"即非"圣者"也。于是，这种构形告诉我们，没有掌握绝对权力或巨大权力者就不能算是圣人。这种观点在春秋战国时期很流行，孔子、韩非子等都是这种观点的忠实拥趸。孔子认为自己之所以不能称"圣"，根本原因就在于他从来就没掌握过绝对权力或巨大权力，便既做不到"修己以安民"或"修己以安天下"，也做不到"博施于民而能济众"，达不到"老者安之，朋友信之，少者怀之"的圣人目标，故所谓

"圣"也就无从谈起。

综合上述认知，似乎仅从"圣"字构形的发展变化上，亦能窥测出古人对于圣、圣人认知的多元性：圣人，从来就不是一个唯一的或固定不变的概念。"圣"字的发展变化过程，既有造字理据选择上的不同，也有书写性发展的必然；既能曲折反映出我国古代伦理道德等意识形态的某些发展变化，也能反映出古代学者对于当时社会政治、国家治理的某些哲学思考。

88. 什么是"君"

"君"字最初写作" "，亦有两种主要异体" "。它们形状略异，意却近同。

"君· "，上边为一只手拿着某物，下边为一个"口"。其整体形象非常类似于甲骨文中的"书· "字。但"书"字的手所拿的东西明显是毛笔，而"君· "字，其手所拿的东西则是一种抽象与具象的统一，既可能是毛笔，亦可能是权杖或代表暴力、权力的武器，或是多种意义的混合体，或是"一"的竖写。而"一"则既通于道，亦通于无。下边为"口"，既通于言，亦通于人。但也正因其多义性，给予了我们充分的想象空间：

1. "君"也是人。既然是人，当然就有人所具有的一切局限性，所以"君· "字手中也可能什么都没有。在《左传》《论语》《孔子家语》等经典中，无论是君子还是君主，他们中总有些是无道无德者。"昭公无道。""书曰：'宋人弑其君杵臼。'君无道也。"（《左传·文公十六年》）"君无道"说明的最深刻问题是他们也是一般的普通人，其最基本人性（动物性或第一人性）与一般人全然无别。"今之君子，好利无厌，淫行不倦，荒怠慢游，固民是尽。以遂其心，以怨其政，以忤其众，以伐有道。求得当欲不以其所，虐杀刑诛不以其治。夫昔之用民者由前，今之用民者由后。是即今之君子莫能为礼也。"（《孔子家语·问礼》）这样的君子其实就是暴虐的君主。孔子又说："先进于礼乐，野人也；后进于礼乐，君子也。如用之，则吾从先进。"（《论语·先进》）在孔子看来，如此"君子"不过只是懂得某些礼仪制度、有一定文化的伪君子而已。他们远不如"质胜于文"或"敬而无礼"的野人。子路就是这样的野人，虽然有时对孔子"无礼"，但本质却是符合忠、信、义、勇的。孔子又说："夫德法者，御民之具，犹御马之有衔勒也。君者，人也；吏者，辔也；刑者，策也。夫人君之政，执其辔策而已。"（《孔子家语·执辔》）"君"首先是人，然后才是君，不然就不配为君。

2. "君"可能是执德弘道之人，即一般所谓"君子"。当"君"字仅指君子时，"君·𠻘"字手中所执之物则主要代表道。这种君子不一定有绝对权力，但却一定是聪明睿智、道德高尚、善言、知言、有言之人。孔子说："君子者也，人之成名也。百姓与名，谓之君子，则是成其亲为君而为其子也。"（《中庸》）按照这种说法，一个人如果没有好的家庭环境，要想成为君子实在不太可能。但反言之，一个人如果"夙夜强学"、不懈努力、修道进德，不仅能让自己成为君子，而且亦有希望让自己的父母被人尊称为"君"。"君子"者，君之子也。比方说，像舜那样，虽然"父顽母嚚"，但因为他们是舜的父母，所以亦可被人尊称为"君"。这样的事十分奇怪甚或荒诞，但因为得到儒家思想的认可，所以在中国历史上是十分普遍的。在今天，它应被视为糟粕，因为它有违最基本的社会公正。

3. "君"字在古代文献中用得最多的是指掌握一定权力甚或绝对权力的君主。这时，"君·𠻘"字手中所执之物主要代表权杖或武器。"皇天眷命，奄有四海为天下君。"（《尚书·虞书·大禹谟》）"予无乐乎为君，唯其言而莫予违也。"（《论语·子路》）"君者，舟也；庶人者，水也。水所以载舟，水所以覆舟。"（《孔子家语·五仪》。《荀子》等也有相类的话）其中的"君"字皆为君主之意。

4. "君"亦可为圣王。如此之君不仅"知言、知人、善言"，而且能"知道、执道、弘道"。于是，"君·𠻘"字手中所执之物不仅是道与笔，而且是权杖与武器，其"口"也是"知言、知人、善言"的象征。孔子认为："不知言，无以知人也。""君"只有在"知言、知人"的前提下才可能"举直措诸枉，能使枉者直。"只有"善言"才可能"有言"（"有德者必有言"）。这样的"君"正是圣王。"大哉！尧之为君也，巍巍乎！唯天为大，唯尧则之。荡荡乎，民无能名焉。巍巍乎！其有成功也，焕乎其有文章。"（《论语·泰伯》）"舜有天下，选于众，举皋陶，不仁者远矣。汤有天下，选于众，举伊尹，不仁者远矣。"（《论语·颜渊》）

真正的君子："言必忠信而心不怨，仁义在身而色无伐，思虑通明而辞不专。笃行信道，自强不息。油然若将可越，而终不可及者。此则君子也。"（《孔子家语·五仪》）什么样的社会都需要，什么样社会都存在。他下通于士人、庸人，上通于贤人、圣人，是民众的楷模、社会的良心。一个社会可能没有圣人、庸人，但不可能没有君子。在孔子所生存的那个时代，虽然"天下无道"，但君子仍然是到处都有的。孔子自认为是君子，他的学生子贱、南宫适、颜渊、仲弓等皆是。

子路问君子。子曰："修己以敬。"曰："如斯而已乎？"曰："修己以安人。"曰："如斯而已乎？"曰："修己以安百姓。修己以安百姓，尧舜其犹病诸。"（《论语·宪问》）孔子的回答告诉我们，君子只要勤于修己，有高远目标，那么就有希望成为圣人。这也说明，君子与圣人从来就是一脉贯通的，君子的最高境界就是圣人。

"君子之道，费而隐。夫妇之愚，可以与知焉；及其至也，虽圣人亦有所不知焉。"（《中庸》）君子之道，致广大而极精微，所以就是圣人也是有所不知的。

"君者，仪也。"（《荀子·君道》）"君者，善群也。"（《荀子·王制》）"君者，民之原也。"（《荀子·君道》）"君者，国之隆也。"（《荀子·致士》）荀子其所谓"君者"虽皆指君主，但又能给致力于"君子之道"的人们以最深刻的启示。只有身体力行，做好表率、善于团结，才能得到大家的拥戴。

89. 什么是"子"

"子"最初有很多种写法，其中以"（图形）"较具代表性，多是象形字或会意字。"（图形）"皆像襁褓中的婴儿，"（图形）"则像囟门未合的婴儿。但不管何形，都特别强调了头的重要性：一方面是初生婴孩本来头大；另一方面则是强调"子"必须具有形上思维或智慧。

这三个"子·（图形）"，顶部为婴孩的头，中部是一双小手，下部为合并于襁褓中的一双腿脚，本意即婴孩、小孩子。在古代，子在文献中既可单称儿子、女儿、后嗣，也可是子女的合称。此外，"子"也有爱或像爱自己子女那样爱别人的意思。"不孝有三，无后为大。"（《孟子·离娄上》）由于子女、后嗣在中国传统伦理道德中的绝对重要性，所以对于爱子女，中国人比之其他民族似乎更加情真意切，"像爱自己的子女那样爱其他人"便是对于别人之爱的最高比喻了。（有个笑话，甲向乙借牛耕地，乙不放心。甲说：请放心，我必定像对待我爹那样待它。乙说：不行！于是甲又说：我必定像对待我儿子那样待它。乙才答应了借牛。）《战国策·秦策·苏秦始将连横》中有"制海内，子元元，臣诸侯"，其中的"子元元"就是爱百姓，或者说像爱自己的子女一样爱百姓。另外，唐代柳宗元《封建论》一文中有"封建者，必私其土，子其人"，《中庸》中有"子庶民"等，也表达了相同的意思。

又，"子"亦可称男子、女子、臣民、百姓、士大夫等。这些义项说明，凡人都曾"小"过，都由"子"而来。

在当代，"子"一般指称儿子。但在古代，它还有一个重要义项，是对有学问、有名气、有道德的老师、智者、贤者的尊称。如李斯《谏逐客书》："此五子者，不产于秦。而穆公用之，并国二十，遂霸西戎。"其中"五子"即指秦穆公曾重用的五大名士：由余、百里奚、蹇叔、邳豹、公孙支。至于以"子"加于姓后以尊称某名士的，则或是自创一家学说，或是学有大成的大学者、思想家、哲人、智者，如孔子、墨子、荀子、孟子、庄子、韩非子、屈子、曾子、韩子、朱子等。春秋战国时期为多，后来逐渐零落。后来，可能是由于同姓之人太多之故，用此尊称很难专指，所以才逐渐废而不用。其实，春秋时也有以"子"称极有名、极美丽女子的，如西子、南子等。

与"子"成词的名词，常见的众多，如君子、天子、老子、儿子、女子、子女、疯子等。除了极少数外，它们皆能彰显出人性的美好以及对"子"的美好期待。

君子，按孔子的说法，必是人中成名之人（《孔子家语》）。百姓给予其"君子"之名，一方面是对其道德、才识的充分肯定，另一方面也是对其父母的高度肯定。孔子心中君子的最高境界，不仅是成为圣人，而且还要成为后世圣人、圣王学习的榜样。（《论语》）

天子不仅是天的儿子，而且必须是大人。

老子不仅指最早的诸子百家中的第一家老聃，而且也指"孝"。"老子"两字相重在一起，就是一个"孝"字。为人"子"者，"以子承老"是孝之本分，"成身、成人、成名、成贤、成圣"以显父母，既是最深刻的道德仁义，也是最伟大的孝。

90. 什么是 "好"

"好"最初写作"🜔🜕"。会意字，其构形或为"子、女"或为"女、子"。

从"🜔"的构形来看，其中的"子·🜔"趾高气扬，"女·🜕"双膝跪地，双手交叉。一般认为"好"的原初意为女子貌美，如"鬼侯有子而好"（《战国策·赵策·鲁仲连义不帝秦》）就是说鬼侯有个女儿长得很美丽。若仅从其构形分析，却很难得出这样的结论。再者，从中国传统伦理而言，或从"好"的其他多种引申意反推，其初意当为"男尊女卑"为好，即男为阳女为阴，女必须从属于男才为好。后世有人臆测为有子有女为好，或男女组合为好，虽也有点造字理据，但其实却是意识形态不断发展对于汉字构形重新解读的结果。

"好"的引申意众多：友爱、和睦、完善、满意、幸福、健康、容易等。它们皆能体现出男女之间本应具有的关系特点。比如友爱、和睦，这个世界没有比男人与女人在一起更加和睦的了。比如喜好、喜爱，这个世界没有比男人喜爱女人，女人喜爱男人更强烈的情感了。比如完善、满意，这个世界没有比有男有女或有子有女更为完美、令人满意的事了。再如"幸福、健康、容易"也莫不与男女共在相关。

《左传》说："小人之事君子也，恶之不敢远，好之不敢近。"（《左传·襄公二十六年》）这里所说的"小人"绝非今天一般所谓"坏人"，而是指普通的老百姓、小民。古之小人之所以对于君子"好之不敢近"，正因其对于君子怀有深深的敬畏之情，而这种情感也正是一般人对于大人、官人关系处理的正常心态。其背后所反映出的是这句古语中的"好"与今天并无区别。

《左传》还说："君若不忘先君之好，惠顾齐国，辱收寡人。"（《左传·昭公三年》）这里的"好"则主要指好处、恩惠、恩情。今人亦多有此"好"。

孔子说："知之者不如好之者，好之者不如乐之者。"（《论语·雍也》）这个"好"如从哲学上来追问，与知与乐皆是可以互为因果的。这似乎还深刻地印证了孔子的另一句话："或生而知之，或学而知之，或困而知之，及其知之，一也。或安而行之，或利而行之，或勉强而行之，及其成功，一也。"（《中庸》）其告诉我们，无论是"好"与"乐"，还是"知"与成功，皆是可以通过"勉强"来获得的。这个世界上，绝大多数人都缺乏主动性、主体性精神，他们必须被领导、被同事、被亲人、被时势、被环境等所引导、所"勉强"。往大里说，就是：自由的真义，不是由着自己，而是不断地"勉强"自己。用诗人的话来说，就是：最美好的生活方式不是躺在床上睡到自然醒，也不是坐在家里无所事事，更不是在街上随意购物，而是和一群志同道合的人一起奔跑在理想的路上。回头，有一路的故事；低头，有坚定的脚步；抬头，有清晰的远方。这可能才是真正的好。可是，这样的好，如果不努力"勉强"自己，是做不到的。

91. 什么是"得"

"得"字最初写作"⟨字符⟩"，也有异体写成"⟨字符⟩"。会意字，上面是个"贝"，下面是一只手。

"贝"，明显的象形字，像贝的形状。在中国历史上，它曾有过一个特殊而重要的身份：货币。所以，它又是财富、金钱的象征。

"手"亦为象形，像人之手。

"得·⟨字符⟩"把"贝"与"手"放在一起，会意人获得了贝，就是指人获得了金钱或财富。但是如此之"得"却是经不起思想追问的。孔子说："富与贵是人之所欲也，不以其道得之，不处也；贫与贱是人之所恶也，不以其道得之，不去也。"（《论语·里仁》）"饭疏食饮水，曲肱而枕之，乐亦在其中矣。不义而富且贵，于我如浮云。"（《论语·述而》）"得"必得有道或道义才行；如不然，便会"既得之，又失之"。于是，"⟨字符⟩"因为不符合圣人之意，所以很快被抛弃。

今天的"得"字源于"⟨字符⟩"。它既是"得·⟨字符⟩"的异体，也是秦小篆的"祖宗"。"得·⟨字符⟩"的双人旁"彳"，不仅能代表道，而且能代表德与行，十分符合圣人之意。《管子》《礼记》《论语集注》皆云："德者，得也。"一个人如果有道德，就一定也能在经济上有所收获，有所"得到"。孔子说："故大德，必得其位，必得其禄，必得其名，必得其寿。"（《中庸》）便明确表达了这样一种思想。因为大德符合道，如无德，便不符合道，就会"既得之，又失之"。不仅如此，《说文》所谓

"得，行有所得也"更是给予了我们深刻启示。人之有"得"，不仅要遵道而行，而且要不断地行动、实践。俗语云："天道酬勤"。天道之所以要酬勤，根本原因即在于人之勤，必须"行"，必须"恒"，而"行"与"恒"本身就是"德"，就是"道"。荀子说："无冥冥之志者，无昭昭之明；无昏昏之事者，无赫赫之功。"（《荀子·劝学》）也深刻地揭示了这个真理。

不过，所谓有"德"一定有"得"，并不是完全相对个人而言，而主要指共同体或"群"、国家、民族。如果仅指个人，就一般的认知而言，则是经不起追问的，因为许多仁人志士或得其名，却并未"得其禄、得其寿、得其位"。不然，就没有所谓"杀身成仁"或"君子固穷"之说了。不过，对于君子而言，能实现"死而不亡"也就足够了。

92. 什么是"王"

"王"最初写作"🔱"。源于甲骨文，其形象就是一个立于天地之间的大人。由于天位于大人之上，且无穷高远，所以最初"王·🔱"的构形便没有用来表示上面的天的一横。但后来为了能与"立·🔱"相区别，便不得不在大人之上另加"一"以表示天。于是便成了"🔱"。再后来，"王·🔱"又经过了"🔱 🔱 🔱"等变化，逐渐演变成了今天的"王·王"字。大人的两条腿逐渐并为一条粗线，或为便于书写，或为美观；下面曾经的块面笔画"🔺"，或为表示王拥有土地和土地的深厚，或为表达王的稳重与气派，后来笔画全部变得粗细相同，不仅是因为书写性的原因，而且还因为思想家们为"王"字赋予了新的构形意义。西汉董仲舒时，自上至下三横成了天、人、地"三才"。于是，王由原初的只是立于天地之间的大人，演变成了拥有土地（绝对权力）且能参透天、地、人"三才"之玄机的圣王。这种认识或曾受到"圣·🔱"字的影响。

其实，"王"的原初构形与意义似乎更加符合事理与逻辑或事物发展的规律性：就算没有土地、没有绝对权力，如能因某些才能或功德而成为大人，便可称王。今天的所谓"王者归来"，或称某某为"天王""歌王""拳王""兵王"等，实际上就是远古"王"意的回归。

孔子说："如有王者，必世而后仁。"（如果最高统治者是真正的王者，三十年后，便必能实现"仁政"于天下。——《论语·子路》）以

"王·🕯"的构形可知，王必定是大人。以"王·天"的构形可知，王亦是天。老子说："道大，天大，地大，人（王）亦大。"（《老子》第二十五章）"公乃全，全乃天，天乃道，道乃久。"（《老子》第十六章）综合其意，可知所谓"王者"必定知道，必须公正，必能代表最广大民众的利益。孟子说："保民而王，莫之能御也。"（《孟子·梁惠王上》）国君如能保民以行王道，或王者如能以保民为己任，那么就可以无敌于天下。反之，就会很快为人民所抛弃。

93. 什么是"啬"

"啬"最初写作""。会意字，上部象形，像粮食作物，下部的两个"口"为储粮之仓，三根连接线是为道路。把一份粮食作物收入两个粮仓，足见粮食少或非常缺乏。于是，我们不得不爱惜，不得不节俭，不得不"吝啬"。

"啬"的引申意有收获谷物、爱惜、节省、吝啬、缺少、贫乏、贪、积、弥合、缝合、一种中医脉象等，又通"稼穑"的"穑"；又同"晶"，"晶"既有"鄙吝"的意思，也指边远的地区；又通"图"。

"稼""穑"组词同用时，"稼"意为种植，"穑"意为收获。当它们单用时，则皆可泛指一切农事。汉《张迁碑》有"啬夫"一词，其意即田夫、农夫。

"晶"最初写作""，其异体即图之初文""。

""字上部之"口"为仓库，下部为倒挂的谷穗。会意已有粮草储备，但不多。其形虽与"啬"略同，意却大异。它曲折地告诉我们，凡人有"图"或有"远图"，必得有粮食储备，必得节俭。

"图·"字的外框表示范围或边界，内部表示几个互相联系的大小村镇或储粮之所。《说文》说："晶，啬也。"在其运用过程中，两字又同廪（粮仓），通鄙与图，有鄙吝、乡下或偏远或边远地方的意思，又引申为远图、思虑、谋划、预想。这些理解不仅能从此字本身得出，同时也可以《老子》第五十九章中"治人、事天莫若啬。夫唯啬，是谓早服。

早服谓之重积德。重积德则无不克"的"早服"得到佐证。如验之于《郭店楚墓简书老子》"给人事天,莫若啬。夫唯啬是以早,是以早服"则更能说明问题。只有"图",才需要早,才可能达到"早服"的目标。积德需要时日,是战略上的考量,是"远图"的具体化,与团结人民、壮大力量、保护国家根本、实现长治久安存在着严密的逻辑关系。所以,只有远图、思虑、谋划、预想才能实现这一切。古今无论是战争还是和平时期,国家间的政治、军事、外交,如果没有"图",即或没有近忧,则必有远虑。"吝啬"或节俭,作为一种修行,虽值得提倡,但是不能替代"图"。因为"图"内容丰富,不仅把"吝啬"、节俭,而且把重视农业生产等都包括在内了。

《吕氏春秋·情欲》:"古人得道者,生以寿长,声色滋味能久乐之,奚故?论早定也。论早定则知早啬,知早啬则精不竭。"《吕氏春秋·先己》:"凡事之本,必先治身,啬其大宝。"其"早啬、啬"即既有"早图"之意,也有爱惜、珍惜之意。

中国民间有句俗语说:"吃不穷,穿不穷,不会打算一世穷。"其中的"打算"就既有"早图"的意思,也有节俭的意思。

在《老子》之中,"啬"还表现为俭。"俭,故能广。"(《老子》第六十七章)"俭"之所以能广,关键在于能得到民众的衷心拥戴,因为"俭"从来就是民众的基本底色。而一个拥有民众最基本底色的王者,能得到最广大民众的拥戴也就在情理之中了。

94. 什么是"无"

　　"无"字初文为"![字]"，甲骨文，上面为一，下面为人。今天所谓简化字之"无"源于金文大篆，其形与秦小篆之"![字]"并无区别，而"![字]"只是它的异体。由于东汉许慎没有见过甲骨文之"![字]"，所以其所著《说文》仅述及了"![字]"与"![字]"，并认为"![字]"乃"![字]"之"奇字"。（所谓"奇字"乃新莽时期"六体"之一。它是当时"鲁恭王坏孔子宅"而得的壁中书中"古文"的异体。新莽时期即西汉末年外戚王莽于公元八年至二十三年间建立的新朝。新莽"六体"即：古文、奇字、篆书、隶书、缪篆、鸟虫书。）但其实，"![字]![字]"从构形意义上来看，无疑乃"无"之本字。而"![字]"则是"无"的异体。原因是：一方面，只有"![字]![字]"的构形更符合先秦经典，特别是《老子》关于"无"的相关论述以及当代哲学、自然科学的最前沿认识；另一方面，"![字]"源于"![字]（舞）"，只是音与"无"近，其原初构形并无"无"的意义（至少表面上看不出来）。今天不少人（或某些权威工具书、网站、相关软件）认为"![字]"字乃"無·![字]"字的简化字，实乃无稽之谈。因为它们之间只是曾经混用或被借用，并无构形上的承继关系。

　　"![字]"，从一，从人。一，既是个简单的数字，同时也是道，所以，"一"乃是简单与复杂的高度统一。老子不仅说过"万物生于有，有生于无。"而且也说过："道生一，一生二，二生三，三生万物。"（《老子》第四十三章）以此，"无"即道，即一，或只是道存在的另一种方式。而所谓"无为"，其实就是"顺道而为"或"尊道而行"。"顺道、尊道"

必得"知道"。"知道"必得"修道"。古人说，"修道之谓教""自明诚谓之教""修身以道，修道以仁"（《中庸》），"修身者，智之府也。"（司马迁《报任安书》）"好学近乎智。"（《礼记》）联系起来可知，修身、修道最可行最便捷的方法即好学。再综合前人认识与我们自身的实践，可知好学不仅指效仿圣贤、读书明德，同时也指不懈的格物致知及各种社会实践。

"无"，从二，从人。"二"不仅为一所生，同时也可视为"阴、阳"二爻。《易》云："一阴一阳之谓道。"因此，二也是道。

人乃万物之灵。世界是属人的世界，没有人便没有人的认识，没有人的认识，所谓"有"也罢，"无"也罢，一切便没有价值与意义。"无"之有人且居道之下，一方面表明，人不仅为道所生，从属于道，同时亦能在尊道的前提下与道一起制造万物；另一方面又告诉我们，所谓"无为"必得以人为本——既要认识最基本的人性，又要以最大的诚意为人服务。

《吕氏春秋》说："无为之道曰胜天，义曰利身，君曰勿身。勿身督听，利身平静，胜天顺性。顺性则聪明寿长，平静则业进乐乡，督听则奸塞不皇。"（《吕氏春秋·先己》）即对"无为之道"进行了具体而生动的描绘："胜天"就是能充分了解并利用自然规律性；"利身"不仅能有利于自身的发展，而且能提高自身的形象；"勿身"即重大事情的实践都毋须亲历亲为。（毋须亲历亲为的所谓"无为"，不是一般人能够做得到的，它往往指同时又是圣人的最高统治者）

相关链接：

"不为而成"出自《老子》第四十七章："不出户，知天下。不窥牖，见天道。其出弥远，其知弥少，是以圣人不行而知，不见而明，不为而成。"它是老子关于"无为而治"的一种最直接最精彩的描述。

明代有学者笑话老子的"不出户，知天下"，其实却是自己小看老子了，或根本就没有系统地理解《老子》。事实上，如要真正理解老子思想，就必须把它后面的所有认识都置于"道可道，非学道"这个总纲之下才行。换言之，老子的"不出户，知天下"或"不行而知，不见而明，不为而成"

都有个前提，那就是所谓"无为者"必得是"圣人"，但"圣人"不是好当的。在老子看来（孔子也这样认为），成为"圣人"不仅需要聪明才智（知人、知言、知道、好学、自知）、长期艰辛努力，而且需要掌握绝对权力，所以一般人是不可能成为"圣人"的。既然不能成为"圣人"，那么所谓"无为"或"不为"就只能是句空话。只有成了"圣人"，拥有了绝对权力，才可能通过别人的"出"与"行"而实现自己的"知"，通过别人的"窥"与"见"实现自己的"明"，通过别人的"为"而实现自己的"成"。传说中的舜的"无为而治"或"垂拱而治"或"正南面而已矣"，只是他成了"圣人"与最高统治者之后"左禹而右皋陶"，善于用人的一种统治方式而已。（"昔者帝舜左禹而右皋陶，不下席而天下治。"《孔子家语王言》《大戴礼记》）

汉初的"黄老政治"，轻徭薄赋、休养生息，确有"无为而治"的某些影子，便实际上却与老子的"无为而治"相去甚远。老子的"无为"意在"无不为"，所以轻徭薄赋、休养生息之外的积极有为更是不可避免的，而汉初并未达到所谓"无不为"的目标。

"𣞱"最初有多种写法，最有代表性的两种为"𣎵 𣞱"。前者源于甲骨文，后者源于金文。由于许慎没有机会见到它们，所以其所谓"𣞱，从亡"的解释，对于"𣎵 𣞱"而言便行不通。而"从亡"的"𣞱"属秦统一时开始使用的小篆，是汉字发展过程中规范化的必然结果。它是在"无·𣞱"的基础上加"亡"而成。"𣎵 𣞱"如不加上"亡"便没有"无"之意。（《说文》云："亡，无也。"）

从地下发掘的实物资料来看，"无"的出现或与"𣞱"的共同存在，最早可以追溯至睡虎地秦简和汉代的孔龢碑。从构形上分析，无论是"𣎵"还是"𣞱"，皆应为"舞"的本字，或说是从"舞"假借过来。由于是假借，所以总是比不上"无"更能表达其所应该表达的本源性意义。

"𣎵"像一大人叉开双手大胆放肆舞动的样子。"𣞱"，则像一大人双手各拿着一把劳动果实（或一束花）翩翩起舞的形象。它们皆是会意字或象意字。其本意大概与先民为了庆祝丰收、表达喜悦、打发闲暇时光的一种情感流露有关。在其使用过程中，因声与"无"相同而被借用，且久借不返而逐渐演化为加了"亡"的小篆之"𣞱"，于是"舞"字只得另造。以此可知，以"𣞱"为"无"的无为，或给"为"赋予了一种带有娱乐、愉悦性质的方式，不仅可以健康、娱乐身心，而且能有效实现预定目标。因为它不仅是谋生与爱好、兴趣相结合的产物，而且也可说是专业技术与爱好兴趣实现完美结合的唯一途径。当然，它也可说是形上与形下之高度统一。今天的"无"字则囊括了上述所有意义在内。

当然，我们也可以通过《老子》的"曲折"把"大人"看成是"道"。《老子》说："道曰大，大曰逝，逝曰远。"（《老子》第二十五章）由此观之，亦可认为，它与"无"又是高度统一的。故所谓"𫝶"则仍然离不开道，离不开人，仍然得从根本上为，以人为本地为。

基于上述认识，再看《老子》中关于"无"的论述，就能较好地理解了。

《老子》之中，有"无"101处，比"道、德、善、仁、义、礼、智"等都要多出许多。这是个不可忽视的现象。一方面，它反映出老子对于"无"有深刻的非同常人的认知；另一方面，它也寓示了"无"对于宇宙、人生、价值等，都有着非同寻常的重大意义。

在《老子》第十一章中，"无"不仅是一切事物的始源性存在，而且也是空间与各种事物实现其价值的唯一方式。老子说："三十幅共一毂，当其无，有车之用。埏埴以为器，当其无，有器之用。凿户牖以为室，当其无，有室之用。故有之以为利，无之以为用。"首先，上述诸物皆是从"无"处制造或建造而来；其次，上述诸物之所以有用，关键就在于它们有空间。从"无"处制造或建造是指这些东西在出现之前，它们是不在这个空间的。而一旦建成，它们的空间便形成了一种新的"无"。这种"无"是相对于构成车辆、器皿、房屋的各种物质材料的"有"而存在的。如果没有了这些"有"，此"无"之为用也就随之消失。以此可知，有不仅从无而来，无是有的根源性存在，而且必须通过无的方式以实现其用。"有"随时都可能消失（在一定的时空中），而"无（空间）"则永远不会（根据当前科技发展状况与经验认知）。于是，"有之以为利，无之以为用"在哲学上便可做无限延伸。对人而言，"有"，只是对于物质、金钱、财富、利益甚或思想、智慧的拥有，但这种拥有只是实现幸福生活或人生价值的一个中间环节，其价值的最终实现还得适当地"无之"。比如，比尔·盖茨将全部个人财产捐给慈善基金会，这种选择既是"无之以为用"的实现，也是老子所谓"圣人不积，既以为人己愈有，既以与人己愈多"的人生价值最大化的客观描述。小沈阳在春晚中的一句话:"人生最大的悲哀莫过于,人死了,钱还在。"便既客观深刻又诙谐幽默地道出了财富与人生的关系。对于财富或思想、智慧的"无之",不仅不会否定有的客观性存在,而且会极大提高其价值。当代社会由于全球化、信息化的高度发展,个人财富或思想、智慧的"无之"或"为人、与人",不仅能大大提高个体的财富与思想、智慧,而且也能提高整个人类的财富与思想、智慧。

生活中,无和有的关系,有时也可视为舍和得或与和取。

95. 什么是"为"

　　"为"字最初写作"𠂇"。会意字，上面是一只手，下面是一头大象。"为·𠂇"即一只手牵着一头大象的形象。

　　"为"之有手，说明"为"必定是人之行动，且主要是通过人之手来实现的。主体如不能亲力亲为、努力实践便不可能实现"为"或"有为"。

　　"象"，即大象。它在我国先民的认知中，曾是强大甚或最强大力量的象征。因为，在当时的生产力状态下，除了不可理解的大自然之伟力外，先民们所能见到的最大、最有力的动物应当就是大象了。

　　"为·𠂇"最早出现于甲骨文之中，至少反映出两个事实：一是，在黄河中下游地区，我们的祖先至少在四五千年前，就已经驯化了大象作为自己劳动或战争的工具，从而大大提高了人们改造自然、征服自然的能力；二是对于这种既有很高的技术性又有极大的风险性的行为，先贤们早就有深刻的认识：驯化大象的过程以及驯化的实现与"为政"一样，总是与暴力紧密联系；而且象永远不可能被完全驯化，所以利用象的一切活动，再怎么朝乾夕惕、如临深渊、如履薄冰，危险总是存在。这种状况类似于人类对于道的认识与运用。道既可以被认识，也可以被部分"驯服"为人所用，老子说"弱者道之用"就表达了这种思想，但由于永远不能被完全认识或"驯服"，所以它随时都有可能给人类带来危害或灾难。不仅自然规律如此，就是人类所不断发现并运用的社会规律也莫不如此。事实上，"为"既是人驯化大象作为自己的工具的过程，也是人已经驯化了大象作为工具的结果。如用另一字来解释，就是"作"。人能够役使大象来为人类劳动、服务，就是有作为。在这里，象不仅是大象，同时也可代表道。

老子说："执大象，天下往。往而不害，安平泰。"（《老子》第三十五章）此处之大象就是道。它不是指有人牵着大象横行天下，而是指圣人掌握了大道，不仅得到天下人的支持，而且可以"无往而不胜"。大道既可以被掌握，又不可以被完全掌握。可以，是源于事物的存在、发展、变化之有规律性可循；不可以，则源于事物的特殊性、无穷性与人生命的有限性。一般情况下，被驯服的大象很温顺，能老老实实为人类所役使，但它又有突然成为"杀手"的可能。道或事物发展的规律性更是如此，由此，老子给我们的答案便是——"无为"。"无为"不是"不为"，而是"为"的一种最根本的方式或策略。它一方面要我们深刻认知、顺应、利用自然、社会发展之规律性，另一方面又要充分认识到其也有不可控、不可认知的一面。前者既是从最根本、最普遍上"为"，也是从根本上"不违"——不违背事物发展运动变化的规律性。后者不仅需要做到事事有预案，而且要做到重大事情要有多种预案。只有这样，才可能实现真正的"无不为"。

96. 什么是"贵"

"贵"字最初写作"⿰⿱𦥑土"，两侧是两只手，中间是一块土。

"手"是人的手。人以两手捧土，因为两只手相合有恭敬、奉侍、拱奉的意思，所以这种意象便能充分表征出土在人的生命中，在社会经济发展中，以及在中国人的思想意识形态中都有着非同一般的重要性。它很珍贵，很贵重。

"土"最初有多种写法，以"◍△土"最具代表性。其中"土·土"字中间带节的竖画"土"，既是"十"字的最初写法，表示多、众多，也是中间的土块被汉字的书写性所改造而形成的。所谓"汉字书写性"，主要是指汉字在不断地被书写的过程中，朝着方便、简单、实用的方向发展的特性。"一"代表道，说明土地之所以珍贵，不仅在于它是有用的物质，更在于它有伟大的精神。它不仅能"生物"能"载物"，而且博厚、悠远、长久，具有君子所向往的大德。

不仅如此，在古人的心中，对于土地的拥有还是拥有绝对权力的象征。据《左传·僖公二十三年》记载，春秋时期，晋国因为发生骊姬之乱，太子自杀，公子重耳被迫流亡国外，一去就是十九年。经过卫国的时候，没有得到卫文公的礼遇。当他从卫国都城出来，经过五鹿之野时，很是狼狈，饿得不行，只得向一个当地的"野人"，也就是当地的农民，乞讨食物。可是这个农民自己都没有吃的，又怎么可能有东西给他吃呢？所以只能是给了他一块土。重耳很愤怒，举鞭就想鞭打他，可是被他的舅舅子犯给拉住了。子犯告诉他："这是上天的赏赐。"他暗示,正因为有这块土,所以重耳今后一定能获得晋国的最高权力。于是重耳不但没有鞭打"野人",反而在子犯的示意下,跪下身来,郑重其事地接受了这块土。

相关链接:

重耳过卫,卫文公不礼焉。出于五鹿,乞食于野人,野人与之块。公子怒,欲鞭之。子犯曰:"天赐也。"稽首,受而载之。(《左传·僖公二十三年》)

后来历史的发展,果真如子犯所言。重耳在秦穆公的帮助下,不仅回到了晋国,而且还成为春秋五霸之一。

小篆的"贵"字写作"贵"。它上部与上述"贵"字的意象是一样的,但下部增加了一个"贝"字。上部与"贵·贵"字意思相同,而其形却因为书写性有些变化了:中间的山、石或土块简写成了一竖。下部加"贝"既是汉字规范性发展的需要,也是对于土地的财富性质的强调。拥有土地,不仅可以拥有权力,同时也拥有了财富,所以"贵"总是与"富"紧密相连。

今天"贵"字的写法,既是汉字书写性的继续发展,也是意识形态对于汉字构形影响的结果。两手与土共同化为"中"与"一",既涵括了土以及人们对于公正的推崇,也指引了人们对于道的向往。"中"的下横加"贵"的中横即"土"字。"中",在中国传统文化中既通于中庸、平、正,亦通于公正。把"贝"放在下面,一方面强调了财富的重要地位,是实现公正的基础,就像"富强"作为社会主义核心价值观中的首个价值,是实现其他一切价值的物质基础;另一方面则是强调公正比财富更重要。孔子说:"有国有家者,不患寡而患不均,不患贫而患不安。盖均无贫,和无寡,安无倾。"一个社会如要实现真正的"和"与"安",那么最基本的社会公正便不可或缺。所以,无论是对于一个国家还是一个社会而言,最基本的社会公正都是最为可贵的。

综合上述,所谓"贵",对于物质而言,最贵的是土地;对于世俗而言,最贵的是权力;对于国家、社会而言,最贵的是公正。但对于君子或圣人而言,最贵的却是"名"。司马迁说:"立名者,行之极也。"

（《报任安书》）孔子说："君子疾没世而名不称焉。"（《论语·卫灵公》）皆表达了这种思想。对于个人来说，权力随时都可能丧失，而"名"却可以"死而不亡"。

荀子说："君子能为可贵，不能使人必贵己；能为可信，不能使人必信己；能为可用，不能使人必用己。故君子耻不修，不耻见污；耻不信，不耻不见信；耻不能，不耻不见用。是以不诱于誉，不恐于诽，率道而行，端然正己，不为物倾侧，夫是之谓诚君子。《诗经》云：'温温恭人，维德之基。'此之谓也。"（《荀子·非十二子》）孔子说："君子者也，人之成名也。百姓与名，谓之君子，则是成其亲为君而为其子也。"（《孔子家语·大婚》）两位圣贤共同告诉我们，人只有修德正己，成为君子，才可能成名，才可能为天下人所"贵"。所以君子只以自己没有好好修身为耻，不以自己无故遭到别人的污辱为耻；只以自己不守信为耻，不以不被别人相信为耻；只以自己无能为耻，不以自己不为当权者所重用为耻。

97. 什么是"老"

"老"字最初有多种写法，"𦫼𦓐𦓏𦒤"可做代表。前三种为象意字，后一种偏向象形字。

"老·𦫼"字由三部分"古、人、止"构成。其中的"古"，像一个戴着帽子的人头，代表古老、时间久远的意思。"人"为一个站立不稳的人。"止"为人的脚印。综合上述，所谓"老"就是人年龄大了，站立不稳了，没有活力了，走路都要踏着别人的脚印走，才能找到回家的路。

"老·𦓐"字既可视作两部分，亦可视作三部分。上边是一个戴着高帽子的人，下边是一个小人。小人既是老者的后代，也是老者的拐杖，是来承继或扶持老者的。

"老·𦓏"字最像老者的形象，一个人头上戴着有流苏的帽子。这是身份高贵的象征，过去只有天子、国君才能拥有。他的背有些躬，手里拄着拐棍，给人的感觉既有几分庄重、威严，又有几分衰弱、颓唐。

"老·𦒤"字，与上面几种相比较，省去了人、止、拐杖等，但却反映了另一种现实：老者既有强健者，也有孤独者、独立者。

"老"本意又同"考"。"考"，在中国古代一般是长寿之意，同时也有功德圆满之意。"人生七十古来稀"，所以古人认为七十岁不仅可称"考"，而且也是功德圆满了。例如，我们在墓碑上看到的"显考"或"先考"两字，就是对已经逝世的父亲的美称。此处的"考"，主要不是指长寿，而是指功德圆满。另外，"显妣"或"先妣"，则是指已逝的母亲。"姒",是指母亲的功德也可与父亲相提并论。此外,"老"又是经岁月磨砺、不断学习,有经验、有知识、有学问、有智慧的象征。唐朝孙过庭在《书谱》中说:"思则老而愈妙,学乃少而可勉。"便表达了这种思想。所以在中国传统社会中,老者受到普遍的尊敬、尊重,是为必然。换句话讲,老者受到社会普遍的尊敬,不仅是中国传统礼制的要求、汉民族的传统美德,也是中华民族尊重知识、尊重经验、尊重智慧、尊重人才的客观反映。

基于以上认识,可见"老"字的本意以表达尊重、尊敬为多。过去把当官的称为老爷,现在把父母、兄长称为老爸、老妈、老哥,把"传道授业解惑者"称为老师,便都是以"老"来表达对地位高者、长者、智者的尊重、尊敬。但老子之"老",则不仅有尊称之意,而且也有最早、最前、最先之意。老子既是诸子百家中最早的,也是最有智慧学问、最受人尊敬的。因为他"博古知今,通礼乐之原,明道德之归",还是孔子自己承认过的老师。(《孔子家语·观周》)

再者,"老"还有"历时长久(比如古老)""死亡(比如老了亦为死了)等意思。但"老"还有"小"的意思,这很耐人寻味。比如,我国部分地区说"老儿子"就是指"小儿子","老幺"就是指最小的女儿或儿子。汉字"不倍者交协,相反者互成",即一个字有多种义项,它们之间有些相通而不违背,有些则是完全相反的。这种哲学化的致思特点,不仅是客观事物之理和人的精神心理固有的辩证性质的反映,也犹如智慧的岔路,既汇聚于一个交点,亦通向不同的立场,甚或相反的立场。如"敢"寓含"不敢","多"寓含"少","爽"也是"不爽"等,即皆如此。老子说:"勇于敢,则杀;勇于不敢,则活。"(《老子》第七十三章)如果把其中的"敢"换成"不敢","不敢"换成"敢",意思也完全一样。再比如,《中庸》说:"今夫水,一勺之多,及其不测,鼋鼍蛟龙鱼鳖生焉,货财殖焉。"其中的"多"同时是"少"之意。现代汉语中,这种情况也比比皆是。

此外,孙过庭《书谱》中有"人书俱老"句,其"老"则是指某人书法随着年龄、学识、阅历、功力的增长,已走向人生的最高境界——"随心所欲而不逾矩",即自由的境界了。

98. 什么是"与"

　　"与"最初写作"🖐"。会意字，由于观察角度或取舍不同，所以其本意便有多种不同的理解。

　　一为众手勾连，即很多手纠缠或握在一起。从该字构形上看，它实际上只有六手，即三人之手之和。三人即众，六手也就是众手了。众手勾连可引申为朋党、党羽、同类、盟国、友邦、参与、交往、亲近、随从、随着等。《说文》说："与，党与也。"其解即源于此。《汉书》说："群臣连与成朋。"其"与"即党羽、朋党之意。张载《西铭》说："民吾同胞，物吾与也。"其"与"即同类之意。此语后来被简约为"民胞物与"，与"天人合一"或"天人本一"的意思也是高度一致的。《荀子》说："王夺之人，霸夺之与，强夺之地。"其中的"与"即盟国、友邦之意。这句话区分了王道、霸道、强道之间的不同。王道主要在于广得民心，霸道主要在于争取盟国支持，强道主要在于强取他国的土地。当代中国外交方略核心思想即为王道，特别是"一带一路"的政策沟通、设施联通、贸易畅通、资金融通、民心相通的"五通"工程，其根本点就在于能赢得民心。《论语·八佾》："吾不与祭，如不祭。"其"与"即参与之意。《左传》说："国之大事在祀与戎。"所以在那个年代对于祭祀必须像对待战争一样，给予高度重视。具体表现就是要亲自参与，因为这种活动不仅是礼，同时也是"义"与"智"的表现。《论语·雍也》记载："樊迟问知。子曰：'务民之义，敬鬼神而远之。'"便表达了这种思想。《论语·子路》记载："樊迟问仁。子曰：'居处恭，执事敬，与人忠。虽之夷狄，不可弃也。'"其中的"与"就是指人与人之间的交往。在人与人的交往中，最重要的是一个"忠"字。《论语·子路》还记载："子曰：'不得中行而与之，必也狂狷乎！狂者进取，狷者有所不为也。'"其中的"与"即亲近、随从、随着之意。"中行"即中庸，是道德的最高境界，其核心思想是追求实现最基本的社会公正。如果达不到，那么以"狂狷"自比自励也是可以的。

二为众手争抢，即很多手在拼力争抢某个东西。这个意象可引申为敌、对付、争、战等。老子说："善胜敌者不与。"（《老子》第六十八章）其中的"与"即争、战，"不与"即不争、不战。不争、不战却能胜敌，即孙子所谓："不战而屈人之兵，善之善者也。"（《孙子兵法》）这是兵法中实现军事斗争胜利的最高境界。《论语·泰伯》："子曰：'巍巍乎，舜禹之有天下也，而不与焉！'"其"不与"即不争，不争却能实现最崇高的人生目标，正是老子以不争为争的高明策略。它具体表现为争之以德而不是力。

三为向上托举或承接、承继。此意主要源于下面的两只手"𦥑"，即"共"。"共"又通拱、恭等。"与"能引申为支持、帮助、鼓励、赞誉、得到，并能通于"举"等皆源于此。老子说："天道无亲，常与善人。"（《老子》第七十九章）其"与"即支持、帮助之意。天道，即客观自然规律性，当然是没有偏私的，但又总是能帮助那些善于认知、顺应、利用它的人。《论语·述而》说："互乡难与言，童子见，门人惑。子曰：'与其进也，不与其退也，唯何甚？人洁己以进，与其洁也，不保其往也。'"这里的两个"与"字，皆为鼓励、赞誉之意。我们对于别人，特别是对于孩子的些微进步都要给予鼓励与赞誉。而对于其过去的小过或不足，则可以既往不咎。《论语·子罕》记载："子畏于匡，曰：'文王既没，文不在兹乎？天之将丧斯文也，后死者不得与于斯文也；天之未丧斯文也，匡人其如予何？'"其中的"与"即承接、承继、得到之意。这段话反映了孔子的极度自信。在他看来，自文王之后，整个中国的传统文化、礼仪制度都在他这里。于是，他认为如果天真的要尽"丧斯文"，那么他就可能会被"匡人"所杀；但是天是永远也不会尽"丧斯文"的，所以"匡人"只能是"其如予何"。

四为赠予、赐予、给予。此意源于上面两侧的两只手"🖐🤚"。以两手相捧而赠，表示极慎重、极尊重、极重视。它与"贵·🌿""学·🎓"等字一样，因为它们皆有此形，所以也就皆有此意。老子说："与善仁。"（《老子》第八章）给予或施予别人的仁爱，一定要合适。何为合适？既要有合适的方法，又要有合适的度，不然就可能走向完全的反面。

有个"碗米养恩人，担米养仇人"的故事，或可给予我们启发。

清乾隆年间，湖南乡下有一丁姓人家，家里很穷，可是老婆的肚子却很争气，竟一年一个，一口气连续生了十个孩子。老大是个男孩，可很不幸，没活到两岁就死了。老二是个女儿，一直长得很好。老三又是个儿子，可还是不到两岁就死了。老四又是个女儿，但家里已经有个女儿了，于是一生下来，当家的就把她扔到粪桶里溺死了。如此再三，一共溺死了六个女儿，直到最后第九胎终于生了一对双胞胎儿子。儿子们长得很好，可到他们两岁时，某天家里突然来了个算命先生，煞有介事地对这个当家的说："你这两个儿子，如果不分开养，过不久就会一起夭折。"当家的听说此事，心急如焚，忙问如何解救。算命的说："只要把其中一个送人，就可保没事。"听说如此，此人只得照办。于是不久，他便让一个远方来的木匠带走了其中一个，就此杳无音信。

三十年后，长辈们都过世了。在乡下的那个儿子，子承父业，或给人打长工，或给人做短工，或给人挑脚抬轿，既没有过上好的生活，也没有接受过好的家教。但随木匠走了的那个儿子却很偶然地进了城，并被转送给一大户人家做养子。于是，此子不仅接受了较好的教育，也因为养父母的过世而继承了一大笔遗产。后来又从木匠那里知道了自己的身世，于是便有了回老家看看自己同胞兄弟的想法。不过，木匠曾反复叮嘱他，最好不要回去。可他不听，经过精心准备，终于成行。路程大概是从湖北汉口到湖南衡阳一带，先是乘船，后是骑马，最后坐轿。可是在最后一段坐轿的行程中，却被自己的同胞兄弟给弄死了。原来他坐的轿子就是自己兄弟的轿子。因为带了太多的银子，最后在付给轿夫工钱时，突然大发善心，本来不到一两银子，却一下给了十两。如此豪爽，反让两个轿夫起了歹心，一商量便用捆轿杆的绳子把他给勒死了。事情最后得以查明，两个轿夫被处死，也确实应了算命先生的那句话。可是客观地来看，却是有钱的兄弟对于"仁爱"的施予方法不当。

在湖南乡下，"碗米养恩人，担米养仇人"的民谣流传甚广，相类似的例子甚多。细味之，其所寓含的道理十分深刻。其核心点便是告诉我们要"与善仁"。

除上述之外，"与"的引申意还有很多。但不管如何变化，它们与众手之构形皆能比附上关系。

反观"𦥑"的构形，我们可能还会得出更多的启示："将欲取之，必先与之。""凡务生气，必有争心。""物以类聚，人以群分。"真可谓："仁者见之谓之仁，智者见之谓之智。"但不管如何变化，人之为人，其所必须践行的承继、给予、参与等，却是不可或缺的。

99. 什么是"徒"

　　"徒"字最初写作"徒"。会意字。左上的双人旁"彳"是"行·⾏"省去了右边；右上为"土·土"；右下为"之·⼜"或"止·止"。人在路上或土地上行走，并留下脚印，故其本意即步行。《论语·先进》："以吾从大夫之后，不可徒行也。"其"徒行"即步行。根据古代礼制，天子、国君、大夫如果要外出，都是不能徒步行走的。

　　在泥地上行走，并留下脚印，此类人多为同一类人。老子说："出生入死。生之徒，十有三。死之徒，十有三。人之生，动之于死地，亦十有三。"（《老子》第五十章）"坚强者死之徒。柔弱者生之徒。"（《老子》第七十六章）其"徒"皆同一类人之意。人从一出生便向死亡奔去，就全部人类而言，大概有三分之一能正常地活到老年，有三分之一会死于出生的过程，有三分之一则会在青壮年时挣扎并死亡，因为维持人的生命存在所需要的条件太多了。人生在世，随时随地都要面对死亡的威胁。这在古代尤其如此。

　　在古人看来，由于徒行者身份低贱、人数众多，所以"徒"又可引申为兵卒、门人、弟子、服徭役之人、徒刑、犯人、众、僧徒、徒众等。当然，他们同时既是跟随者，也是同一类人。《论语·先进》："季氏富于周公，而求也为之聚敛而附益之。子曰：'非吾徒也。小子鸣鼓而攻之，可也。'"其"徒"即弟子、徒弟之意。冉求所为完全背叛了孔子的教导，既然已不再是孔子的弟子，那么自然也就不再是孔子的跟随者或同一类人了。

"徒"还可做副词，意为只、仅、白白地等。《论语·阳货》："夫召我者，而岂徒哉？如有用我者，吾其为东周乎？"其"徒"即白白地之意。孔子之所以在"公山弗扰以费叛"后答应其"召"而欲与之合作，当然是有原因的。按孔子的说法，是因为他可以"为东周"，即实现"天下有道"。孔子的人生是以"志于道"为目标的，所以当他在面对礼与道的两难选择时，当然会选择以道为先。"徒"之所以能做副词，皆因其能引申为空、独、裸露的缘故，而这又是因为土地、道路、足迹所表征的孤寂意象给人留下的想象。

现实中，每个人都是跟随者，且都会有人跟随。每个人既是徒弟又是导师。但要真正做好引路人或导师，就必定要比常人走更多更远的路。

"徒"亦可作为形声字。其声为"土"。它反映了没有土的"行·𛰋"加上"之·𑫶"已经能涵括"徒"的全部意义。因为"行"本身既可是路，也可是土地。人永远只能行走在道路上，而"尊道而行"就是德。

100. 什么是"游"

　　"游"字最初写作""，后有异体之"遊"也是源于此。"游"是指游于水，"遊"是指游于陆，今天则混同于一了。最初"游·"字，左上为旗帜或树木或草木之形，右下为一个"子"。

　　《说文》说："游，旌旗之流也。""游"乃是旌旗在风中飘动的样子。此说由于没有顾及"子"的存在，所以明显不确或不全面。商承祚说："从子执旗，全为象形。从水者，后来所加，于是变象形为形声矣。"虽更切近实际，但仍有可商榷处。今之研究者一般认为该字应为"学子以族旗为护照越境参观游学"，可备一说。但窃以为，该字为孩子绕树或绕旗，反复绕行游戏玩耍，则更为确切。这不仅其形可以得到生动说明，于其意之嬉戏、玩耍、游戏、遨游、游览等也可得到确实阐释。更为重要的是，这种解读更符合生活实际——小孩子们的游戏玩耍，多反复绕行某物，快乐无穷。事实上，嬉戏、游戏、玩耍不仅是孩子们的天性，而且是人或其他高等动物的"元学习"或"第一学习"。并且，这种"游"的背后因为有反复，所以与玩一样，皆寓有研究、琢磨、切磋、研习之意。孔子说的"知之者不如好之者，好之者不如乐之者"（《论语·雍也》），"游于艺"（《论语·述而》）等，就皆深刻地揭示出了其中的规律性。常识告诉我们，要深刻地"知"，就必须要有所"好"有所"乐"。而"好"与"乐"则必定需要有所反复，"游"则是实现这种反复的最佳形式。

这里重点说说什么是"游于艺"。

此语出自于《论语·述而》："志于道，据于德，依于仁，游于艺。"按一般性的理解，可能会认为"游于艺"就是游戏于艺术，但这是经不起追问的。事实上，"游于艺"是孔子对于"艺"与"道"关系的一种深刻认知。即此"游于艺"既不是游戏诸艺，也不是游戏于艺术，而是通过博学、笃志、切问、近思而潜心遍研、深研诸艺。如不能遍研、深研诸艺，便既不能深刻认识什么是仁，更不能深刻认识什么是道、什么是德。这里需要加以重点补充说明的是，孔子"游于艺"的"艺"，并非一般之所谓"艺术"，而是以礼、乐、射、御、书、数为基础，以《诗》《书》《易》《礼》《乐》《春秋》为根本的大小"六艺"。在孔子看来，无艺或不通于艺即无治国平天下之道。不学《诗》无以言，不通《书》不知政，不学《易》不知变，不知《礼》无以立，不知《乐》无以和成，不知《春秋》不知鉴惧。无治国平天下之道，就不能有功于天下百姓，故"仁"便会陷于空谈或流俗。历史上齐桓公时期著名的丞相管仲，之所以被孔子赞为"人（仁）也"，"如其仁，如其仁"，根本点即在于管仲不仅有治国平天下之道，并且能把此道化为成功实践，以有利于天下百姓。

可见，在孔子看来，"游"的终极目标既不是嬉戏、玩乐、游戏、玩耍，也不是研究、琢磨、切磋、研习，而是通过"游"的过程以修身，从而不断提高主体自身的治国平天下的才干与能力。

101. 什么是"温"

　　最初的"温"字，一般认为写作""。会意字，上部是个人躺在澡盆之中，下部是一个能烧火加温的皿。皿即器皿、器物。意思为盆中有水，水温让人感觉很温暖、很舒服。《广雅·释诂三》说："温，暖也。"它告诉我们，温暖舒服的感觉先源于物理，而后则及于人性。人性之中能给人以温暖感觉的，首推仁爱。仁爱，既源于人的天性即第一人性，更源于人的社会性，即主要是人学习的结果。孔子的"温良者，仁之本也"（《孔子家语·儒行解》）便给出了这样的解读。

　　中国东部有个城市叫温州，其名就是先源于物理，即与温暖的海洋性气候影响有关；而其后则又与形而上的道德规范，即中国传统社会对于"温良恭俭让"的道德崇尚有关。

　　"温·"字除了上述写法之外，其他大多都有水旁""。无论古今，大篆小篆皆如此。如此这般，表面上是对于水的强调，实际上则是对于仁、义、礼、智、信诸道德的强调。在中国传统道德中，水是仁、义、礼、智、信的象征。它不仅"善利万物"，而且还会因为不平而永远奔腾不息。此外，水所永远追求的"平"，在汉语语境中又可通于"直"，通于"义"，即公正。换句话讲，"温"之加"水"，让"温"有了更加深刻的背景性内涵。

　　《论语·学而》："子禽问于子贡曰：'夫子至于是邦也，必闻其政。求之与？抑与之与？'子贡曰：'夫子温、良、恭、俭、让以得之。

夫子之求之也，其诸异乎人之求之与？'（孔子的一个学生子禽，曾问孔子的另一个学生子贡说："我们的老师每到一个邦国，都能充分了解这个国家的政治状况，他是向别人恳求得到的呢，还是人家主动讲给他听的呢？"子贡回答说："我们的老师是以温、良、恭、俭、让五个字得到的。老师确实是从别人那里求得的，但却与一般人的那种求得有所不同，或要高明许多。"）"子温而厉，威而不猛，恭而安。"（孔子温和而严厉，威严而不令人害怕，谦恭而安详。）《论语·子张》："子夏曰：'君子有三变：望之俨然，即之也温，听其言也厉。'"（君子，我们在与他接触的过程中，会发现有三个变化：远远地望过去，看起来很威严；但一与他近距离接触，又感觉很温暖；与他一说话，又感觉很严厉。）如果把这些论述中描述孔子或所谓"君子"的三个"温"字所表达的意思联系起来，就会发现，它不仅是一种有温度的质文双胜、文质彬彬的谦谦君子之风，而且背后还得有相应的严肃、严厉、恭敬。这种温度，让人一接近，就觉得有一种温暖扑面而来。在具体生活实践中，它则表现为适当的礼，不仅让人感觉舒服、享受，而且会让人尊敬、爱戴，既能让人抖擞精神，又能催人奋发向上。

102. 什么是"良"

　　"良"字最初的写法有很多种，"　　　　"可做代表。认真揣摩它们的构形，可知其意主要指向器物制作上的精良，具体则表现为对称或反向对称。但除了"　"有点像陶器之外，其他又具有相当的抽象性，并不具体指向某物。对称能产生美感。对称美是一个重要的美学概念，无论是自然界还是人类社会都普遍存在。比如人体美，其之所以美，最重要原因就是左右对称；如果不对称，不仅不美，还会被视为残疾。在远古时期，由于生产力极不发达，人工制作器物要想实现完全对称，十分不易。直到规矩、转轮等专门工具发明之后，真正的对称器物制作才有了可能。反向对称相比于对称则更为复杂。它不仅需要工具，还得需要巧思、巧手。基于上述，所谓"良"的实现，不仅能给人以美、好、舒服、自然的感觉，而且还会给人以难以企及的感动，甚或震撼。

　　据《孔子家语·儒行解》记载，孔子说："温良者，仁之本也。"再联系上述，我们会发现，此"良"与"温"一样必须要通过具体而适当的礼仪交往才能实现。对人不仅要善良、不存坏心眼，而且要行为得体，以至于让人明显感觉到难以企及，即一般人很难做到。要做到如此，不仅要有天性的仁慈善良，更要有后天的不懈修行，因为"良"的背后还处处透显出过人的才华、风度、气度等不凡气质。

　　据《孟子·离娄上》，孟子说："存乎人者，莫良于眸子。眸子不能掩其恶。胸中正，则眸子瞭焉；胸中不正，则眸子眊焉。听其言也，观其眸子，人焉廋哉？"（孟子说："观察人的方法，没有比观察人的眼睛更直接更准确的了。眼睛是很难掩饰人们内心的邪恶的。一个人心中正直，眼睛就显得明亮有神；心中不正直，眼睛就会显得浑浊迷乱。一边听人讲话，一边观察他的眼神，这个人内心的善恶又怎么可以隐藏得了呢？"）仔细揣摩孟子用的"良"字，会发现它指的是一个深入人的眼睛背后的东西。是什么呢？就是仁义。

另据《孟子·尽心上》："人之所不学而能者，其良能也；所不虑而知者，其良知也。孩提之童，无不知爱其亲者，及其长也，无不知敬其兄也。亲亲，仁也；敬长，义也。无他，达之天下也。"孟子认为，人人皆有良知、良能，而且是天然具有的。这种认识虽然混淆了人的社会性与动物性之间的关系，明显具有一定局限性，但却因愿望美好仍为我们对于人性的可信仰、可期待准备了一份可资利用的理论资源。

《说文》说："良，善也。"如此解读，则极大地扩大了"良"的意义范围。因为善通过积的过程，不仅可通于德，而且可通于道。

103. 什么是"俭"

　　"俭"最初写作"⿰亻⿱今金"。金文、大篆、小篆都差不多，左为单人旁"亻"，右为"金·⿱今金"。一般认为是形声字，左形右声，但其实也可会意。

　　"俭"字以"人·亻"为形，首先告诉我们"俭"是属人的，是最基本的人性之一。凡是人就皆有"俭德"，不管是富贵还是贫贱，莫不如此。其次，"俭"作为德的一种，又必得从属于道德或以不逾越仁、义、礼、智、忠、孝、信、勇等"上德"为前提。《论语·子罕》："子曰：'麻冕，礼也；今也纯，俭，吾从众。'"（孔子说："原来，大家是用麻布来做冕的。今天大家都用丝来做冕，这比过去要节俭些。这没有问题。"）因为它既符合礼的规范，也符合俭的原则。（"礼，与其奢也，宁俭。"——《论语·子罕》）这里所说的"冕"，是中国古代的一种高高的礼帽。戴"丝冕"比戴"麻冕"更节俭，说明麻的使用在我国比丝要晚些，在春秋时代，麻还是稀罕之物。

　　"⿱今金"字的上部与"命"或"令"的初文"⿱今"相同。《说文》说："金，皆也。""皆"，就是天下众人，就是众口相言皆一、众人之行相从相和。老子说："我有三宝，持而保之：一曰慈，二曰俭，三曰不敢为天下先。"（我有三件宝贝，一个叫作"慈"，一个叫作"俭"，一个叫作"不敢为天下先"。）其中的"俭"，之所以能实现"广"的目标，就是因为它能让主体的行动实践与众人保持高度和谐一致，从而得到广大人民群众的广泛支持、拥护。

　　荀子说："憍（骄）泄者，人之殃也；恭俭者，偋五兵也。虽有戈矛之刺，不如恭俭之利也。"（《荀子·荣辱》）其中的"俭"不仅表达了与老子相类的意思，而且还有谦恭的意思。特别是作为统治者而言，恭俭之所以能"偋五兵"，遏制战争，解除纷扰，根源就在于它能得到广大人民群众的坚决拥护。

　　据《论语·述而》："子曰：'奢则不孙，俭则固，与其不孙也，宁固。'""俭"可能也有一定局限性。但这种局限性仅表现为一种可爱的固执甚或偏执，总比"奢"所表现的"不孙"要好些。

　　另据《荀子·儒效》："孔子曰：'周公其盛乎！身贵而愈恭，家富而愈俭，胜敌而愈戒。'"俭不仅是一种良好的品德、高尚的境界，同时也是一种智慧或策略。

104. 什么是"让"

    "让"字最初写作"䜁"。形声字,左边的言字旁为形,右边的"襄"字为声。小篆写作"䜁"。事实上,对于大多数形声字而言,表声的部分并非只是提示声,而没有其他意义。

    "言"出于口。"口者,心之门户也。心者,神之主也。"(《鬼谷子·捭阖》)口,是心的门户;心则是一个人的精神主宰。以此可知,"言"不仅是语言的象征,而且也是思想、智慧的表征。"让",以"言"为形,说明它最初的意思一定与人的语言有关。《说文》说:"让,相责让。从言,襄声。"正是做了这样的说明。"相责让"就是以语言相诘难,甚或谴责。这种诘难或谴责既可是互相的,也可能是单方面的。《左传·僖公五年》说:"夷吾诉之,公使让之。"其中的"让"所表达的意思就是单方面的居高临下的谴责。此外,"让"亦通于"嚷",说明它不仅有责难、谴责的意思,有时还有谩骂之意。

    "䜁"右边的"襄"字,最初写作"𤮻",后来在此基础上又写成"𧞻"。一般认为"襄·𤮻"字,像一个人头上顶着一个盆,跪在地上播撒种子的样子,而这个"襄·𧞻"字则像一个人"解衣而耕"。但窃以为,它们都是"襄"字的最初写法。因为跪地顶盆和种子四面散落的形象,实在是与具体的生产实践相去太远。前者应为人顶盆跪地求雨之形,它表现的是人面对自然、天命等一切不可抗拒力量的一种恐惧、谦卑、有礼或祈求;后者在原字的基础上加了衣、土、草或农作物幼苗三个部分。

衣由上、左、右最外面的三个笔画组成，土、草为"衣"所包围。土在左，草或农作物幼苗在右。此字既是汉字规范化、繁化过程的一个缩影，也是思想意识形态进一步发展的结果。它表达出"禳"既需要心意诚恳、态度谦卑，又祈盼能让自己或共同体的衣食资源有所保障。以此可知，这个所谓"让声"，其实也可视为"让"之所以有退让、忍让、谦恭之意的源起。

　　"让"对于孔子而言，主要不是"相责让"，而是与温、良、恭、俭一样，也需要以礼的形式表现出来。具体则表现为不争，就是"争"也是君子之争。（子曰："君子无所争。必也射乎! 揖让而升，下而饮，其争也君子。"——《论语·八佾》）《左传》说："让者，礼之主也。"（《左传·襄公十三年》）也说明了"让"是礼所需要体现的主要内容或核心思想。据《论语·泰伯》："子曰：'泰伯其可谓至德也已矣。三以天下让，民无得而称焉。'"其中的"泰伯"是周文王姬昌的大伯，吴国的第一代国君。当他知道自己的父亲喜欢自己的三弟季历，想要把最高统治权力交给他时，他不但不反对，反而主动辞让出国到吴地，以顺从父亲古公亶父的意愿。由于这种行为很高尚，所以天下人莫不认为泰伯有"至德"，即有最伟大的道德品行。正因如此，这里的"三以天下让"所表现的就不仅是"礼让"，最根本的却是"仁德"了。

　　对于子路在众师弟面前所表现的"其言不让"的行为，孔子则以"哂之"来表示不满。但孔子认为也有不需要或不能"让"的时候，那就是"当仁"之时。子曰："当仁不让于师。"（《论语·卫灵公》）什么是"当仁"？一在于主体需要"以身殉道"或"杀身成仁"；二在于有绝对高超的技艺与完全的信心把某件事情做好，并能为自己的老师增光添彩。

　　对于老子而言，"让"就是不争。但老子的不争并不是一般所谓"不争不抢"，而是一种实现人生最大目标或所谓"成人、成身、成圣"的适当策略。孔子说："君子之行己，期于必达于己。可以屈则屈，可以伸则伸。故屈节者，所以有待；求伸者，所以及时。是以虽受屈而不毁其节，志达而不犯于义。"（《孔子家语·屈节解》）"聪明睿智，守之以愚；功被天下，守之以让；勇力振世，守之以怯；富有四海，守之以谦。此所谓损之又损之道。"（《孔子家语·三恕》）其中的"屈节"与"损之又损之道",其实也就是"让"或不争的具体表现。

据南北朝刘义庆《世说新语》记载,东晋时掌管国家军队大权的太傅郗鉴,在京口时,曾派遣他的一个叫郗信的门生,拿着自己的亲笔书信去丞相王导家找女婿。当时王家适婚年龄的子弟很多,王丞相见到来人与书信,知道郗太傅有此美意,自然很高兴,就与郗信说:"我家的适婚子弟都住在东厢房里,你随意挑,挑到谁就谁。"王家诸子弟都知道郗太傅有个女儿名叫郗璿,品貌俱佳,个个心里甚是爱慕,于是都想刻意表现一番。但有个人很不同,不仅没有刻意表现,反而袒胸露腹躺在东面的床上,对所谓选婿之事置若罔闻、毫不在意。郗信在王家转了一圈之后,回到京口,便把自己的所见所闻一五一十全部告诉了郗太傅,没想到太傅却说就他了。这个坦腹东床的人究竟是谁?就是后来大名鼎鼎的书圣王羲之。

相关链接:

郗太傅在京口,遣门生与王丞相书求女婿。丞相语郗信,君往东厢任意选之。门生归白郗曰:"王家诸郎,亦皆可嘉,闻来觅婿,咸自矜持,唯有一郎在东床上坦腹卧,如不闻。"郗公云:"正此好。"访之,乃是逸少,因嫁女与焉。(《世说新语》)

王羲之以"不争"反被选中的背后反映了什么?从容、自信、实力、风度、境界,不为外物所倾侧,正如老子所云:"以其不争,故天下莫能与之争。"

事实上,世间万物,"凡务生气,皆有争心"。说全不争,那是假的,因其不符合自然法则。故人生世上,名利、势位、富贵亦莫有不争,但其前提却必得"以义为先"。这个"以义为先",既可谓不争之争,亦可谓之让。

105. 什么是"清"

　　"清"字最初写作"清"。大篆与秦小篆的写法差不多，左边是"水"，右边是"青"。"青"又可分为"生"与"月"或"生"与"日"两部分。

　　"水·氵"，因既有公正之德，又有纯净、清澈、透明之性，所以可谓之"清"。故"清"之有水，进而说明国家之清明、人性之清廉，如果与道德或仁、义、礼、智、信相违背，便不能用"清"字来称誉。习近平在党的十九大报告中提出："构建亲清新型政商关系，促进公有制经济健康发展和非公有制经济人士健康成长。"其中的"清"便既指向公正廉洁，亦指向纯洁透明。换句话讲，新型的政商关系，如果没有纯洁透明，就不可能公正廉洁；如果没有对于公正廉洁的不懈追求，就不可能让人民看得到真正纯洁透明的政商关系。

　　《易传》说："圣人以顺动，则刑罚清而民服。"（圣人因为顺势而为、顺时而动，所以刑罚公正符合公平正义，能赢得民心归服。——《易传·象传上·豫》）这里所提到的公平正义之"清"同样源于水之德与性。

　　"青"，东方的颜色，象征青春、爱情与希望。"生"，象征生命力、向上、不屈不挠。"日、月"，象征天道自然、坚定的恒心、持久的道德之心。这些又皆可与"清"所寓含的公正廉洁密切相关。

据《论语》，子张问孔子说："崔子弑齐君，陈文子有马十乘，弃而违之。至于他邦，则曰：犹吾大夫崔子也。违之。之一邦，则又曰，犹吾大夫崔子也。违之。何如？"子曰："清矣。"（《论语·公冶长》）孔子认可陈文子的"清"，主要指的是不与违背仁义礼智的人同流合污。这种"清"显然不是一般人能够做得到的，但是仍然与"仁"之间有距离。这个事例告诉我们，"清"至少是不能与干坏事的人同流合污。

在中国传统书法绘画艺术实践中，"清"也是一种受人青睐、追捧的风格。"学书先务真楷，端正匀停而后破体，破体而后草书。凡字之为体，缓不如紧，开不如密，斜不如正，浊不如清，左欲重，右欲轻，古人之笔莫不皆然也。"（吴曾《能改斋漫录》）以此可知，"清"主要相对于浊而言。它具体表现为：用笔结体要笔笔交代清楚；用笔不宜太重，一般压锋至笔肚即可；墨色、层次简单而分明；等等。在古人的论述中，"清"又常以清劲、清秀、清逸、清简、清和、清新、清远等词出之。

杜甫诗云："不薄今人爱古人，清词丽句必为邻。"（《戏为六绝句》）在文学创作中，一般人对于清词丽句总是情有独钟。

106. 什么是"时"

"时"字最初写作"𦙞"。上边是个"止"或"之"；中间是个"一"；下边是个"日"，即太阳。"一"，既是独立的，也可是"至"或"之"的一部分。

"时"，无处不在；"道"，无处不在。"时缤纷其变异兮，何可以淹留？兰芷变而不芳兮，荃蕙化而为茅。何昔日之芳草兮，今直为此萧艾也。岂其有他故兮，莫好修之害也！"（屈原《离骚》）所谓"时间"，总是要通过各种事物的不断变化，才表现出其伟大存在的。昔日芳香的兰芷之所以会变得"不芳"，美丽的荃蕙之所以会化为尖利的芭茅，皆是因为长时间"莫好修"的缘故。这告诉我们：无论是人还是物，如不"好修"，不仅会失去往日的风采，而且会由芳香而化为腐臭。进言之，人只有不断地"好修"，"为学日益，为道日损"，"如切如磋，如琢如磨"，才可能实现永远的光彩依旧，流芳千古。

老子说："动善时。"（《老子》第八章）我们的行动一定要抓住合适的时机。可是，如何才能抓住合适的时机呢？最佳策略是时刻准备着，不让任何机会从身边溜走。这种认识不仅可以启迪我们的人生，对于战争则尤有意义。20 世纪两次世界大战中的美国都极端地表现出了这种"动善时"的思想。它不仅时刻准备着打仗，而且能及时地参与战争，最后都能成为战争的最大赢家。

《论语·乡党》："色斯举矣，翔而后集。曰：'山梁雌雉，时哉时哉！'"其中的"山梁雌雉"，即山中的野母鸡，其之所以能及时飞起来，避开人类的伤害，根本原因就在于它常怀恐惧，十分机警，时时刻刻高度警惕着周边的事物。子思说："盖闻君子犹鸟也，骇则举。"（《吕氏春秋·审应》）启示我们，混迹红尘之中的君子们必须向鸟学习，不仅必须常怀恐惧之心，而且要能及时抓住时机，飞举高升。

《论语·阳货》："阳货欲见孔子，孔子不见，归孔子豚。孔子时其亡也而往拜之。"一个人要做到对另一个人"时其亡也而往拜之"，即要适时抓住这个人不在家的时间去拜访他，是很不容易做到的。他不仅需要别人的帮助，搞清楚对方的活动规律，而且要随时准备付诸行动。孔子讨厌阳货，不愿意与他说话或合作，虽然抓住机会实现了没有在他家中见到他的目标，但却在路上见到了他，于是原初的目标并未完全实现。这当中既有偶然因素，也有必然因素。其必然，就是你在注意别人时，别人也可能在认真关注着你。当权者或有巨大影响力的人对于这一点，不得不重视或警惕。

孙过庭说："谋而后动，动不失宜；时然后言，言必中理矣。"（《书谱》）其中的"时然后言"源于《论语·宪问》，是公明贾对公叔文子的一句赞词，原句是："时然后言，人不厌其言。"它告诫我们，无论是语言表达还是采取行动，都要选择合适的时机。这体现的不仅是修养、礼仪，更多的是仁义道德、思想、智慧。荀子所谓："礼恭然可与言道之方，辞顺然后可与道之理，色从然后可与言道之致。"（《荀子·劝学》）其所反映的也是"言"对于君子来说的适时性。

"时"的引申意主要有季节、光阴、岁月、时代、时势、时局、时机、时尚、适时、善等。它们皆透显出，适时地审时度势、把握机会最为重要。

孔子说："学而时习之。"（《论语·学而》）《论语》的编撰者们把这句话作为首句，究竟想表达一种什么样的思想呢？窃以为：

第一，"仁义道德、忠孝信勇、礼义廉耻"等皆是需要通过学习才能获得或深入了解的。其他的所谓大小"六艺"（"小六艺"："礼、乐、射、御、书、数"；"大六艺"："《易》《尚书》《诗经》《礼经》《乐经》《春秋》"）就更不要说了。

第二，学习最重要。在孔子、孟子看来，只要是人就都有仁义道德，但总是有局限性的。而弥补其局限性的办法只有一条，就是"好学"。

第三，学习不仅要有"恒"，而且需要有适时的"温故"，才可能达到心中所期望的高远目标。"学如不及，犹恐失之。"（《论语·泰伯》）如何能"及"？"时习之"对于一般人和社会科学工作者而言，往往是不二之途，即只有适时地"温故而知新"，才可能在最后实现"学为人师，德为世范"。